김재우의
영어회화
100

김재우의 영어회화 100

초판 1쇄 발행 2023년 7월 5일
초판 38쇄 발행 2024년 12월 6일

지은이 김재우
펴낸이 고영성

기획 및 편집 박희라 디자인 강지은
영문 감수 Nicholas Moore

펴낸곳 주식회사 상상스퀘어
출판등록 2021년 4월 29일 제2021-000079호
주소 경기도 성남시 분당구 성남대로43번길 10, 307호(구미동, 하나EZ타워)
팩스 02-6499-3031
이메일 publication@sangsangsquare.com
홈페이지 www.sangsangsquare.com

ISBN 979-11-92389-17-2 13740

원어민처럼 말하는 진짜 영어회화

김재우의
영어회화
100

김재우 지음

[100일 후,
당신의 입에서 나오는 영어에 놀랄 것이다!]

상상스퀘어

나 _____ 은(는)

김재우의 영어회화 100을 통해

_____ 것이 목표다.

저의 첫 집필작인《넌 대체 몇 년째 영어 공부를 하고 있는 거니?》에 이어 본격적인 영어 공부를 위한《김재우의 영어회화 100》을 출간하게 되었습니다. 이를 계기로 저와 상상스퀘어 그리고 독자 여러분의 야심 찬 프로젝트를 시작하고자 합니다. 대한민국 영어 학습자들을 좌절시키는 '고비용 저효율 영어 학습'의 악순환을 끊고, '이렇게 하면 나도 영어 잘하는 사람이 될 수 있다.'라는 성공 스토리를 만들어 가겠습니다. 저와 상상스퀘어의 의지가 담긴 교육 콘텐츠와 효율적으로 영어를 마스터할 수 있는 여러 가지 툴을 믿고 따라와 주신다면, 여러분의 소망은 곧 성취감으로 바뀌어 있을 것이라 확신합니다.

'영어 회화'를 잘하고 싶은 마음은 저와 독자 여러분이 다르지 않을 것이라 믿으며, 다음과 같은 점을 염두에 두고 본서를 집필하였습니다.

1. 완전 기초라고 하기도 그렇고, 그렇다고 중급이라고 하기도 뭔가 애매한 딱 그 중간에 있는 학습자의 바람을 충족시킬 수 있는 수준의 난이도

2. 어려운 표현을 최소화하면서도 원어민이 듣기에 자연스러운 문장

3. 지나치게 관용적인 표현을 최소화하고 원어민이 일상생활에서 자주 사용하는 보편적인 표현으로 구성

4. 이 책으로 말하기를 연습했을 때 원어민과 대화하기가 수월해지고, 미드를 시청하면서 '듣기'가 원활해질 수 있도록 구성

5. 아무리 좋은 원어민식 표현도 내 입에 안 붙으면 "빛 좋은 개살구"라는 점을 고려해 입에 착 붙을 수 있는 표현과 문장으로 된 대화문으로 구성

6. 원어민이 입에 달고 사는 패턴과 표현을 최대한 농축함으로써 100일이라는 기간 동안 학습 효과를 극대화할 수 있도록 구성

이제 여러분의 약속과 실천만이 남았습니다. 단 한 번도 영미권 국가에서 생활해 본 적이 없는 저이지만 본서에서 소개한 표현과 패턴, 문장대로 영어를 했더니 "Your English is impressive!"라는 말을 들을 수 있었습니다. 지난 20여 년간에 걸쳐 다듬어 온 제 영어 콘텐츠의 정수를 이 책에 담아보려 했습니다. 이 책의 모든 문장과 대화문을 완벽하게 외운다면 "어, 영어 말하기가 한결 편해졌네!"라는 말이 절로 나올 것입니다.

《넌 대체 몇 년째 영어 공부를 하고 있는 거니?》에 이어 《김재우의 영어회화 100》 책 출간을 가능하게 해 주었던 상상스퀘어 고영성 대표님에게 다시 한번 감사하다는 말을 전하고 싶고, 제가 가진 영어적 내공과 인사이트를 높이 평가해 주신 신영준 박사님에게도 무한한 감사를 전합니다. 무엇보다 더 좋은 책이 출간될 수 있도록 애써 주신 상상스퀘어 관계자 분들에게도 고맙다는 말을 전하고 싶습니다.

본서의 콘텐츠 제작과 감수까지 책임져 준 저의 오랜 동반자 니콜라스 무어 선생님에게도 고맙다는 말을 전합니다. 대학에서 정식 교수로 강단에 서게 된 그에게 "진심으로 축하합니다."라는 말과 함께 "당신은 충분히 자격이 있어요!"라는 응원의 메시지도 보냅니다.

대한민국 성인 영어는 '김재우의 영어회화 시리즈'의 출간 전과 후로 나뉜다는 말이 나올 수 있도록 불철주야 뛰어 보겠습니다. 지금부터 100일 후 여러분의 '영어 말하기'가 한결 수월해지기를 기도하며 여러분 모두의 영어 학습 여정을 응원합니다.

김재우

이 책의 구성과 특징

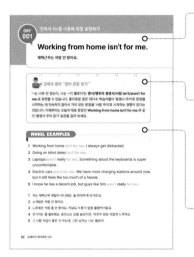

DAY별 대표 표현

오늘 학습할 대표 표현을 소리 내 읽어 봅니다. 영문을 가린 채 우리말을 보고 영어 문장을 만들어 보는 연습을 해 보는 것도 좋습니다.

김재우 쌤의 "영어 관찰 일기"

오늘의 표현이 어떤 상황에서 어떻게 사용되는지 실제적인 예를 통해 알 수 있습니다. 마치 김재우 선생님의 강의를 옮겨온 듯한 생생한 설명이 특징이며 한국인 영어 학습자들이 헷갈릴 수 있는 포인트들을 딱 짚어 줍니다.

MODEL EXAMPLES

실생활에서 쓰이는 예문들을 통해 오늘의 표현을 익힐 수 있습니다. 음원을 들으며 반복적으로 말을 해보면서 내재화합니다. 복습할 때는 우리말 부분을 보며 영어로 말해봅니다.

SMALL TALK

실제로 겪었던 에피소드 중심으로 실생활에서 바로 사용할 수 있는 생생하고 자연스러운 대화문으로 구성하였습니다. 100% 암기한다면 중급 이상의 회화 실력으로 분명히 업그레이드될 수 있습니다. 자연스럽게 말할 수 있을 때까지 반복 연습합니다.

CASES IN POINT

일상생활에서 흔히 접할 수 있는 소통 매체를 통해 오늘의 표현이 어떻게 활용되는지 공부할 수 있습니다. 비즈니스 이메일, 소셜 미디어 메시지, 사내 공지, 광고 등 다양한 활용 예시를 제시합니다.

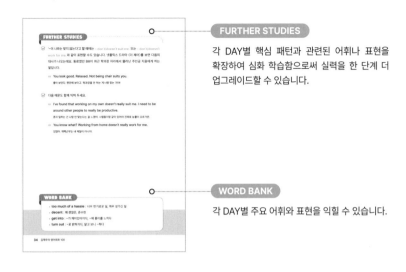

FURTHER STUDIES

각 DAY별 핵심 패턴과 관련된 어휘나 표현을 확장하여 심화 학습함으로써 실력을 한 단계 더 업그레이드할 수 있습니다.

WORD BANK

각 DAY별 주요 어휘와 표현을 익힐 수 있습니다.

별책 부록 및 부가 서비스

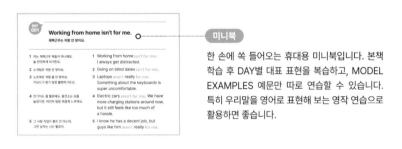

미니북

한 손에 쏙 들어오는 휴대용 미니북입니다. 본책 학습 후 DAY별 대표 표현을 복습하고, MODEL EXAMPLES 예문만 따로 연습할 수 있습니다. 특히 우리말을 영어로 표현해 보는 영작 연습으로 활용하면 좋습니다.

음원 서비스 DAY별 원어민과 한국인 전문 성우의 목소리로 제작된 음원을 유튜브 영상과 MP3 파일로 제공합니다.

유튜브
〈영어독립〉 채널에서 들으실 수 있습니다.

MP3 파일
QR코드 혹은 상상스퀘어 출판사 홈페이지 (www.sangsangsquare-books.com)에서 다운받으실 수 있습니다.

음원 종류
1. 영어: 원어민의 음성으로 영어만 들을 수 있습니다.
2. 영어 - 한국어: 영어와 한국어 해석을 같이 들을 수 있습니다.
3. 한국어 - 영어: 한국어를 먼저 듣고 영어 표현을 들을 수 있습니다.

이 책의 활용법

《김재우의 영어회화 100》을 이렇게 공부해 보세요!

〈김재우의 영어회화 100 전용 노트〉를 만들어 '구문(문형)편'과 '어휘편'으로 나눈 후 다음의 '학습 순서와 방법'에 따라 100일간 학습하시면 초급자beginner는 중급으로, 중급자pre-intermediate는 중상급upper intermediate으로 레벨업하는 경험을 누리게 될 것입니다. 영어는 눈으로만 본다고 실력이 향상되지 않습니다. 자신만의 학습 전용 노트를 통한 정리가 필요합니다.

 먼저 간단하게 self-test를 해 보세요.

한글로 된 아래 여섯 문장을 영작해 보세요.

1. 이 옷 너한테 잘 어울린다.

_____

2. 죄송한데 선약이 있습니다.

_____

3. 오늘 몸이 좀 안 좋아요.

_____

4. 너의 자신감이 참 부럽다.

_____

5. 제품 출시일이 일주일도 안 남았습니다.

_____

6. Sally가 요즘 여러 가지로 힘들어.

_____

영작한 문장을 모범 예문과 비교해 보세요.

1. 이 옷 너한테 잘 어울린다.

   (모범 예문) This outfit looks good on you.

2. 죄송한데 선약이 있습니다.

   (모범 예문) I'm afraid I already have plans.

3. 오늘 몸이 좀 안 좋아요.

   (모범 예문) I don't feel quite right today. (= I am not feeling well today.)

4. 너의 자신감이 참 부럽다.

   (모범 예문) I wish I had your confidence.

5. 제품 출시일이 일주일도 안 남았습니다.

   (모범 예문) The launch date is less than a week away.

6. Sally가 요즘 여러 가지로 힘들어.

   (모범 예문) Sally is going through a lot lately.

☑ 모범 예문과 거의 유사한 문장이 3개 이하이면 〈초급 학습법〉, 4개 이상이면 〈중급 학습법〉을 추천 드립니다.

추천 학습법

- **초급자**: 영어를 먼저 보거나 듣고 나서 한글 해석을 확인
- **중급자**: 한글을 영어로 옮겨본 뒤 영어 문장을 확인

초급자를 위한 학습법 (self-test 결과에 기반하여 학습법을 선택하시면 됩니다.)

* 학습 중요도 및 순서: ① 대표 문장 및 MODEL EXAMPLES ≥ ② SMALL TALK ≥
③ CASES IN PONT ≥ ④ FURTHER STUDIES

1. 대표 문장 및 MODEL EXAMPLES

STEP 1 대표 문장 및 MODEL EXAMPLES를 통해 '문형 및 어휘'를 숙지한다.

I am at Starbucks, grabbing some coffee.의 경우 '문형'란에는 '장소부터 말한 다음, 동사의 -ing형으로 행위를 표현'이라고 적고, '어휘'란에는 'grab some coffee(커피를 사다)'로 정리해 둔다.

STEP 2 MODEL EXAMPLES에 해당하는 원어민 음원을 듣는다.

STEP 3 해당 영어 문장을 해석해 본 후, 한글 해석과 맞추어 본다.

STEP 4 의미별로 끊어 읽는다.

I am at Starbucks, grabbing some coffee.의 경우 I am at Starbucks까지 읽은 다음 0.5초에서 1초간의 pause를 준 뒤 grabbing some coffee까지 리듬감 있게 읽는 연습을 한다.

STEP 5 툭 치면 해당 문장이 바로 나올 때까지 통암기한다.

2. SMALL TALK

STEP 1 SMALL TALK 원어민 음원을 2회 듣는다.

STEP 2 영어 대화문을 해석해 본 후, 한글 해석과 보며 맞춰 본다.

STEP 3 원어민 음원을 듣고 한 문장씩 따라 한다. 한 문장이 너무 길 경우 의미 단위로 끊어서 따라 한다.

   ex I just wanted to know // if you could make it.

STEP 4 툭 치면 대화문이 바로 나올 때까지 통암기한다.

3. CASES IN POINT

STEP 1 CASES IN POINT 원어민 음원을 2회 듣는다.

STEP 2 영어로 된 글을 해석해 본 후, 한글 해석과 맞춰 본다.

STEP 3 원어민 음원을 듣고 한 문장씩 따라 한다. 한 문장이 너무 길 경우 의미 단위로 끊어서 따라 한다.

   ex I just wanted to make sure // the meeting is still on for Wed.

STEP 4 초급자의 경우 CASES IN POINT는 굳이 전체 암기를 하지 않아도 된다.

4. FURTHER STUDIES

이 코너에 있는 설명과 예문은 다 외우려고 하지 말고 추가 표현과 어법을 익히고 응용 문장을 습득하는 정도로만 학습하면 된다.

* 학습 중요도 및 순서: ① 대표 문장 및 MODEL EXAMPLES ≥ ② SMALL TALK ≥
③ CASES IN PONT ≥ ④ FURTHER STUDIES

1. 대표 문장 및 MODEL EXAMPLES

STEP 1 먼저 한글 문장을 보고 영어로 말해 본 후, 영어 문장과 맞춰 본다.

> ex '재택근무는 저랑 안 맞아요.'라는 한국어 문장을 I don't like working from home.등과 같이 영작했다면 모범 예문인 Working from home isn't really for me.와 비교한 후 노트에 '동명사 주어로 말하기'라고 표시해 둔다.

STEP 2 해당 문장의 원어민 음원을 2회 듣고 인토네이션을 살려서 따라 한다. 가능하다면 책을 보지 않고 소리에만 의존해서 따라 할 것을 추천한다.

STEP 3 툭 치면 해당 문장이 바로 나올 때까지 통암기한다.

2. SMALL TALK

STEP 1 SMALL TALK의 한글 해석을 보고 영어로 말해 본 후, 영문을 확인하며 비교해 본다.

> 🖋 내가 한 영작: The deadline is coming up.
> 모범 예문: I have a deadline coming up.
> 위의 경우 '사람 주어 잡기'라고 표시해 둔다.

STEP 2 원어민 음원을 2회 듣고 원어민의 인토네이션을 최대한 살려서 따라 한다.

STEP 3 툭 치면 대화문이 바로 나올 때까지 통암기한다. 암기 시 의미 단위로 끊어서 나올 수 있도록 연습한다.

> ex I just wanted to know // if you could make it.

3. CASES IN POINT

STEP 1 한글 전체를 영작해 본 후, 영문을 확인하며 비교해 본다. 서로 다른 부분을 비교해서 노트에 정리해 둔다.

STEP 2 원어민 음원을 듣고 한 문장씩 따라 한다. 한 문장이 너무 길 경우 의미 단위로 끊어서 따라 한다.

ex I just wanted to make sure // the meeting is still on for Wed.

STEP 3 툭 치면 전체 문장이 바로 나올 수 있을 때까지 암기해 본다.

4. FURTHER STUDIES

중급 학습자들은 이 코너에 있는 예문까지 외우는 것을 추천한다.

《김재우의 영어회화 100》 인터넷 강의

강의에서는 책에 있는 내용을 자세히 설명해 줄 뿐만 아니라 추가적인 내용을 제공해 100일이라는 기간 동안 학습 효과를 극대화할 수 있도록 구성되어 있습니다.

👉 **인터넷 강의는 어떤 분이 들으면 좋을까요?**

1. 집에 회화책이 수북이 쌓여 있지만 '제대로, 끝까지' 본 책이 거의 없는 분

2. 회화책에 있는 설명만으로는 부족함을 느끼고, 더 밀도 있는 설명이 필요하다고 생각하는 분

3. 혼자서는 효과적인 학습이 힘들어 외부의 자극과 동기 부여가 절실한 분

👉 **인터넷 강좌는 어떤 점이 다르며, 어떤 내용으로 꾸며지나요?**

1. 김재우 선생님이 DAY 001부터 DAY 100까지 책에 나온 모든 문장에 대한 상세한 설명을 해 주십니다.

2. 책에 다 담을 수 없었던 생생한 상황 묘사를 통해 살아있는 영어 표현을 익힐 수 있습니다.

3. 기초 학습자들을 위한 자연스러운 영어 패턴에 대한 반복 학습이 이루어집니다.

4. 더 이상 실력이 늘지 않아 답답한 중급 학습자들을 위해 심화 학습과 해결책을 제공합니다.

5. 궁금한 질문에 대한 답변 등은 물론이고 동기 부여를 할 수 있는 '단톡방' 운영을 통해 DAY 001에서 DAY 100까지 완주할 수 있도록 도와줍니다.

☞ **이런 분들은 '인터넷 강의'를 통해 훨씬 더 빠르게 실력이 늘 수 있습니다!**

1. 영어를 공부해야 하는 뚜렷한 동기가 있으신 분

2. 미래에 영어가 도움이 될 거라는 기대가 있으신 분

3. 영어 공부에 대한 저항감이나 거부감이 크지 않으신 분

4. 김재우 선생님의 학습법을 의심하지 않고 충실하게 잘 따라오실 분

5. 조급해하지 않고, 오랜 시간 정체된다고 느끼는 시간을 버틸 끈기가 있으신 분

6. 약 1년 정도 영어 공부에 충분한 시간을 투입하고 꾸준하게 공부할 의지가 있으신 분

《김재우의 영어회화 100》 인터넷 강의를 들을 수 있는 〈스터디언 클래스〉

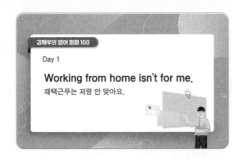

www.studianclass.com

학습 진도표

CHAPTER 1

**"시작이 반입니다!
중간에 포기만 하지 않으면 됩니다."**

DAY 001 ~ DAY 020

☑ Check

- [ ] Working from home isn't for me.
- [ ] I can't wait to move into the new house.
- [ ] Do you mind keeping it a bit short?
- [ ] Everything is getting super expensive.
- [ ] How do you feel about buying something second-hand, like a used car?
- [ ] There is nothing like camping to recharge your batteries.
- [ ] I am up for anything, as long as it's not too spicy.
- [ ] I don't feel quite right today.
- [ ] Would you like me to grab you some coffee while I'm at Starbucks?
- [ ] What price range do you have in mind?
- [ ] I was thinking of going to translation grad school.
- [ ] I wish I had that much money.
- [ ] How does 2:30 sound?
- [ ] There is something different about BTS.
- [ ] Are you done with your plate?
- [ ] This t-shirt looks good on you.
- [ ] Does Tuesday work for you?
- [ ] Speaking of which, what happened with you and Nicole last night?
- [ ] I'm taking tomorrow off.
- [ ] I'm busy working on my dissertation.

전치사 for를 이용해 취향 표현하기

Working from home isn't for me.

재택근무는 저랑 안 맞아요.

김재우 쌤의 "영어 관찰 일기"

'~는 나와 안 맞는다, 나는 ~이 별로다'는 **명사/행위의 동명사/사람 isn't/aren't for me.**로 표현할 수 있습니다. 흥미로운 점은 대다수 학습자들이 '동명사 주어'로 문장을 시작하는 데 익숙하지 않아서 거의 모든 문장을 '사람 주어'로 시작하는 경향이 있다는 것입니다. 이제부터는 오늘의 대표 문장인 **Working from home isn't for me.**와 같이 '동명사 주어 잡기' 습관을 길러 보세요.

MODEL EXAMPLES

1 Working from home isn't for me. I always get distracted.

2 Going on blind dates isn't for me.

3 Laptops aren't really for me. Something about the keyboards is super uncomfortable.

4 Electric cars aren't for me. We have more charging stations around now, but it still feels like too much of a hassle.

5 I know he has a decent job, but guys like him aren't really for me.

1 저는 재택근무 체질이 아니에요. 늘 딴짓하게 되거든요.

2 소개팅은 저랑 안 맞아요.

3 노트북은 저랑 좀 안 맞아요. 키보드가 뭔가 엄청 불편하거든요.

4 전기차는 좀 별로예요. 충전소는 요즘 늘었지만, 여전히 엄청 귀찮게 느껴져요.

5 그 사람 직업이 좋은 건 아는데, 그런 남자는 나는 별로야.

1

Why don't we go out and get some nice sashimi? My treat!

우리 나가서 맛난 회 먹을까? 내가 살 게.

It's kind of you to offer, but raw fish just isn't for me. I can't get used to the texture.

너무 고맙긴 한데. 난 회를 별로 안 좋아해. 식감이 적응이 안 돼.

2

I recommend watching *Stranger Things* to practice listening.

청취 연습을 위해 〈기묘한 이야기〉를 시청할 것을 추천합니다.

It's a good idea, but American shows aren't for me. I can't really get into the stories.

좋은 생각이긴 한데, 저는 미국 프로그램이 체질에 안 맞아요. 스토리에 재미가 안 붙어요.

3

You're really great around kids. Have you ever thought of being a teacher?

애들하고 정말 잘 노는군요. 선생님 할 생각은 해 보셨나요?

No, no. Teaching isn't really for me. I like to play with them but trying to make them study seems like hard work.

아니요. 저는 가르치는 거랑 잘 안 맞아요. 애들이랑 노는 건 좋은데, 공부시키는 게 너무 힘들 듯해요.

CASES IN POINT 카카오톡 메시지

Hey, Greg. Do you remember that rowing machine I got for my birthday? Are you interested in it? Turns out it's not really for me.

안녕, Greg. 내가 생일 선물로 받은 로잉 머신 기억하지? 혹시 관심 있어? 나랑은 별로 안 맞더라고.

✅ '~이 나와는 맞지 않는다'고 할 때에는 ~ don't/doesn't suit me. 또는 ~ don't/doesn't work for me.와 같이 표현할 수도 있습니다. 넷플릭스 드라마 〈더 체어〉를 보면 다음의 대사가 나오는데요. 동료였던 Bill이 최근 학과장 자리에서 물러난 주인공 지윤에게 하는 말입니다.

ex You look good. Relaxed. Not being chair suits you.

좋아 보인다. 편안해 보이고. 학과장을 안 하는 게 너랑 맞는 거야!

✅ 다음 예문도 함께 익혀 두세요.

ex I've found that working on my own doesn't really suit me. I need to be around other people to really be productive.

혼자 일하는 건 나랑 안 맞는다는 걸 느꼈어. 사람들이랑 같이 있어야 진짜로 능률이 오르거든.

ex You know what? Working from home doesn't really work for me.

있잖아. 재택근무는 내 체질이 아니야.

WORD BANK

- **too much of a hassle** : 너무 번거로운 일, 매우 성가신 일
- **decent** : 꽤 괜찮은, 준수한
- **get into** : ~가 재미있어지다, ~에 흥미를 느끼다
- **turn out** : ~로 밝혀지다, 알고 보니 ~하다

I can't wait to move into the new house.

하루빨리 새 집으로 이사 가고 싶어요.

김재우 쌤의 "영어 관찰 일기"

I can't wait to부정사는 눈으로 보면 쉽게 이해되지만, 입 밖으로 좀처럼 나오지 않는 대표적인 구문입니다. '몹시 ~하고 싶다'라는 의미이지요. '하루빨리, 어서'의 느낌을 주는 **I can't wait!** 같은 표현을 놔두고 대다수 학습자가 **I really want to**만 사용하곤 합니다. 이제부터는 상대방이 "이번 주말이 몹시 기다려진다."라는 의미로 **Looking forward to this weekend.**라고 하면 **Me, too. Can't wait.**라고 맞장구쳐 보세요.

MODEL EXAMPLES

1 I can't wait to see what the next episode will bring.

2 I can't wait to see the look on my wife's face when she opens my gift.

3 I can't wait to be done with this project. It's taking forever.

4 That dinner smells delicious, honey. I can't wait.

5 *Baby Driver* was released months ago in the United States. I can't wait for it to come out here.

1 다음 에피소드는 어떤 내용일지 궁금해 미치겠어.

2 아내가 제 선물을 개봉할 때 어떤 표정일지 궁금해 죽겠습니다.

3 이 프로젝트가 빨리 끝났으면 좋겠어요. 너무 오래 걸립니다.

4 여보, 저녁 식사가 너무 맛있는 냄새가 나네. 어서 먹고 싶어.

5 〈베이비 드라이버〉가 미국에서는 몇 달 전에 개봉했어. 이곳에서도 어서 개봉했으면 좋겠다.

1

Did you hear they finally made that book into a movie?
그 책 드디어 영화로 만들었다며?

Yes! I can't wait to see it. I hope they included all my favorite scenes.
응! 어서 보고 싶어. 내가 제일 좋아하는 장면들이 다 포함되어 있기를.

2

How's that project going? It seems like you've been working on it for a while.
프로젝트는 잘 되어 가나요? 한동안 매달려 있으신 것 같은데.

Yeah, I've been working on it all week. I can't wait to finish it and finally move on to something else.
네, 일주일 내내 이것을 하고 있습니다. 어서 끝내고 뭔가 다른 걸로 넘어가고 싶어요.

3

I didn't know you could knit. What are you making?
네가 뜨개질할 수 있는 걸 몰랐네. 뭐 만들고 있니?

I'm making a scarf for my little sister. I can't wait to see the look on her face when she realizes I made this for her.
여동생에게 줄 스카프를 만들고 있어. 내가 자기 주려고 이걸 만든 걸 알면 어떤 표정일까 궁금해 죽겠어.

CASES IN POINT   유튜버 논평

I can't wait to get a glimpse of the new Grandeur. I actually have a friend who spotted one on the Ilsan freeway, but he couldn't really see any details. Hyundai uses these car camouflage wraps. They make spy shots useless and it's really frustrating.

신형 그랜저를 어서 보고 싶네요. 실은 일산 자유로에서 본 친구가 있긴 한데, 자세히는 못 봤다고 합니다. 현대가 이런 차들에 위장막을 씌우니까요. 위장막 때문에 스파이 샷이 의미가 없어서 너무 속상하네요.

✅ 무언가가 몹시 기다려진다거나 기대된다고 할 때 쓸 수 있는 표현을 두 가지 더 살펴보겠습니다.

- be anxious to부정사 : ~하는 것이 몹시 기다려지다, 어서 ~하고 싶다
- look forward to 명사 또는 동명사 : ~가 기대되다, ~을 고대하다, ~이 기다려지다

다음 예문을 한번 볼까요?

ex **I'm really anxious to meet her.**

(소개팅 상황에서) 그 여성분 어서 만나 보고 싶어.

ex **I'm anxious to get home to open my presents.**

어서 집에 가서 선물을 개봉해 보고 싶다.

ex **I've heard a great deal about you. I look forward to working with you.**

(이메일에서) 말씀 많이 들었습니다. 하루빨리 함께 일하고 싶습니다.

ex **I was looking forward to the concert, but now even more so, since I heard IU will be there.**

안 그래도 그 콘서트 너무 기대됐는데, 아이유도 나온다고 하니까 더 기대된다.

WORD BANK

- **what the next episode will bring** : 다음 화는 어떤 내용일지
- **make A into B** : A를 B로 만들다, 바꾸다
- **for a while** : 한동안, 제법 오랫동안
- **a great deal** : 상당히 많이, 다량으로

Do you mind keeping it a bit short?

(사내 발표 상황) 죄송한데 조금 짧게 해 주시겠어요?

김재우 쌤의 "영어 관찰 일기"

Do you mind if 주어 동사? 또는 **Do you mind -ing?** 구문은 예의 바르면서 조심 스럽게 부탁하거나 양해를 구할 때 사용합니다. 이에 대한 긍정의 답변은 **Sure.** 또는 **Not at all.** 등으로 표현하면 됩니다. 직역하면 "~하는 것을 꺼리시나요?"라는 말이기 때문에, **Sure.**라고 답하면 "그래, 꺼려. 그러니까 안 돼."라는 뜻이라고 생각할 수 있지 만, 실제로는 "괜찮아요, 그렇게 하세요."라는 뜻이 됩니다.

MODEL EXAMPLES

1 Do you mind if I finish off the last piece of pizza?

2 Do you mind grabbing me some coffee on your way?

3 I've got only five minutes to spare. Do you mind keeping it short?

4 Do you mind turning down the air-conditioning? I feel a bit cold.

5 Do you mind if I ask you a personal question?

1 제가 마지막 남은 피자 한 조각 먹어도 될까요?

2 미안한데, 오는 길에 커피 좀 사다 줄 수 있나요?

3 제가 여유 시간이 겨우 5분 있어요. 짧게 해 주실 수 있을까요?

4 에어컨을 좀 줄이면 안 될까요? 좀 추워서요.

5 개인적인 질문 하나 해도 될까요?

1

Do you mind if we move the meeting to Friday?

죄송한데, 회의를 금요일로 옮겨도 될까요?

Sure. Friday works better for us, actually.

네, 괜찮습니다. 사실 저희에겐 금요일이 더 좋아요.

2

Excuse me, do you mind grabbing me one of those cereal boxes on the top shelf?

죄송한데, 꼭대기 선반에 있는 저 시리얼 상자들 중 하나를 내려 줄 수 있을까요?

Sure. Always happy to help!

당연하죠. 얼마든지요!

3

Where would you like to meet?

어디서 만나면 될까요?

I don't mind coming over to your office.

제가 그쪽 사무실로 가도 상관없습니다.

Good afternoon, Mr. Smith,

I always look forward to our 2 p.m. Tuesday conference call. However, this week, I'm afraid I have another meeting scheduled for 1:30, and I'm not sure if it will be over in time. If you don't mind, could we start at 2:30 this time, just to be safe?

안녕하세요, Smith 씨,

저는 항상 화요일 오후 2시 콘퍼런스 콜이 기다려집니다. 그런데, 이번 주에는 유감스럽게도 1시 반에 다른 회의가 잡혀 있고 (2시에 맞춰) 제때 끝날지 확실하지 않습니다. 괜찮으시면 혹시 모르니까 이번에는 2시 30분에 시작해도 될지요?

좀 더 격식을 차려서 양해를 구하는 상황에서는 Would you mind ~ 구문을 사용하면 됩니다. would가 있기 때문에 '가정'을 내포하고 있는데요. Would you mind -ing?와 Would you mind if 주어 과거동사? 이렇게 두 가지 형식으로 씁니다.

다음 예문을 통해서 확인해 볼까요?

ex I'm moving out this Friday. Would you mind giving me a hand?

제가 이번 주 금요일에 이사 나가요. 미안하지만 좀 도와주실 수 있을까요?

ex I'm starting to get a bit hungry. Would you mind if I stepped out for a moment and grabbed a bite to eat?

슬슬 배가 고프네요. 잠깐 나가서 간단히 뭐 좀 먹고 와도 될까요?

WORD BANK

- **finish off** : 다 먹어 치우다
- **spare** : 시간, 돈 등을 할애하다
- **have a meeting scheduled for 시각** : 회의가 ~시로 잡혀 있다
- **just to be safe** : 혹시 모르니까
- **give 사람 a hand** : ~를 도와주다

부사 super를 이용해 강조 표현하기

Everything is getting super expensive.

물가가 올라도 너무 올라요.

 김재우 쌤의 "영어 관찰 일기"

'진짜, 정말, 엄청' 같은 말을 영어로는 **so, very, really** 정도로 알고 있는 경우가 많은데요. 원어민들은 일상 대화에서 **super**라는 단어를 입에 달고 살 정도입니다. **It was super windy. It is super expensive. I'm super good at video games.** 등등 말이죠. 다만, 격식에 매이지 않은 가볍고 캐주얼한 표현이므로 조금 격식을 갖추어야 하는 상황에서는 사용을 자제하는 것이 좋겠습니다.

MODEL EXAMPLES

1 She is super tall.

2 Either he has been super busy, or he is losing interest in me.

3 I've been super busy with my upcoming move.

4 Wow. You're in super good shape for an old guy.

5 All the neighborhoods in Seoul are super expensive, but Huam-dong is relatively cheap.

1 그 여자분 키 엄청 커요.

2 그 사람이 무지 바쁘거나, 아니면 저에 대한 관심이 식고 있는 거겠죠.

3 제가 요즘 이사 준비 때문에 엄청 바빴어요.

4 우와. 연세 있으신 분치고는 몸매가 너무 좋으시네요.

5 서울은 어디라도 다 너무 비싸. 근데 후암동은 상대적으로 저렴한 편이지.

1

I never thought I'd have to pay over 10,000 won for lunch.
무슨 점심값이 만 원이 넘는 거야.

Yeah. Everything is getting super expensive.
그러게. 요새 물가가 너무너무 비싸.

2

Want me to get you a souvenir from Jeju?
제주도에서 선물 사 갈까?

Oh! How about a box of tangerines? They should be super cheap since they're in-season.
오! 그럼 귤 한 박스 사다 줄래? 지금 제철이니 엄청 쌀 거야.

3

It's unusually warm for late November. It's usually much colder by now.
11월 말치고는 너무 따뜻하다. 지금쯤이면 보통은 훨씬 더 추운데.

Right. Autumn has been getting shorter, but this year, it's been super long.
맞아. 가을이 점점 짧아지고는 있는데 올해는 엄청 길다.

CASES IN POINT 제품 리뷰

I'm normally really bad at following instructions, but this bed frame was super easy to put together. It took me less than an hour. I didn't need any extra tools, besides the included hex key. It looks sturdy, too. The furniture from IKEA has a reputation for breaking easily, but this bed frame surprised me.

저는 보통은 설명서대로 잘 못하는데, 이번 침대 프레임 조립은 정말 쉽더군요. 조립하는 데 한 시간도 안 걸렸습니다. 동봉된 육각 렌치 이외엔 별도의 도구도 필요 없었어요. 튼튼해 보이기까지 합니다. 이케아 가구가 좀 약하다는 평이 있는데, 이번 침대 프레임 보고는 많이 놀랐습니다.

✅ 형용사 앞에 써서 말의 톤을 조절해 주는 역할을 하는 부사들이 꽤 많습니다. 그중 두 가지를 살펴보겠습니다. 바로 pretty와 quite입니다.

> ex **The pork belly place is pretty good, but it's quite expensive.**
>
> 그 삼겹살집은 맛은 괜찮은 편인데 가격이 상당히 비싸다.

위의 문장에서 보듯 pretty는 '제법, 꽤나' 정도의 뉘앙스입니다. 그래서 ~ is/are pretty good이라고 말하고 나서 접속사 but을 쓰면 뭔가 조금은 아쉬운 느낌을 전달하게 됩니다. 따라서 그다음에는 구체적으로 무엇이 아쉬운지 또는 개선해야 할 점이 열거되는 것을 볼 수 있습니다.

✅ 반면 ~ is/are quite good이라고 하면 전반적으로 '상당히' 좋다는 말로 들립니다.

다음 예문을 확인해 보세요.

> ex **Your English is quite good, especially considering you've never lived abroad.**
>
> 당신은 영어를 상당히 잘하는군요. 특히 해외에서 살았던 적이 없다는 걸 생각해 본다면 말이죠.

WORD BANK

- **upcoming** : 곧 있을, 조만간 예정되어 있는
- **in good shape** : 몸매가 좋은; 건강 상태가 양호한
- **put ~ together** : ~을 조립하다

How do you feel about buying something second-hand, like a used car?

중고차 같은 중고 물품 사는 거 어떻게 생각하세요?

김재우 쌤의 "영어 관찰 일기"

How do you feel about (-ing) ~?은 사람의 **feelings**, 즉 감정이나 느낌을 묻는 것인데 반해, **What do you think about[of] (-ing) ~?**은 **thoughts**, 즉 생각이나 견해를 묻는 느낌이 강해서, 엄밀히 말하면 이 둘은 다른 표현이랍니다. 예컨대 이상적인 배우자를 찾는 사람에게 결혼 정보 회사에 가입해 보는 건 어떠냐고 한다면 **How do you feel ~?**이 적절하며, 최저임금 인상에 대해 어떻게 생각하느냐고 묻는다면 **What do you think ~?**가 맞습니다.

MODEL EXAMPLES

1 How do you feel about signing up for a matchmaking service?
2 How do you feel about going to church?
3 How do you feel about joining a hiking club?
4 How do you feel about plastic surgery?

1 중매업체에 등록해 보는 게 어때요?
2 교회에 가 보는 게 어때요?
3 등산 모임에 가입해 보는 게 어떨까요?
4 성형 수술 하는 거 어떻게 생각하세요?

1

How do you feel about joining a team when the coach is your ex-teammate?

코치가 전 동료였는데, 그런 팀에 합류하는 기분이 어떠신가요?

I don't mind at all. I totally believe he has what it takes to be a good coach.

전혀 문제없습니다. 좋은 코치가 될 자질을 갖춘 분이라 믿어 의심치 않습니다.

2

After dinner, I was thinking we could go to my place and watch *The Conjuring*. How do you feel about horror movies?

저녁 먹고 우리 집에 가서 〈컨저링〉 볼까 하는데. 공포 영화 어때?

No, I can't stand horror movies! Watching something scary isn't my idea of fun.

싫어, 공포 영화는 못 보겠어. 무서운 거 보는 게 뭐가 재미있다고.

Dear Greg Cho,

This is Harold over in Accounting. I'm writing because your manager, Frank, contacted me and asked me to move to your team. How do you feel about working under Frank? I want to hear about your experience before I really consider his transfer offer.

(다른 팀 팀장으로부터 부서 이동 제안을 받은 Harold가 해당 팀 소속 직원에게 보내는 메일)

Greg Cho 님께,

안녕하세요. 회계팀 Harold입니다. 그쪽 팀장님인 Frank가 제게 연락해서는 자기네 팀으로 오면 어떨까 하는 제안을 하더군요. Frank 팀장님 밑에서 일하니까 어떤가요? 그 팀으로의 이동 제안을 진지하게 고민해 보기 전에 우선 당신의 경험을 듣고 싶습니다.

✅ SMALL TALK 1번 대화에 등장한 totally에 대해 살펴볼까 합니다. totally는 격식을 차리지 않은 일상적인 상황에서 자주 쓰이는 부사인데요. 우리말의 '완전, 진짜' 정도에 해당합니다. 친구와의 격의 없는 대화에서 I totally get it.이라고 하면 "완전 이해가 돼." 라는 말이지요. 다음의 예를 보시죠.

ex **Everything is totally overpriced.**
모든 게 완전 비싸네.

ex **It totally slipped my mind.**
완전 깜박했어.

ex **You look totally different in a suit.**
양복 입으니까 완전 딴 사람 같네.

ex **That's totally fine.**
완전 괜찮아.

ex **Don't bother trying to fix it. It's totally broken.**
괜히 고치느라 애쓰지 마. 완전히 고장이 났으니까.

✅ totally가 '무조건' 또는 '너무'의 느낌을 줄 때도 있습니다.

ex **You should totally go see the movie in IMAX.**
그 영화는 무조건 아이맥스로 봐야 해.

ex **I could totally go for some sushi.**
난 초밥이 너무 땡겨.

WORD BANK

- **one's idea of fun** : 재미있다는 ~의 생각
- **what it takes to부정사** : ~하는 데 필요한 것

There is nothing like camping to recharge your batteries.

재충전에는 캠핑만 한 게 없죠.

 김재우 쌤의 "영어 관찰 일기"

'~하기에는 …가 최고이다'에 해당하는 **There is nothing like 명사 또는 동명사** 구문은 정말 유용합니다. 이 표현을 알고 있으면서도 입으로는 **~ is/are the best** 정도의 단조로운 영어 표현만 쓸 줄 아는 우리의 현실! 최대한 많은 예문을 익히고 맥락 속에서 해당 표현과 구문을 100% 내재화하지 않으면 '죽었다 깨어나도 생각이 나지 않는다'는 점을 꼭 기억했으면 합니다.

MODEL EXAMPLES

1 There's nothing like a nice meal with friends to turn a bad week around.

2 There's nothing like binging a show on Netflix all weekend.

3 There is nothing like a turkey dinner and spiced wine for Christmas.

4 I'm so glad we can go to concerts again. There's nothing like seeing your favorite band live.

5 There's nothing like real maple syrup on pancakes.

1 안 좋았던 한 주를 날려 버리려면 친구들과 맛있는 식사를 하는 게 최고지.

2 주말 내내 넷플릭스 드라마 보는 게 최고야.

3 크리스마스에는 칠면조 저녁 식사와 풍미 좋은 와인만 한 게 없지.

4 다시 콘서트에 갈 수 있어서 너무 좋아. 가장 좋아하는 밴드의 라이브 공연을 보는 것만큼 좋은 것은 없지.

5 팬케이크에는 진짜 메이플 시럽을 얹어 먹어야 제맛이야.

1

There's nothing like a cold beer after a long day of work. How about we go grab one when we get off?

회사에서 힘든 하루를 보내고 나면 시원한 맥주가 최고지. 퇴근하고 한잔하러 갈까?

Sure! As long as you're buying.

좋지! 네가 산다면.

2

Sorry if I seem a little depressed. My boyfriend and I decided to take a little break. I really miss him.

내가 좀 쳐져 보인다면 미안. 남자 친구랑 잠시 안 보기로 했거든. 근데 정말 보고 싶어.

Aww, I'm sorry. Come on, let's go shopping. I know you. There's nothing like buying clothes to cheer you up.

아, 그랬구나. 그럼 쇼핑하러 가자. 내가 널 알잖아. 기분 전환에는 옷 사는 게 최고야.

3

I can't wait to get home. My husband said he would cook me something special.

어서 집에 가고 싶어. 남편이 특별한 음식을 해 준다고 했거든.

Oh, that's perfect then! There's nothing like a home-cooked meal to lift your spirits after a long day.

오, 멋지다! 힘든 하루를 보낸 후에는 기운을 차리는 데 집밥만 한 게 없지.

안마 의자 광고

Come to a Bodyfriend store and try out our new line of Pro Massage X7 chairs. Even if you have a professional masseur come to your house three times a week, you'll have to admit there's nothing like a massage from one of our chairs.

바디프렌드 매장에 오셔서 새로 출시된 프로 마사지 X7 의자를 체험해 보세요. 일주일에 세 번 전문 마사지사를 집에 부른다고 해도 저희 의자로 받는 안마가 최고라는 점을 인정할 수밖에 없을 겁니다.

영어에서는 비교급으로 최상급의 의미를 전달하는 경우가 많습니다. ~ is/are the best. 또는 I like ~ the most.와 같은 틀에 박힌 최상급 표현은 때로는 자연스럽게 들리지 않는 경우도 있으니 '비교급을 이용한 최상급 표현'에 익숙해져야 합니다. 다음 예문을 보겠습니다.

ex You can't find any better bread in Seoul.

서울에서는 이 집 빵이 최고야.

ex I can't imagine a better day for surfing.

서핑하기에는 오늘이 딱이다.

ex Business has never been any worse.

요즘같이 장사가 안 된 적도 없어요.

ex No one knows this better than Sarah.

이건 Sarah가 가장 잘 알지.

ex They sold more vehicles last quarter than they ever have.

지난 분기에 가장 많은 차를 판매했다.

ex No other platform in Korea seems more successful than KakaoTalk.

카카오톡이 한국에서 가장 성공한 플랫폼인 것 같습니다.

어떠신가요? 비교급을 활용한 최상급 표현이야말로 '자연스러운 문장 만들기'의 핵심이라는 것이 느껴지시나요?

WORD BANK

- **binge a show** : TV 프로그램을 돌려 보다, 계속 보다
- **as long as** : ~하는 한, ~하기만 하면
- **cheer 사람 up** : ~에게 기운을 북돋다

up/down을 이용해 제안에 동의하기

I am up for anything, as long as it's not too spicy.

너무 매운 것만 아니면 뭐든 다 좋아요.

 김재우 쌤의 "영어 관찰 일기"

상대의 제안에 '난 뭐라도 좋다'라고 할 때 **I am up for ~.** 또는 **I am down for ~.**라는 표현을 자주 사용합니다. 재미있는 것은 **I am down for ~.** 역시 '찬성'할 때 쓴다는 점인데요. **I am down for a movie tonight.**(오늘 밤에 영화 보고 싶어.)이라고 표현할 수 있어요. **I am down**은 단독으로 쓸 수 있지만 **I am up**은 **I am up for ~.**와 같은 형태로 써야 한다는 점에 주의하세요.

MODEL EXAMPLES

1 I'm up for anything with a Michelin star.

2 What do you feel like doing? I'd be up for just about anything.

3 I'm looking for a beer pong partner. Are you down?

4 I've been craving fried chicken. Is anyone down for some tonight?

5 I was thinking of hiking Bukhan Mountain on Saturday morning, and I need a buddy. Do you think you'd be down?

1 미슐랭 스타를 받은 음식이라면 뭐든 좋아.

2 뭐 하고 싶어? 난 뭐든 다 좋아.

3 나 비어 퐁 파트너 찾고 있는데. 관심 있어?

4 나 프라이드치킨이 무지 먹고 싶어. 오늘 밤에 같이 먹을 사람?

5 토요일 아침에 북한산 등산 갈까 하는데 같이 갈 사람이 필요해. 관심 있을까?

1

What do you want to have tonight?

오늘 저녁에 뭐 먹고 싶어?

I am up for anything, as long as it's not too spicy.

뭐라도 좋아. 너무 매운 것만 아니면.

2

Hey guys—anyone want to go with me to try Gordon Ramsey's burger place?

안녕 얘들아, 나랑 고든 램지 버거 먹으러 갈 사람 있을까?

I'm down, as long as you're paying.

나 갈게! 네가 산다면 말이야.

3

Guys, I was thinking about having people over for a game night. Who's in?

얘들아, 오늘 밤에 애들 집에 불러서 게임할까 하는데. 같이 할 사람?

Well, I have plans later, but I am down for saying hello, at least.

음, 이따가 약속이 있긴 한데, 얼굴 정도는 비출 수 있어.

CASES IN POINT 여행사 광고

Are you down for the adventure of a lifetime? Choose Nepal Adventures for your Everest climb. We have a special offer for new customers available only this month. The first fifty hikers who sign up will receive free travel insurance. Act now, before someone else takes your spot.

일생일대의 모험을 즐기고 싶으신가요? 에베레스트 등반을 원하신다면 네팔 어드벤처를 선택해 주세요. 이번 한 달 동안만 신규 고객을 위한 특별 행사가 준비되어 있습니다. 선착순 50인은 무료로 여행 보험에 가입할 수 있습니다. 다른 고객이 채 가기 전에 지금 예약하세요.

✓ '뭐라도 좋다'라고 할 때나 상대의 제안에 대해 적극 찬성할 때는 다음과 같이 표현할 수도 있습니다.

ex **Anything sounds great.**

아무거나 좋아요.

ex **Anything would be fine.**

아무거나 괜찮아요.

ex **That would be (so) nice.**

(너무) 좋습니다.

다음의 대화문을 통해서도 확인해 보겠습니다.

ex A: **Are you interested in coming with me?**

나랑 같이 가는 거 어때?

B: **That would be nice.**

너무 좋지.

✓ 이 밖에도 Sure. I'll join.으로 표현해도 좋습니다. That sounds like a good idea. 역시 찬성할 때 자주 사용하는 문장이니 꼭 알아 둡시다!

- **beer pong** : 맥주 컵에 탁구공을 넣어 상대편이 마시도록 하는 게임
- **crave** : 음식 등이 몹시 당기다
- **have 사람 over** : ~를 (어떤 장소로) 부르다, 초대하다

I don't feel quite right today.

오늘 몸이 좀 안 좋아요.

 김재우 쌤의 "영어 관찰 일기"

"한국인들이 구사하는 영어는 직설적으로 들린다." 많은 원어민이 하는 말입니다. "오늘 컨디션이 별로야.", "몸이 좀 안 좋아.", "뭔가 몸이 이상해."라고 하려는 말을 그냥 **I feel sick today.**라고 해 버리면 "나 아파."라는 직설적인 표현이 됩니다. 이런 경우에는 **I don't feel quite right today.**, **I am not feeling well today.**, **I feel like I'm coming down with something.** 등과 같이 조금은 톤 다운된 표현을 쓰는 것이 맞습니다.

MODEL EXAMPLES

1 I wish I could come, but I don't feel quite right today.

2 I'm afraid I can't join you for dinner. I don't feel quite right today.

3 Honey, I don't feel quite right today. Can you pick up Sujin from school?

4 I think I'll skip dinner. My stomach doesn't feel quite right today.

5 I don't think it's a good idea for me to come to your daughter's party.
I don't feel quite right today.

1 나도 가고는 싶은데, 오늘 몸이 좀 안 좋아.

2 저녁을 같이 못 할 것 같습니다. 오늘 몸이 좀 안 좋네요.

3 여보, 나 오늘 몸이 좀 안 좋아. 수진이 학교에서 좀 데려와 줄래?

4 오늘은 저녁 안 먹을래. 오늘 속이 좀 안 좋아서.

5 너희 딸 파티에 나는 안 가는 게 좋을 것 같아. 오늘 몸이 좀 안 좋네.

1

I'm not sure what it is, but I don't feel quite right today.
뭔지는 모르겠는데, 오늘 몸이 좀 안 좋아.

Maybe there was something wrong with that soup you had for breakfast. It smelled a little funny.
아침에 먹은 국에 문제가 있었을지도. 좀 상한 냄새가 났거든.

2

Sam, are you still able to meet for lunch?
Sam, 우리 점심 약속 유효한 거지?

Sorry, actually I don't feel quite right today. I think I need to stay home. Can we take a rain check?
미안해, 사실 오늘 몸이 좀 안 좋아. 집에 있어야 할 것 같아. 다음에 먹어도 될까?

3

I know we're supposed to go out tonight, but I don't feel quite right today.
오늘 밤에 우리 밖에 나가 놀기로 한 건 아는데, 오늘 뭔가 몸이 좀 이상해.

Oh, no. Are you okay? How about we get takeout and rest at home with a movie instead?
이런. 괜찮은 거야? 그냥 음식 포장해 와서 집에서 영화 보면서 쉬는 건 어때?

CASES IN POINT 안부 메일

Hi, Brian. How are things going over there in the San Francisco office? I heard that you caught COVID last week, and so I wanted to check in and ask how you're doing. Actually, I wasn't feeling quite right myself yesterday. I got tested and thankfully, it turned out negative.

안녕하세요, Brian. 샌프란시스코 사무실은 요즘 어때요? 지난주에 코로나 걸렸다고 들었는데, 안부 확인차 연락드렸어요. 사실 저도 어제 몸이 안 좋아서 검사를 했는데 다행히 음성으로 나왔습니다.

✅ '몸 상태나 컨디션이 좋지 않다'라고 할 때 쓸 수 있는 몇 가지 영어 표현을 조금 더 살펴 보겠습니다.

> ex **I feel a little bit sick.**
>
> 몸이 조금 아프네.

> ex **I am really not feeling well.**
>
> 몸이 너무 안 좋아.

> ex **I am not really feeling well.**
>
> 몸이 좀 안 좋아.

> ex **I am feeling much better thankfully.**
>
> 다행히 많이 나아졌어.

> ex **I have been feeling low.**
>
> 계속 기운이 좀 없네.

어떤가요? 앞으로는 몸이 좀 안 좋을 때 다양하게 표현할 수 있겠죠?

✅ 한편, '감기 기운이 있다'라고 할 때는 I feel like I'm coming down with a cold.라고 하지만, '감기인지 뭔지는 모르지만 뭔가 몸이 안 좋다'에 해당하는 영어 표현은 I feel like I'm coming down with something.입니다. a cold 자리에 something을 넣어서 표현하는 것이죠. '영어 관찰 일기'에서도 언급한 것처럼 말의 '강약'을 조절할 수 있는 영어 구사력을 기르는 것이 중요합니다.

WORD BANK

- **smell funny** : 상한 냄새가 나다
- **take a rain check** : 다음을 기약하다, 연기하다
- **check in** : 안부를 살피다
- **turn out negative** : (검사 결과가) 음성으로 나오다

Would you like me to grab you some coffee while I'm at Starbucks?

저 지금 스타벅스인데 커피 사다 드릴까요?

김재우 쌤의 "영어 관찰 일기"

'~해 드릴까요?'라고 할 때 조금 더 공손하고 예의 바르게 표현하고자 한다면 **Would you like me to부정사**를, 이보다 좀 더 격의 없는 사이에서는 **Do you want me to부정사**를 써 보시기 바랍니다. 어렵고 복잡한 패턴보다는 이처럼 간단하면서도 거의 매일 써야 하는 범용성 높은 구문을 입에 붙이는 것이야말로 가성비 높은 영어 학습입니다.

MODEL EXAMPLES

1 Would you like me to read the first sentence?
2 Would you like me to get you some water while I'm up?
3 Would you like me to send you the revised version?
4 Do you want me to come along with you?
5 Do you want me to set you two up on a date?

1 제가 첫 번째 문장을 읽을까요?
2 제가 일어난 김에 물 좀 가져다드릴까요?
3 수정본 보내드릴까요?
4 내가 따라가 줄까?
5 내가 너희 둘 자리 마련해 줄까?

1

I'm walking from the station. Would you like me to pick up any coffee?
지금 역에서 걸어가고 있는데요. 커피 사다 드릴까요?

That would be great. Thanks.
좋습니다. 고마워요.

2

I'm not done yet, but would you like me to send you what I have so far?
아직 다 하지는 못했는데, 지금까지 작업한 거 보내 드릴까요?

Thanks. So, when do you think you will be able to complete the materials?
고마워요. 그러면 언제까지 완성할 수 있을 것 같나요?

3

I just landed at Incheon! By the way, I think I'll go by a duty-free shop. Do you want me to get you or Mom anything?
방금 인천에 도착했어요! 그나저나 면세점에 들를까 하는데요, 아빠랑 엄마 뭐 사다 드릴까요?

Thanks for offering, Sweetie.
말만이라도 고맙다, 내 딸.

사내 메시지

I just wanted to make sure the meeting is still on for Wed. And would you like me to arrange a room at the headquarters in Yongsan?
(pause) I just found out that headquarters is all booked up. We'll have to change something, either the location or date.

안녕하세요. 다름이 아니라 저희 수요일에 회의하는 거 맞는지 확인차 연락드립니다. 그리고 용산 본사에 회의실 잡을까요?
(잠시 후) 근데 보니까 본사 회의실은 예약이 꽉 찼네요. 장소를 변경하든지, 날짜를 바꾸든지 해야 할 것 같습니다.

☑ Do you want me to부정사와 Would you like me to부정사 구문의 평서문 형태 역시 매우 자주 사용됩니다. "공항에 마중 나와 줘."라고 하려면 I want you to pick me up at the airport.라고 하면 되며, "냄새 심해지기 전에 쓰레기 밖에 좀 내다버려 줘."라는 문장은 I want you to take out the trash before it gets too smelly.라고 합니다. 한편 "Jeff와 회의 잡아 주십시오."는 I'd like you to set up a meeting with Jeff. 로 표현할 수 있습니다.

☑ I want you to부정사는 주로 격의 없는 사이에서 씁니다. 그래서 상사가 부하직원에게, 선생님이 학생에게 무언가를 시키는 느낌인 반면, I'd like 사람 to부정사의 경우 좀 더 예의를 갖추고 격식을 차리는 표현입니다. 회의 중에 "우리 같이 회의록 살펴볼까요?" 라고 한다면 I'd like us to go over the minutes.라고 표현할 수 있고, 오랜만에 가족끼리 식사를 하는 자리에서 아들이 "이런 가족 식사 자리를 좀 더 자주 가졌으면 해요." 라고 하는 말은 I'd like us to have more family dinners together like this. 라고 표현할 수 있습니다.

WORD BANK

- **set 사람 up on a date** : 이성 간에 자리를 마련해 주다
- **by the way** : 그런데, 그나저나
- **make sure (that) 주어 동사** : ~임을 확인하다, 반드시 ~하도록 하다
- **be booked up** : 예약이 끝나다, 표가 매진되다

What price range do you have in mind?

가격대는 어느 정도 생각하세요?

김재우 쌤의 "영어 관찰 일기"

영어를 학습할 때, 우리는 일단 표현을 암기하기만 하면 자연스럽게 입 밖으로 나올 거라고 기대합니다. **have ~ in mind**(~을 생각해 두다)와 같은 표현도 마찬가지인데요, '생각하다think'라는 말에 얽매인 나머지 이 구문을 잘 떠올리지 못합니다. 이를 극복하기 위해서는 다양한 이야기나 상황에서 영어 문장을 보고 듣는 것이 필요합니다. 그래야만 필요할 때 '떠올릴 수come up with' 있답니다.

MODEL EXAMPLES

1　Do you have any actor in mind for the lead role?
2　Do you have any good beef place in mind?
3　I don't really have any car in mind. I will go with pretty much anything as long as it's in good shape.
4　I have nothing particular in mind.
5　I'd like to make a suggestion, unless you have something in mind.

1　주연 배우로 생각하고 있는 분 있으신가요?
2　괜찮은 소고깃집 생각해 둔 데 있어?
3　딱히 염두에 둔 차는 없습니다. 상태만 좋으면 뭐라도 사겠습니다.
4　특별히 염두에 둔 건 없습니다.
5　다른 안이 없으시면 제가 제안을 하고 싶습니다.

1

What price range do you have in mind?

가격대는 어느 정도 생각하세요?

Anything under 100,000 won would be fine.

십만 원 미만이면 다 괜찮아요.

2

You will have to wait two years to get a Porsche. And that's only if you put down five million won as a deposit.

포르쉐를 받으려면 2년을 기다리셔야 합니다. 그것도 보증금으로 오백만 원을 걸 때 이야기고요.

It really doesn't matter. A Porsche is the only car I have in mind.

그건 문제가 되지 않아요. 전 포르쉐 외에는 살 생각이 없거든요.

3

Where do you want to go for our summer vacation this year?

올해 여름휴가는 어디로 가고 싶어?

I have a few places in mind. Are you okay taking a long flight?

몇 군데 생각하고 있는 곳이 있는데, 장시간 비행기 타도 괜찮아?

CASES IN POINT 사내 메시지

We have the following two places in mind as possible sites for the workshop. However, if you have any suggestions for places that would be more suitable, please let us know. We'll definitely take them into consideration. By the way, I heard that your HR manager, Ms. Cho, is no longer available to deliver the keynote speech. Does your team have anyone in mind to replace her?

워크숍 장소로 다음 두 곳을 생각하고 있습니다. 하지만 더 나은 곳이 있으면 알려 주십시오. 꼭 고려해 보겠습니다. 그나저나 조 인사팀장이 기조연설을 못 하게 되었다면서요. 팀 내에서 대신할 분 누구 염두에 두고 계신가요?

SMALL TALK 2번 대화에 등장한 put down이라는 구동사를 어떤 의미로 알고 계시는지요? '들고 있던 것을 내려놓다'의 의미를 지닌 put down은 '보증금으로 얼마를 걸다, 식당 등에서 이름을 걸어 두다, 기재하다, 적다'라는 뜻으로도 사용되는 범용성 만점의 구동사입니다. 다음의 예를 보면서 완전한 내 것으로 만듭시다!

ex Put your pencils down and hand your papers to the front.

연필 놓고 앞쪽으로 시험지를 제출하세요.

ex You have to put down at least 50%.

보증금으로 최소 50%는 걸어 두셔야 합니다.

ex I think your internship experience at Alcon is too short to put down on your résumé.

내가 보기엔 네 이력서에 쓰기에 알콘에서의 인턴 경력이 너무 짧은 것 같아.

ex You didn't put down anything in the health insurance section. Does that mean you're uninsured?

건강보험 칸은 그냥 비워 두셨군요. 건강보험 미가입자인가요?

WORD BANK

- **pretty much** : 거의
- **as a deposit** : 보증금으로
- **take ~ into consideration** : ~을 고려하다, 참작하다
- **no longer available** : 더 이상 이용할 수 없는, 가능하지 않은

생각이나 고민 말하기

I was thinking of going to translation grad school.

통번역대학원 진학을 고민하고 있어요.

 김재우 쌤의 "영어 관찰 일기"

고려는 하고 있지만 결정을 하지 못하고 있는 상황에서 '~할까 고민 중이다'라는 뉘앙스를 전하고자 한다면 **I was thinking of -ing** 또는 **I was thinking of 명사** 그리고 **I was thinking that 주어 동사**와 같은 패턴을 활용하면 됩니다. 상대의 의중을 떠보거나 넌지시 제안할 때 쓰는 **How about ~?**이나 **Why don't we ~?**와 비교해 훨씬 정중하게 들리는 멋진 패턴이니 적극적으로 사용해 보세요!

MODEL EXAMPLES

1 I was thinking of traveling to Australia for the holiday.

2 Do you already have dinner plans? I was thinking of trying a pizza place that my coworker recommended.

3 I was thinking of Mongolia for my next trip, but I decided not to go there.

4 It's a little out of my price range. Besides, I was thinking of going with something more basic.

1 연휴 때 호주로 여행을 갈까 생각 중입니다.

2 오늘 저녁 약속 있어? 동료가 추천해 준 피자 가게 가 볼까 하는데.

3 다음 여행은 몽골을 생각 중이었는데, 안 가기로 했습니다.

4 제가 생각하던 가격대보다 조금 비싸네요. 게다가 저는 좀 더 기본형인 것을 생각하고 있었거든요.

1

Did I mention that I had a blind date last month? She is really my cup of tea. I was thinking of getting her a watch for her birthday.

지난달에 내가 소개팅했다고 이야기했었나? 완전히 내 스타일이야. 그녀 생일에 시계를 선물할까 고민 중이야.

Isn't that a bit much? You are going to spoil her.

너무 과하지 않아? 앞으로 눈만 더 높아질거야.

2

Honey, have you already started cooking? I was thinking of pizza for dinner.

여보, 벌써 요리 시작했어? 저녁으로 피자를 먹을까 하는데.

No, but we shouldn't have junk food again. You don't want me getting fat.

안 돼, 또 정크푸드 먹으면 안 된다고. 내가 살찌는 거 보고 싶어?

3

Do you have any plans for Saturday night? I was thinking of trying a new sushi place in Nowon and I need someone to go with me.

토요일 밤에 약속 있어? 노원에 새로 생긴 초밥집에 가 볼까 하는데, 같이 갈 사람이 없네.

Oh, sure. I was just planning on chilling at home. Getting sushi sounds more fun.

좋아. 원래는 집에서 좀 쉴까 했는데. 초밥 먹는 게 훨씬 더 좋지.

CASES IN POINT 비즈니스 이메일

I'm sorry for contacting you so late. We were going over the itinerary for our Korea trip the first week of January, and we were thinking of setting up a meeting with your vice-president at headquarters. By any chance, is she available that Wednesday?

너무 늦게 연락드려서 죄송합니다. 1월 첫째 주에 있을 한국 출장 일정을 검토하다가 본사 부사장님과 회의를 잡을 수 있을까 고민 중이었습니다. 혹시 부사장님 그 주 수요일에 시간이 되실까요?

과거진행 시제로 표현하는 구문을 살펴보겠습니다. 바로 I was hoping to부정사인데요. want와 비교해 덜 직설적으로 들리는 표현이며 우리말로는 '~할까 하는데요, ~하면 어떨까요?' 정도에 해당합니다. 다음 대화문을 보시죠.

ex A: Hi, Jinwoo! Do you want the usual?

진우 님, 안녕하세요. 평소대로 해 드릴까요?

B: Actually, I was hoping to try something different today. Could we go with a tight perm?

사실 오늘은 조금 다른 스타일로 할까 하는데요. 곱슬한 파마를 한번 해 보면 어떨까요?

I was hoping to부정사 구문은 업무 상황에서도 요긴한데요. CASES IN POINT에 나왔던 상황을 이 표현으로 바꾸어 다시 한번 살펴보겠습니다.

ex I was hoping to set up a meeting with your vice-president.

그쪽 부사장님과 회의를 잡았으면 합니다.

직설적으로 무엇을 '원한다'라고 표현하는 want와 비교해 좀 더 프로페셔널하게 들리면서도 예의를 갖춘 느낌을 주는군요.

WORD BANK

- **out of one's price range** : 생각하던 예산을 웃도는, 더 비싼
- **one's cup of tea** : 기호에 맞는 것, 이상형
- **spoil 사람** : ~를 버릇없게 만들다, 너무 좋은 것만 찾게 만들다
- **You don't want me -ing** : 너 내가 ~하게 되는 걸 바라는 건 아니지?

I wish를 이용해 미련이나 아쉬움 표현하기

I wish I had that much money.

나도 그렇게 돈이 많으면 좋으련만.

김재우 쌤의 "영어 관찰 일기"

가정법 하면 **if**절을 떠올리실 테지만 **I wish** 구문 역시 대표적인 가정법 구문입니다. 현재나 과거에 대한 '아쉬움, 미련'을 표현할 때 사용하는 구문으로, 문법적인 형태는 다음과 같습니다. ① **I wish 주어 과거동사**(가정법 과거: 현재 상황에 대한 아쉬움) ② **I wish 주어 could 동사원형**(가정법 과거: 현재 상황에 대한 아쉬움) ③ **I wish 주어 had 과거분사**(가정법 과거완료: 과거 사실에 대한 후회나 아쉬움) 우리말의 '부럽다, ~할 수 있으면 좋으련만, ~할 수 없어서 아쉽다' 등에 해당하는 **I wish** 구문, 이제는 입에서도 자신 있게 나올 수 있게 해야겠습니다.

MODEL EXAMPLES

1 I wish I had your confidence.
2 I wish I could go with you, but I can't find the time.
3 I wish I could eat seafood.
4 I always wish I could spend more time with my family.
5 I wish I could take back what I said.

1 너의 자신감이 참 부럽다.
2 저도 같이 가고 싶긴 한데, 시간이 안 나네요.
3 제가 해산물을 못 먹어서 너무 아쉽네요.
4 항상 가족들이랑 시간을 좀 더 많이 보내고 싶은데 그러질 못하네요.
5 내가 한 말을 주워 담을 수도 없고.

1

Did you hear what Jessica is doing this week? She's going to two concerts and taking a trip to Japan!

이번 주에 Jessica 뭐 하는지 들었니? 콘서트도 두 군데 가고 일본 여행도 간대!

Wow, I wish I had time for that. It's so hard having a full-time job, and there's never enough time to do things I really enjoy.

와우, 나도 그럴 시간이 있었으면. 풀타임으로 일하니 너무 힘들고, 내가 좋아하는 걸 할 시간이 없어.

2

I am actually quite disappointed with this two million won chair. I wish I could take it back.

이백만 원짜리 이 의자 좀 실망스러워. 반품도 안 되니, 원.

You can always resell it on Daangn Market.

언제라도 당근마켓에 되팔면 되지 뭐.

3

The weather's getting cold and that always makes me look back on my youth. Do you have any regrets?

날도 추워지고 하니 어릴 때 생각이 많이 나네. 혹시 후회되는 거 있어?

Yeah, when I was younger, I wish I had waited a year before going to college.

응, 어릴 때 1년을 더 기다렸다 대학에 갔어야 했어.

I wish I could join the team on the trip over there, but I'm afraid I have too much on my plate at the moment. I will definitely come and visit your facilities next time. By the way, how is Mr. Holtz holding up? I heard that he came down with the flu.

이번 출장에 팀원들과 같이 갈 수 있으면 좋겠지만, 지금은 제가 업무가 너무 많습니다. 다음에 꼭 귀사의 시설에 방문하겠습니다. 그건 그렇고 Holtz 씨는 좀 어때요? 독감 걸리셨다는 이야기 들었어요.

영어 스피킹과 라이팅을 잘하기 위한 방법론적인 가이드를 드리겠습니다. 영어 스피킹과 라이팅을 잘하기 위해서는 '내용어'뿐만 아니라 문장 발화 시 필요한 '기능어 또는 기능적 표현'을 잘 사용할 수 있어야 합니다. 자신의 기분이나 느낌, 감정을 표현할 때는 I feel like 또는 It feels like로 문장을 시작할 수 있습니다. '~해서 아쉽다'라는 말은 It's a shame 으로 시작하면 됩니다. 몇 가지 예문을 살펴보겠습니다.

ex I feel like I am not making much progress.

실력이 크게 늘지 않는 기분입니다.

ex It feels like winter this year is much colder than usual.

올해 겨울은 평소보다 훨씬 더 추운 것 같아.

ex Does it feel like a long time ago?

아주 오래전 일처럼 느껴지세요?

ex It's a shame that I can't be there in person.

제가 직접 못 가서 아쉽습니다.

ex It's a shame we have to leave so early.

너무 일찍 일어나게 돼서 아쉬워.

WORD BANK

- **take ~ back** : ~을 반품하다, 취소하다
- **make 사람 look back on one's youth** : ~가 젊은 시절을 되돌아보게 하다
- **have too much on one's plate** : 맡은 일이 지나치게 많다
- **come down with** : (심각하지 않은 병에) 걸리다
- **be there in person** : 직접 방문하다

How does 2:30 sound?

2시 30분 어때요?

 김재우 쌤의 "영어 관찰 일기"

많은 학습자가 의문문에서 **sound**를 활용하는 데 익숙하지 않은 듯합니다. 오늘 소개하는 **How does ~ sound?**가 대표적일 텐데요, '상대의 생각이나 의견을 물을 때' 유용한 표현으로, 이제부터는 **What do you think ~?**만 쓸 것이 아니라 **How does ~ sound?**도 능숙하게 쓸 수 있으면 좋겠습니다.

MODEL EXAMPLES

1 I don't feel like cooking. How does fried chicken sound?
2 I was thinking about having Indian food tonight. How does that sound?
3 If I can't take Monday off, maybe we could just vacation in Gyeonggi-do. How does that sound?
4 I thought maybe we could meet on Zoom next week. How does that sound?
5 I was thinking of closing the store next week for Christmas. How does that sound to you?

1 요리하고 싶지 않아. 프라이드치킨 먹는 건 어때?
2 오늘 저녁에는 인도 음식 먹을까 싶은데, 어때?
3 월요일 월차 못 내면 그냥 경기도 가서 휴가 보내야 할 듯해. 어때?
4 다음 주는 줌에서 만나면 어떨까 하는데요. 어떠세요?
5 다음 주 크리스마스 때는 가게 문 닫을까 하는 데. 당신 생각은 어때?

1

I'm afraid we're out of clams, but the chef can cook a special mussel dish, instead. How does that sound?

죄송한데 조개가 다 떨어졌어요. 그래도 주방장님이 특별 홍합요리를 만들어 드릴 수 있습니다. 어떠세요?

That would be great! I actually prefer mussels.

좋죠! 사실 홍합이 더 좋아요.

2

The overnight flight is about $200 cheaper. How does that sound?

야간 비행기는 이백 달러 정도 싸대. 어때?

Ugh. I can't stand overnight flights. I'm not in my 20s or 30s anymore.

하아. 난 밤 비행기 못 타. 더 이상 이삼십 대가 아니잖아.

3

The hotel mixed up our reservation. They only have city view rooms left, but if we take one, they're willing to throw in a free dinner. How does that sound?

그 호텔이 우리 예약을 혼동했어. 도심이 보이는 방밖에 안 남았다는데, 그 방 선택하면 저녁은 공짜로 주겠대. 어떻게 생각해?

That sounds nice. I don't care much about the view anyway.

좋아. 난 어차피 전망은 크게 상관없거든.

CASES IN POINT 중고품 구매 상황

Hello. I'm interested in the TV you put up for sale on Daangn Market. I see you would like 300,000 won, but how does 250,000 won sound? I can come over and pick it up myself with my van.

안녕하세요. 당근마켓에 올리신 TV에 관심 있습니다. 삼십만 원을 원하시는 것 같은데, 혹시 이십오만 원은 어때요? 제가 그쪽으로 가서 제 차로 직접 픽업해 올 수 있습니다.

☑ 동사 sound와 관련된 문법적인 설명을 하겠습니다. That sounds good.(그거 좋은 생각이다.), He sounded very excited.(그 사람 엄청 들뜬 것 같더군요.)와 같은 문장에서처럼 sound가 자동사로 쓰일 때는 그 뒤에 '형용사'가 나와야 합니다. 하지만 sound 다음에 like가 따라오면 sound like 명사로 표현해야 하지요. 다음 예문을 통해 확인하세요.

ex **That doesn't sound like a good idea.**

별로 좋은 생각 같지는 않은데요.

ex **Only 300,000 won for five days in Bali? That sounds like a scam to me.**

발리로 5일간 여행 가는데 30만 원밖에 안 한다고? 내가 보기엔 사기 같은데.

☑ sound like 다음에는 '절clause'이 따라오는 경우도 있습니다. 다음 예문에서 이를 확인할 수 있습니다.

ex **Does she sound like she's Australian?**

저 여성분 호주 사람 같나요?

ex **I can't believe you stayed at his place for three weeks. It sounds like you've got a really great relationship with your uncle.**

정말로 삼촌 집에 3주나 있었던 거야? 삼촌이랑 사이가 엄청 좋은가 보네.

- **mix ~ up** : ~을 혼동하다, 헷갈리다
- **throw ~ in** : ~을 공짜로 끼워주다, 거저 주다
- **put up ~ for sale** : 팔기 위해 ~을 내놓다

There is something different about BTS.

BTS는 뭔가 좀 달라.

김재우 쌤의 "영어 관찰 일기"

정확히 무엇인지는 알 수 없지만, '~에게는 무언가가 있다'에 해당하는 영어 구문은 **There is something about ~.** 또는 **There is something 형용사 about ~.**입니다. 예를 들어 "그 식당에는 뭔가가 있길래 이렇게 인기가 많겠지."라고 한다면 **There must be something about that restaurant that makes it so popular.**라고 표현할 수 있으며, "그 사람에게는 뭔가 차별 포인트가 있을 거야."라는 말은 **There must be something special about him that sets him apart.**라고 합니다.

MODEL EXAMPLES

1 There was something weird about the interview.
2 There is something about this brand people are crazy about.
3 There is something about him that I am attracted to.
4 There is something about Yu Jae-seok that puts people at ease.
5 There is something about the coach that brings out the best in players.

1 이번에 면접 봤는데 뭔가 이상했어요.
2 이 브랜드에 사람들이 열광하는 이유가 있지.
3 그 사람에게는 뭔가 끌리는 점이 있어요.
4 유재석은 뭔가 사람을 편하게 해 주는 게 있어.
5 그 코치에게는 선수들의 잠재력을 이끌어내는 뭔가가 있어.

1

I've been shopping around for a car, and there's something about Porsches that I can't resist.

요즘 차 알아보고 있는데, 포르쉐에는 거부할 수 없는 뭔가가 있어.

I can't believe you're thinking about spending so much money on a sports car. You should just save, invest, and retire early.

스포츠카에 그렇게 큰돈을 쓸 생각을 하다니. 돈 모으고 투자해서 빨리 은퇴해야지.

2

It looks like you're not used to devices with a touch screen, right?

터치스크린이 딸린 기기에는 익숙하지 않은 것 같네, 그렇지?

Yes. There's just something about a real mouse and keyboard that makes me more comfortable.

응. 실물 마우스랑 키보드가 뭔가 더 편해.

3

There is something different about him. He is not like other guys I have met.

그 사람은 뭔가 달라. 내가 만난 다른 남자들이랑 달라.

Sure, but it was only one date. Give it more time before you become official.

그렇긴 하지만 이제 겨우 한 번 만난 거잖아. 좀 천천히 시간을 가진 다음에 공식적으로 만나.

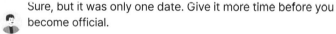

CASES IN POINT 자동차 광고 ⋯⋯⋯⋯⋯⋯⋯⋯⋯⋯⋯

Guys just don't get it. They say our cars are overpriced, or too small, or impractical for long distances. There is something about Mini Coopers that women find irresistible. And besides obviously looking cute, our cars are fun to drive, and also easier to park in cramped spaces.

남성분들은 이해를 못 합니다. 저희 차가 너무 비싸다거나 너무 작다거나 장거리 운행에는 별로라는 말을 합니다. 미니 쿠퍼에는 여성들이 거부할 수 없는 무언가가 있습니다. 누가 봐도 귀여운 건 당연하고, 운전의 재미도 있으며 좁은 공간에서 주차하기도 더 편합니다.

✅ 다수의 학습자가 something/anything 형용사 표현법에 익숙하지 않더군요. 다음은 이와 관련한 예문입니다. 단, 예문을 확인하기 전에 영어 문장을 가린 상태에서 우리말 해석에 맞게 영어로 표현해 보세요.

ex I don't mind buying something second-hand.

저는 중고 물건 구매하는 데 거부감이 없어요.

ex You don't have to get me anything expensive.

나한테 비싼 거 안 사 줘도 돼.

ex A: This TV has all the latest features. It costs five million won.

이 TV에는 최신 기능이 다 들어 있습니다. 가격은 오백만 원이고요.

B: Well, I really just want something basic. Do you have anything a bit cheaper?

음, 저는 딱 기본적인 기능만 있으면 됩니다. 조금 더 저렴한 거 있을까요?

중고차, 비싼 술, 저렴한 시계 등과 같이 구체적인 대상을 이야기하지 않고 '중고 물건', '비싼 제품', '저렴한 것'처럼 '포괄적인 대상'을 이야기하고자 할 때는 something/anything 형용사로 표현해야 한다는 점을 잊지 마세요.

WORD BANK

- **at ease** : 마음이 편안한
- **bring out the best** : 최고의 잠재력을 끌어내다
- **irresistible** : 뿌리치기 힘든
- **easy to park in cramped spaces** : 좁은 공간에 주차하기 쉬운

Are you done with your plate?

다 먹은 거니?

 김재우 쌤의 "영어 관찰 일기"

'~한 행위를 다하다, 마치다'라고 할 때는 **be done with 명사** 또는 **be done -ing** 구문으로 표현할 수 있습니다. "숙제 다 했어."는 **I am done with my homework.** 라고 표현합니다. 그렇다면 언제 **be done -ing** 문형을 쓰는 것일까요? 동사를 쓰지 않으면 의미가 불분명해질 때는 **be done -ing** 문형을 사용해야 합니다. 예를 들어, **Are you done with that report yet?**이라고 하면 "보고서 작성을 다 했냐?", "보고서를 다 읽었느냐?", "보고서에 잘못된 내용이 있는지 확인했느냐?" 등과 같이 다양하게 해석될 수 있기 때문에 **Are you done writing the report yet?** 또는 **Are you done reading the report yet?**과 같이 표현하는 것이 맞습니다.

MODEL EXAMPLES

1 Are you done with this squat rack? Is it alright if I use it?

2 I think I'm done with my sandwich. It's just way too big.

3 Are you done with the book I lent you? I'd like to have it back.

4 I'm done taking a look at your car. I'll tell you what you've got here.

5 Don't come in! I'm not done changing.

1 이 스쾃 기구 다 쓰신 거죠? 제가 써도 될까요?

2 샌드위치 그만 먹을래. 너무 커.

3 제가 빌려준 책 다 읽은 거죠? 그럼 돌려주세요.

4 차량 점검 마쳤습니다. 어디가 고장인지 말씀드릴게요.

5 들어오지 마! 나 아직 옷 덜 갈아입었다고.

1

Are you done with the computer? I need to check my work emails.
컴퓨터는 다 쓴 거야? 내 회사 이메일 확인해야 하는데.

I'm really into this game, though. Can't you just check them on your phone?
근데 이 게임 너무 재미있어. 당신 전화기로 확인하면 안 돼?

2

Are you done trying on clothes? I don't think anything here really suits you.
옷은 다 입어 본 거야? 여기 너한테 어울리는 옷이 없는 것 같아.

Yeah, just about. Wait! Look at this cute skirt!
응, 거의 다 입어 봤어. 잠깐만! 이 스커트 너무 귀엽다!

3

Here are three forms we ask all new patients to fill out. Please let me know when you are done.
신규 환자분들이 작성해야 하는 양식 세 장 여기 있습니다. 다 작성하시면 말해 주세요.

Alright. Oh, do you have a pen I could use?
네. 근데 펜이 있을까요?

헬스장 공지

Please make sure to put away the weights when you're done. If you leave them out, others can't find what they need. Violators will be warned the first time, and then suspended for a week the second time. We appreciate your cooperation in making the gym a place everyone can enjoy.

기구를 다 쓴 뒤에는 꼭 제자리에 놔두실 것을 당부드립니다. 아무렇게나 놔두면 다른 사람들이 찾을 수가 없습니다. 1회 위반자는 경고 조치하며 2회 위반자는 일주일간 헬스장 출입이 금지됩니다. 모두가 즐길 수 있는 헬스장을 만드는 데 협조해 주시면 감사하겠습니다.

✅ be done with의 경우 '이젠 ~가 지겨워졌다' 또는 '~을 더 이상 참을 수 없다', 즉 can't stand의 뜻으로도 사용됩니다. 다음 예문을 통해 확인하실 수 있습니다.

ex There's not anything really wrong with Jack. Maybe I'm just done with dating.

Jack한테 문제가 있는 건 아니야. 내가 연애하는 게 지겨워진 것 같아.

ex When a second fight scene came up, I was done with the movie. I walked out and asked for a refund.

두 번째 폭력 장면이 나왔을 때, 더 이상 영화를 못 보겠더라고. 나와서 환불 요구했잖아.

ex I think I'm done with KakaoTalk. It's time for me to switch to Line or WhatsApp.

더 이상은 카카오톡 안 쓰려고. 라인이나 왓츠앱으로 갈아타야 할 때야.

ex I'm done with living in Seoul. It's too expensive, too crowded and there's too much competition.

서울 생활이 이젠 너무 지친다. 물가도 비싸고, 사람도 너무 많고, 경쟁도 너무 심해.

WORD BANK

- **suit 사람** : ~에게 잘 어울리다
- **leave ~ out** : ~을 아무 데나 두다
- **appreciate one's cooperation in -ing** : ~에 대한 …의 협조에 감사하다
- **ask for a refund** : 환불을 요구하다

잘 어울린다고 말하기

This t-shirt looks good on you.

이 티셔츠 너한테 잘 어울려.

 김재우 쌤의 "영어 관찰 일기"

옷, 안경, 머리 모양이 누구에게 잘 어울린다고 할 때는 **~ look good on 사람.**이라고 하면 됩니다. 그런데 주어가 사람이면 **on**이 **in**으로 바뀌어서 **You look good in that suit.**과 같은 식으로 말해야 합니다. 옷은 내 몸 '위에' 걸쳐 있는 것이고 사람은 그 옷 '안에' 들어가 있는 것이니까요! 이보다 조금 더 고급스러운 표현으로는 **~ suit 사람 well.**이나 **~ suit 사람 better.**가 있죠. **suit**가 동사로 쓰이면 '잘 어울린다, 잘 맞다' 라는 뜻입니다.

MODEL EXAMPLES

1 This outfit looks good on you.
2 Turtlenecks never look good on me because my neck is too short.
3 Just because glasses are expensive, that doesn't mean they would look good on you.
4 When I first looked at this hat, I thought 'That would look good on my boyfriend.'
5 How does she pull that off? Would it look good on me?

1 이 옷 너한테 잘 어울린다.
2 제가 목이 짧아서 터틀넥은 저한테 안 어울려요.
3 안경이 비싸다고 잘 어울리는 건 아닙니다.
4 처음 이 모자를 봤을 때 남자 친구가 쓰면 잘 어울리겠다고 생각했어요.
5 저 여자는 어떻게 저 옷을 소화할까? 저걸 내가 입으면 어울릴까?

1

Hi, there. I'm looking for a new hat, and this one caught my eye. Is it on sale?

안녕하세요. 모자를 보다가 이게 눈에 띄어서요. 할인 중인가요?

No, sir. I'm afraid it isn't, but it looks very good on you!

아닙니다, 손님. 할인하는 제품은 아닌데, 잘 어울리시네요!

2

Which fits me better, the grey cardigan or the blue one?

어떤 게 더 나아? 회색 카디건 아님 파란색?

They both look good on you. I say just go with whatever's cheaper.

둘 다 잘 어울려. 그냥 싼 걸로 사.

3

How does this dress look? I've been told that my skin is too dark for pink stuff like this.

이 옷 어때? 사람들이 그러는데 내 피부색이 너무 어두워서 이런 핑크색은 안 어울린대.

Who told you that? You look great in pink.

누가 그래? 너 핑크 엄청 잘 어울려.

CASES IN POINT 인스타그램 다이렉트 메시지

I appreciate your interest in my wool scarf. However, I looked at your profile picture, and I'm afraid it probably wouldn't look good on you with your skin tone. I have another scarf that might suit you better. You can check it out in my post from June 15th.

저희 울 스카프에 관심 가져 주셔서 감사합니다. 하지만 제가 프로필 사진을 봤는데, 고객님 피부 톤이랑은 안 맞을 것 같습니다. 좀 더 잘 어울릴 만한 스카프가 하나 더 있습니다. 6월 15일에 포스팅한 것 확인해 보시면 됩니다.

✔ '어울리다'를 표현하는 방식은 여러 가지가 있습니다. 먼저, 동사 work를 사용해서 다음과 같이 표현할 수 있습니다.

ex Black wouldn't work with these brown pants.

검은색은 이 갈색 바지랑 안 어울릴 텐데.

또는 동사 suit를 이용해서 아래와 같이 표현할 수도 있죠.

ex With your cute hands, I think a clutch would suit you better.

손이 예쁘셔서, 클러치 백이 더 잘 어울릴 듯합니다.

✔ 신체의 특정 부분을 '부각하다, 도드라지게 하다'라는 의미로 동사 compliment를 쓸 수 있는데요. 원래 compliment는 명사로 '칭찬', 동사로 '칭찬하다'라는 의미가 있습니다. compliment를 이용해서 다음과 같이 표현하면 멋진 원어민식 문장을 완성할 수 있습니다.

ex That shirt really compliments your shoulders.

그 셔츠 입으니 네 어깨가 사는구나.

- **Just because 주어+동사, that doesn't mean...** : ~라고 해서 꼭 …인 것은 아니다
- **pull ~ off** : 옷이나 스타일을 소화하다
- **catch one's eye** : 눈에 띄다, 눈길을 끌다

Does Tuesday work for you?

화요일 시간 괜찮으세요?

김재우 쌤의 "영어 관찰 일기"

work라는 동사는 변신의 귀재입니다. '일한다'라는 뜻이 기본이지만, 원어민들은 일정을 조율할 때도 **work** 동사를 사용하는 것을 볼 수 있습니다. 이때의 **work**는 **suitable** (적합한)이라는 의미인데, 예를 들어 "화요일 괜찮아?"라고 하려면 **Does Tuesday work for you?**라고 하면 됩니다. 상대가 제안한 요일에 약속이 있다면 **I actually have plans for Tuesday.**(화요일은 약속이 있어.)와 같이 표현하는 것이 자연스러운 원어민식 영어입니다.

MODEL EXAMPLES

1 Tuesday works better for me, actually.

2 Does Wed work for you?

3 None of the dates you proposed work for us.

4 Anytime after 1 would work for me.

5 Sunday doesn't work for me, but I am available all day Saturday.

1 사실 화요일이 더 좋습니다.

2 수요일 괜찮은가요?

3 제안 주신 날짜가 저희랑은 하나도 안 맞습니다.

4 1시 이후에는 다 좋습니다.

5 일요일은 안 되지만, 토요일은 하루 종일 가능합니다.

SMALL TALK

1

Hey, Mark. It's nice to hear from you. I'm down for dinner on Monday. What do you think?

안녕, Mark. 반가워. 나는 월요일은 저녁 식사 무조건 가능해. 어때?

Ah, I already have plans for Monday. Tuesday works better for me. Would that be alright?

아, 월요일은 약속이 있어. 화요일이 더 나은데. 괜찮아?

2

Mr. Choi, I'm afraid I won't be able to attend our class on Sunday. Could we meet another day?

최 선생님, 일요일 수업에 참석 못 할 것 같아요. 다른 날에 해도 될까요?

I'm actually free every afternoon from Monday to Wednesday. What day works best for you?

저는 월요일부터 수요일까지 오후 시간은 다 괜찮아요. 어떤 요일이 제일 좋으세요?

CASES IN POINT   비즈니스 이메일

Dear Mr. Johnson,

We've looked over the proposed times for discussing contract renewal, and I'm afraid that none of the dates you suggested would work for us. Attached is a list of alternative dates we have put together. I hope that at least one of them is acceptable.

친애하는 Johnson 씨에게,

계약 갱신 논의를 위해 제안하신 시간들을 쭉 한번 봤습니다. 안타깝게도 제안하신 날짜에는 저희가 안 됩니다. 저희가 다른 가능한 날짜들을 취합해서 첨부했습니다. 적어도 이 중 하루가 가능하기를 바랍니다.

✅ 일정 조율과 관련된 표현을 몇 가지 더 살펴보겠습니다. 우리말의 '일정을 잡다, 예약하다'에 해당하는 동사는 schedule입니다. 다음 예문을 보세요.

> ex **I'd like to schedule a teeth cleaning.**
>
> 스케일링 예약을 하려고 합니다.

> ex **I have five meetings scheduled for Wednesday.**
>
> 수요일에 회의가 다섯 개나 잡혀 있습니다.

✅ 일정을 변경한다고 할 때는 reschedule을 사용하면 되는데, 다음 예문을 통해 확인할 수 있습니다.

> ex **How about if we reschedule for next week?**
>
> 다음 주로 일정을 변경하는 건 어떨까요?

✅ available 역시 일정과 관련해서 자주 등장하는 단어입니다.

> ex **I am available any time before 10 a.m.**
>
> 오전 10시 이전에는 시간이 다 됩니다.

✅ 마지막으로 스케줄 또는 일정이 '겹치다'라고 할 때는 conflict(충돌하다)라는 동사를 이용해 다음 문장과 같이 표현할 수 있습니다.

> ex **I'm afraid that having the meeting at 5 would conflict with another appointment.**
>
> 5시에 회의하면 다른 일정과 겹칠 것 같습니다.

WORD BANK

- **be available all day 요일** : (~요일)에 종일 시간을 낼 수 있다
- **be down for dinner on 요일** : (~요일)에 저녁 식사가 가능하다
- **discuss contract renewal** : 계약 갱신을 논의하다
- **alternative dates** : 대신 가능한 날짜들
- **conflict with another appointment** : 다른 약속과 겹치다

Speaking of which, what happened with you and Nicole last night?

말이 나왔으니 말인데, 어젯밤에 너랑 Nicole 사이에 무슨 일이 있었던 거야?

 김재우 쌤의 "영어 관찰 일기"

Speak of the devil.이라는 표현을 들어본 적 있으신가요? "호랑이도 제 말 하면 온다."라는 말입니다. **speak of**는 '~에 대해 말하다'라는 뜻인데요. **speaking of** 라고 하면 '~말이 나왔으니 말인데'라는 의미로, 앞서 누군가가 특정 주제에 관해 이야기하고 난 뒤 다음 사람이 '그 주제가 나왔으니 말인데'라고 이어서 말할 때 자주 사용됩니다. 꼭 기억해 두세요.

MODEL EXAMPLES

1 Speaking of money, I owe you 100,000 won.
2 Speaking of the weather, this autumn was unusually warm, wasn't it?
3 Speaking of grocery shopping, did you hear that there's this new megastore near Shinchon Station?
4 Oh, speaking of Teri, how has she been? Has she found a new apartment?

1 돈 이야기가 나왔으니 말인데, 너한테 십만 원 갚을 거 있어.
2 날씨 이야기가 나왔으니 말인데, 이번 가을은 유난히 따뜻했어. 그렇지?
3 장보는 이야기가 나왔으니 말인데, 신촌역 부근에 대형 마트가 생겼다는 거 들었어요?
4 아, Teri 이야기가 나왔으니 말인데, 어떻게 지냈대? 새 아파트는 구했대?

1

So, after explaining everything to the professor, he agreed to let me take the final a day late.

내가 교수님에게 상황을 다 설명했더니, 기말시험 하루 늦게 보게 해 주시는 데 동의하셨어.

I'm glad things worked out for you. By the way, speaking of scheduling, did you make a reservation at the Italian place for dinner tonight?

이야기가 잘 돼서 다행이다. 근데, 스케줄 이야기가 나왔으니 말인데, 오늘 저녁 이탈리아 음식점 예약은 한 거야?

2

Did you see what Karen is wearing today? Is it really appropriate for the office?

오늘 Karen 옷 입은 거 봤어? 회사에서 입기엔 좀 그렇지 않아?

Right. It's a little too revealing. By the way, speaking of Karen, her birthday is coming up next Thursday.

맞아. 너무 야해. 근데 Karen 이야기가 나왔으니 말인데, 다음 주 목요일에 그 친구 생일이야.

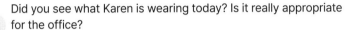

CASES IN POINT 카카오톡 그룹 채팅

A: I can't make it to the movie. I have to work late.

B: Alright. We understand.

C: Speaking of work, though, do you still work with that woman named Kate? I was just thinking that it would be nice to see her again, too.

A: 나는 영화 보러 못 가. 야근해야 해.

B: 괜찮아. 이해해.

C: 일 이야기가 나왔으니 말인데, Kate라는 그 여자분과 여전히 같이 일하고 있어? 그 분이랑 다시 얼굴 보면 좋겠다고 생각했거든.

⊘ SMALL TALK 2번 대화에 등장한 wear라는 동사와 관련된 표현들을 살펴보겠습니다. 무엇을 '입는다'고 하면 단순히 동사 wear 뒤에 의복을 나타내는 명사를 붙여 표현하는 정도로 알고 있지만, 원어민들의 경우 '입는다'는 행위는 put on, '입고 있는 상태'는 have on으로 표현하는 것을 볼 수 있습니다. "(지하철에서) 그 여성분이 마스크를 안 쓰고 있었어요."라고 할 때는 She didn't have a mask on.이라고 해서 '상태'를 강조합니다.

⊘ 동사를 쓰지 않고도 '~을 착용하고, ~을 쓴 채' 등의 표현을 할 수 있는데요. 예를 들어, "Jeff가 헤드폰을 끼고 걸어가고 있는 걸 봤어."라는 말은 I saw Jeff walking down the street with headphones on.으로 표현하면 됩니다.

⊘ 다음 문장은 전치사 in으로 '~을 입고'라는 표현을 한 경우입니다.

ex **Derek showed up in a Halloween costume.**
Derek이 핼러윈 복장으로 나타났더군.

이렇듯 영어는 '행위'와 '상태'를 철저히 구분해서 표현한답니다.

WORD BANK

- **agree to부정사** : ~하는 것에 동의하다
- **make a reservation** : 예약하다
- **revealing** : 노출이 심한; 흥미로운 사실을 드러내는

휴가 일정 말하기

I'm taking tomorrow off.

나 내일 쉬어.

 김재우 쌤의 "영어 관찰 일기"

'내일이 휴가다', '금요일에 월차 냈다' 등을 영어로는 간단히 **I am taking tomorrow off. I am taking Friday off.**라고 합니다. 편의점 아르바이트 직원이 사장님에게 "내일 하루 쉬어도 될까요?"라고 한다면 **Can I take tomorrow off?**로 표현할 수 있습니다. 마음이 넓은 사장님이라면 다음과 같이 답하겠죠? **Feel free to take tomorrow off if you need to.**(필요하면 내일 쉬어요.)

MODEL EXAMPLES

1 I think you really need to take some time off from work.

2 John, do you mind if I take the afternoon off? I think I'm getting a migraine.

3 You haven't even taken a single day off this year.

4 Shawna won't be here at the beginning of next week. She's taking three days off to recover after minor surgery.

5 The interview is all the way in Asan. I'll have to take the whole afternoon off.

1 너 진짜 당분간 일 좀 쉬어야 해.

2 John, 제가 오후 반차를 좀 내도 될까요? 편두통이 오는 것 같아서요.

3 너 올해는 단 하루도 안 쉬었구나.

4 Shawna가 다음 주 초에는 출근을 안 합니다. 간단한 수술 후에 3일 휴가를 쓸 예정이라서요.

5 아산까지 가서 면접을 봅니다. 오후를 통째로 휴가를 내야 할 것 같아요.

1

Ms. Hutchinson, I've had a bit of a cough since yesterday and a slight fever. I took an at-home Covid test, which turned out negative, but I was still thinking of taking tomorrow off.

Hutchinson 씨, 제가 어제부터 기침이 좀 나고 미열이 있습니다. 코로나 자가 진단 검사를 해 보니 음성이 나오긴 했는데요. 그래도 내일은 하루 쉴까 합니다.

Hi, Steve. That will be fine. Thank you for letting me know in advance.

안녕하세요, Steve. 괜찮습니다. 미리 알려줘서 고마워요.

2

I think I'll need even more coffee. I can barely stay awake. I've been so busy taking care of the baby.

나 커피 좀 더 마셔야 할 것 같아. 자꾸 졸려서. 아기 본다고 계속 바빴거든.

That makes sense. Maybe you should take some time off.

그럴 만도 하지. 당분간 좀 쉬어야겠다.

3

I can take over a month of paid time off each year in my job.

우리 회사에서는 매년 한 달여간 유급휴가를 쓸 수 있어.

Wow. Does your company have any openings?

우와. 혹시 너희 회사에 자리 있을까?

Attention loyal customers — Harold's Cafe will be closed next week. We are taking some time off to deal with a family emergency. We apologize for the inconvenience. We plan to reopen on the 6th, but please keep an eye on our Instagram account. More updates will be posted there.

단골손님에게 알림 - 해럴드 카페가 다음 주 문을 닫습니다. 갑작스레 개인사가 생겨서 쉬게 되었습니다. 불편하게 해 드려 죄송합니다. 6일 재오픈 예정이며, 저희 인스타에서 확인해 주세요. 추가 업데이트는 인스타에서 공지하겠습니다.

✅ 영어 스피킹 실력이 좀처럼 늘지 않는 것은 아무리 표현을 익혀도 필요할 때 '떠올리지come up with' 못하기 때문입니다. 예를 들어, "한동안 계속 안 쉬고 일만 했어."라는 말을 영어로 하고 싶을 때 I have only been working for a while. 정도로 표현하는 것을 볼 수 있는데, 이는 take ~ off를 떠올리지 못한 결과입니다. 원어민식 문장은 다음과 같습니다.

ex It's been a while since I took some time off.

한동안 계속 쉬지 못했어.

✅ some time이라는 영어 표현의 느낌은 '한 동안, 당분간, 제법 긴 시간'입니다. 따라서 "나 당분간 진짜 좀 쉬어야겠어."라고 한다면 I feel like I could really use some time off.로 표현할 수 있습니다.

✅ '중급' 수준의 학습자들이 가장 힘들어하는 부분이 '외운 영어 따로, 내 입에서 나오는 영어 따로'일 텐데요. 이를 극복하는 유일한 방법은 해당 표현이 사용된 원어민의 문장을 다양한 상황에서 '마주치는' 것입니다. 그것이 미드이건, 원어민과의 대화이건, 영어 동화이건 말이죠.

WORD BANK

- **get a migraine** : 편두통이 있다
- **take an at-home Covid test** : 코로나 자가 진단을 하다
- **can barely stay awake** : 거의 깨어있지 못하다, 자꾸 졸리다
- **apologize for the inconvenience** : 불편을 드려 죄송하다

I'm busy working on my dissertation.

제가 논문 쓰느라 바쁩니다.

 김재우 쌤의 "영어 관찰 일기"

'~하느라 바쁘다'를 영어로 표현하는 방법은 두 가지인데요. **be busy -ing** 그리고 **be busy with 명사**입니다. 예를 들어, "그동안 못 본 넷플릭스 드라마 보느라 바빴다."라고 하려면 **I've been busy catching up on Netflix shows.**라고 하면 됩니다. 이에 반해 '행위'를 명시할 필요가 없을 경우에는 **be busy with 명사**로 표현합니다. **I have been busy with work.**(요즘 일 때문에 바빠.)와 같이 말이죠.

MODEL EXAMPLES

1 I am busy getting ready for the workshop.
2 I've been busy with my studies.
3 I've been super busy with my upcoming move.
4 I am busy with all this admin work!
5 When I was in school, they would always keep us busy with homework, academies, and after-school activities.

1 워크숍 준비하느라 바쁩니다.
2 공부하느라 요새 무척 바쁩니다.
3 제가 곧 이사해서 요즘 엄청 바쁩니다.
4 나 행정 업무 하느라 무지 바빠!
5 학교 다닐 때 과제다, 학원이다, 방과 후 활동이다 해서 잠시도 저희를 가만두지 않았죠.

1

Daniel is always saying that he is tired.
Daniel은 늘 피곤하다고 해.

Well, that makes sense. He's so busy working on two books at the same time.
음, 이해돼. 동시에 책 두 권을 작업하느라 많이 바쁘니까.

2

Hi, Samantha. I'm just checking in to see if you're doing okay.
안녕하세요, Samantha. 어떻게 지내는지 안부 궁금해서 연락드려요.

Good afternoon. I've actually been really busy working on arrangements for next month's workshop.
안녕하세요. 다음 달 있을 워크숍 준비 때문에 정신이 없네요.

3

How are you, Julie? You know, you never texted me back.
어떻게 지냈어, Julie? 문자 보냈는데 답도 없더라.

I'm sorry. I've just been so busy with work.
미안해. 일 때문에 너무 바빴어.

CASES IN POINT 비즈니스 이메일

Hi, Steve. How are you? I understand that you must be busy getting ready for the business trip. I just wanted to remind you, though, that you still haven't sent us the invoice that we requested on Friday. Could you please take care of it at your earliest convenience?

안녕하세요, Steve 씨. 출장 준비로 바쁘신 줄 압니다. 금요일에 요청한 인보이스를 아직 안 보내 주셨다는 걸 알려드리려고요. 최대한 빨리 처리 부탁드려도 될까요?

✓ be busy with 명사 구문의 효용성에 대해 간단히 말씀드려 볼까 합니다. 우선 "요새 일 때문에 엄청 바쁩니다."를 영어로 표현해 보세요. 제가 많은 학생들을 지도하면서 경험한 것인데요, be busy with 명사라는 문형을 외우고 연습해도 결국 내 입에서 나오는 영어 표현은 I have been busy because of work.라는 문장이더군요. 우리말 '~ 때문에'를 영어로 그대로 옮기다 보니 because of만 생각나기 때문인 것 같습니다. 이제는 '학교 공부나 업무로 바쁘다'고 할 때 I'm busy with school. 또는 I'm busy with work.와 같이 표현할 수 있어야겠습니다.

ex **My son is busy with his homework during the weekend.**

제 아들은 주말 동안 숙제로 바빠요.

ex **What are you busy with this morning?**

오늘 아침에 무슨 일로 바쁘세요?

✓ 이 밖에, "이번 연휴 동안 바빴어."라고 하고 싶으면 I had a busy holiday.라고 표현할 수 있으며, "요새 뭐 때문에 그렇게 바쁜 거야?"라고 하려면 What's keeping you so busy these days?라고 하면 됩니다.

- **That makes sense.** : 일리 있는 말이다.
- **text 사람 back** : ~에게 문자로 답하다
- **at one's earliest convenience** : 가능한 한 빨리

CHAPTER 2

"2라운드 시작입니다!
포기하고 싶은 마음을 포기하세요!"

DAY 021 ~ DAY 040

☑ Check

- [ ] I don't see it that way.
- [ ] It was something I could barely afford.
- [ ] This is all out of my price range.
- [ ] You get what you pay for.
- [ ] I'm glad you found a babysitter.
- [ ] Please feel free to contact me any time between 9 and 6 on weekdays.
- [ ] Are you drinking coffee at this hour?
- [ ] You wanna grab some breakfast?
- [ ] I can't really get used to the smell.
- [ ] I wasn't expecting you until tomorrow.
- [ ] Think of it as a compliment.
- [ ] That explains why you have a southern accent.
- [ ] I just wanted to make sure we are still on for tonight.
- [ ] I look forward to hearing from you.
- [ ] What is it like working as an Analytical Lead at Google?
- [ ] I'd like to get this steak cooked a little more.
- [ ] What are you up to tomorrow night?
- [ ] You caught me just in time.
- [ ] Is that for here or to go?
- [ ] How about we meet at Sookmyung Women's University Station?

I don't see it that way.

제 생각은 좀 다릅니다.

 김재우 쌤의 "영어 관찰 일기"

"제 생각은 좀 다릅니다.", "저는 그렇게 보지 않습니다."라고 할 때는 **I don't see it that way.**라는 표현을 쓸 수 있습니다. 물론 **I don't think so.**나 **I actually have a different idea.** 역시 가능한 표현입니다. 이 외에도 공손하게 반대 의견을 표현할 때는 **I don't think I can agree with you on that.**(그것에 대해 동의할 수 없을 것 같아요.)이라고 해도 좋습니다.

MODEL EXAMPLES

1 She thinks we're in a serious relationship, but I don't see it that way.

2 You said the cake is too sweet? I don't see it that way.

3 Many people believe real estate prices will keep falling, but I don't see it that way.

4 Some news agencies claim that Elon Musk is ruining Twitter, but I don't see it that way.

5 I think that's a great example, but the thing is, I don't think the publisher is going to see it that way.

1 그 친구는 저희가 진지하게 사귀는 관계인 줄 아는데, 저는 안 그렇거든요.

2 이 케이크 너무 달다고 그랬나? 안 그런 것 같은데.

3 많은 사람들이 부동산 가격이 계속 하락할 거라고 생각하지만 제 생각은 다릅니다.

4 일부 언론에서는 Elon Musk가 트위터를 망치고 있다고 하는데, 제 생각은 다릅니다.

5 좋은 예문이긴 한데 출판사 생각은 다를 거라는 게 문제죠.

1

My parents always taught me that supporting the homeless just makes the problem worse.

우리 부모님은 늘 이렇게 가르치셨어. 노숙자를 도와주면 상황이 더 나빠진다고.

I don't really see it that way. Supporting them could change their lives for the better.

나는 좀 생각이 다른데. 그들을 도와주면 그들의 삶이 더 나아질 거야.

2

The birth rate in Korea is so low these days. I really think it's because people can't afford a proper house for a family. Without a good home, how could you raise kids?

요즘 한국 출산율이 너무 낮아. 가정을 꾸리기에 알맞은 집을 마련하는 걸 감당할 수 없어서 그렇다고 봐. 좋은 집이 없으면, 어떻게 애들을 키우겠어?

That's a good point, but I don't really see it that way. I think it's because the cost of educating kids is too expensive.

좋은 지적이긴 한데, 내 생각은 좀 달라. 교육비가 너무 많이 들기 때문이라고 생각해.

CASES IN POINT 인터뷰

Some experts say we should move business online. They argue that renting physical office space, especially in expensive downtown areas, doesn't make any sense. I don't see it that way. There is something about working together in the same room that helps employees stay productive.

(CEO 인터뷰 내용)
일부 전문가들은 저희가 사업을 온라인으로 전환해야 한다고 합니다. 특히, 비싼 시내 중심가에서 물리적인 사무실 공간을 임대하는 건 합리적이지 않다고들 합니다. 저는 그렇게 생각하지 않습니다. 직원들이 같은 공간에서 함께 일하게 될 때 업무 능률이 오르는 뭔가가 있습니다.

☑ '반대 의견'을 표현하는 방법 몇 가지를 살펴보겠습니다. 대화나 토론을 할 때는 상대의 기분과 감정을 배려하는 것이 중요하지 않을까요? 지나치게 직설적인 표현보다는 다음과 같은 표현을 사용해서 반대 의견을 나타내 볼 것을 추천합니다.

> ex You've got a point there, but I actually...
>
> 일리 있는 말씀입니다만…

> ex I see where you are coming from, but I had a different idea.
>
> 왜 그런 말씀을 하시는지는 알겠습니다. 하지만 제 생각은 다릅니다.

> ex I'm not sure I agree with you on that.
>
> 그 점은 동의하기 힘듭니다.

☑ 아울러, I see where you are coming from.(왜 그런 말을 하는지는 알겠습니다.) 의 경우 다음과 같이 먼저 '동의하지는 않지만'이라는 말을 한 후에 해당 표현을 쓸 수도 있다는 점을 알아 둡시다.

> ex I don't really agree with you on that, but I see where you are coming from.
>
> 그 점에 있어서 동의하지는 않지만, 왜 그런 말을 하는지는 알 것 같네요.

WORD BANK

- **make the problem worse** : 상황을 더 악화시키다
- **can't afford** : ~을 할 여유가 없다
- **make sense** : 이치에 맞다, 말이 되다
- **agree with 사람 on that** : 그 점에 대해 ~에게 동의하다

DAY 022 동사 afford를 통해 금액에 대한 부담 표현하기

It was something I could barely afford.

저한테는 좀 부담스러운 금액이었어요.

 김재우 쌤의 "영어 관찰 일기"

afford는 사전적 의미로 '금전적, 시간적 여유가 되다'이지만, 부정문에서 사용될 경우 '부담스럽다'와 같이 의역할 수도 있는 재미난 동사입니다. 문법적 틀은 **afford 명사** 또는 **afford to부정사** 두 가지로 나뉩니다. "서울에 있는 아파트는 감당이 안 돼." 라는 말은 **I can't afford an apartment in Seoul.**이라고 할 수 있습니다. "이 동네는 너무 비싸서 더는 감당이 안 됩니다."라고 말하고 싶을 때 **I just can't afford to live here.**라고 하면 원어민 뺨치는 자연스러운 문장이 됩니다.

MODEL EXAMPLES

1 I'm not sure if I can afford that car on my salary.

2 Let's go with the bigger TV. We can afford it.

3 We can't afford to eat out.

4 I just can't afford to live in Gangnam.

5 I'm afraid we can't afford your fees.

1 제 월급으로 그 차를 살 수 있을지 모르겠네요.

2 TV 큰 걸로 하자. 감당할 수 있어.

3 외식할 형편이 안 됩니다.

4 강남에 살 형편이 안 됩니다.

5 저희가 귀사의 서비스료를 감당하기 힘들 것 같습니다.

1

I've wanted a Volkswagen Beetle my entire life. I thought I could get one now, but it looks like it's more than I can afford.

폭스바겐 비틀 갖는 게 평생소원이었어. 이제 한 대 살 수 있을 줄 알았는데, 보니까 내가 감당하기 힘들 것 같아.

Start saving and buy one in a few years. Or if you really want it, pay for it in installments. It's your dream car!

우선 돈을 모으고 몇 년 있다가 한 대 사. 아니면 꼭 갖고 싶으면 할부로 해. 너의 드림카잖아!

2

I can't believe how much money you spend on clothes every month!

매달 옷 사는 데 돈을 그렇게나 많이 쓰다니!

Yeah, I can't really afford it. I'm deeply in debt.

응, 나도 무리하는 거야. 빚이 산더미야.

CASES IN POINT 뉴스 기사

Uniqlo is ubiquitous in Japan and has found success across the globe with its range of basic fashion items anyone can afford, like cashmere jumpers, button-down shirts and lightweight down jackets. The chain opened its first Australian store in Melbourne in April 2014 and has expanded rapidly to now have 16 stores across all mainland states.

유니클로는 일본 어디에서나 볼 수 있으며 캐시미어 점퍼, 버튼다운셔츠, 경량 다운재킷과 같은 누구나 살 수 있는 저렴한 기본 패션 아이템으로 전 세계적으로도 성공을 거두었습니다. 호주 매장은 2014년 4월 멜버른에서 처음 오픈했으며 빠른 확장세를 보이면서 지금은 호주 전역에 걸쳐 16개의 매장을 가지고 있습니다.

✅ 넷플릭스 드라마 〈더 체어〉에는 다음과 같은 장면이 나오는데요. 베이비시터가 필요한 주인공 지윤이 최근 실직한 동료인 Bill에게 "네가 내 딸 좀 맡아 줘도 되는데."라고 합니다. 그러자 Bill이 오늘 배운 동사 afford를 사용해 "나 무지 비싸거든."이라고 대꾸하지요.

ex Ji-Yoon: I think you could take her on.

네가 우리 딸 좀 맡아 줘야 할 것 같아.

Bill: You can't afford me.

나 무지 비싸거든.

✅ 다음은 직장인들을 상대로 한 인터뷰 내용의 일부입니다. 여기서는 afford가 어떻게 사용됐는지 잘 살펴보세요.

ex 기자: Are you taking a full hour for lunch?

점심시간은 꽉 채워서 한 시간이죠?

직장인: No, I can't afford to take that long.

아니요, 바빠서 그렇게 오랜 시간 점심을 먹을 형편이 안 됩니다.

이렇듯 재정적인 형편뿐만 아니라 '시간적인 여유, 여건'이 안 될 때에도 afford를 사용하는 것을 볼 수 있습니다.

WORD BANK

- **be deeply in debt** : 빚에 허덕이다
- **ubiquitous** : 어디에나 있는, 아주 흔한
- **expand rapidly** : 빠르게 확장하다
- **take ~ on** : ~를 맡다, 책임지다

비싸다고 말하기

This is all out of my price range.

제가 생각했던 것보다 비싸네요.

 김재우 쌤의 "영어 관찰 일기"

'비싸다'에 해당하는 표현은 **expensive** 이외에도 **overpriced**(비싼 값을 매긴) 또는
pricey(값비싼)가 있으며, 문맥에 따라 **out of my price range**를 쓸 수도 있습니다.
원어민들은 물건이나 서비스의 가치에 비해 가격이 비싸게 느껴질 때 **overpriced**
를 사용하고, 감당하기에 역부족일 때는 **not affordable**을 사용하며, 원래 예산을
초과할 때는 **out of my price range**를 사용합니다. 상황에 맞춰 표현해 보세요.

MODEL EXAMPLES

1 This is all out of my price range. Don't you have anything under
   200,000 won?
2 Even the cheapest one was out of my price range.
3 I'm afraid the wooden table you recommended is way out of my price
   range.
4 Out-of-season fruit and vegetables are always out of my price range.
5 I checked out the Chevrolet dealership near my apartment, but they
   didn't have anything in my price range.

1 전부 제가 생각하고 있는 예산 밖이군요. 이십만 원 미만은 없을까요?
2 제일 저렴한 것도 제 예산 밖이더라고요.
3 추천해 주신 나무 테이블이 제 예산을 훨씬 초과하네요.
4 제철이 아닌 과일이나 채소는 늘 너무 비싸요.
5 우리 아파트 근처에 있는 쉐보레 매장에 가 봤는데, 내가 생각하는 가격대의 차는 없었어요.

1

I'm interested in this keyboard, but 300,000 won is a bit out of my price range. Could you go any lower?

이 키보드에 관심 있는데요, 삼십만 원은 조금 비싸네요. 혹시 조금 깎아 주실 수 있는지요?

How much lower were you thinking?

어느 정도 생각하셨는데요?

2

All of our selections are specially imported from Denmark. This one is 10 million won.

저희 제품들은 모두 특별히 덴마크에서 수입해요. 이건 천만 원이에요.

Oh. That's way out of my price range. Do you have anything cheaper?

아. 제 예산보다 훨씬 비싸군요. 좀 더 저렴한 건 없나요?

3

Before we get started looking at what's available, can I ask your price range?

매물로 나온 것을 보기 전에, 우선 생각하고 있는 금액대를 물어봐도 될까요?

We wouldn't want to spend more than 300 million won.

삼억 원 이상은 쓰고 싶지 않습니다.

Thank you for your quote. What you're offering is a little out of our price range. Is there any way you can come down another 10%? I would appreciate your understanding.

(견적을 받아 본 고객이 인테리어 업자에게 보내는 이메일)
견적서 감사드립니다. 귀사에서 제안 주신 내용이 저희 예산을 조금 초과합니다. (공사 비용을) 추가로 10% 깎아 주실 여지가 있을까요? 이해해 주시면 감사하겠습니다.

☑ 넷플릭스 드라마 〈에밀리 파리에 가다〉를 보면 다음과 같은 대사가 나옵니다.

ex **Paris is full of traffic and overpriced restaurants.**

파리는 차도 너무 많고 식당도 너무 비싸.

이처럼 서비스나 품질에 비해 가격이 비싸게 느껴질 때는 overpriced라는 단어가 제격입니다. 이 단어의 뉘앙스는 It's not worth that price.(그 돈 주고 살 건 아닌 듯.)이니까요. 예를 들어, "강남에서는 커피가 너무 비싸."라고 하려면 Coffee is overpriced in Gangnam.이라고 표현하면 됩니다.

☑ 광고 대행업체를 통해 광고를 해 봤지만 효과를 보지 못한 학원 원장이라면 다음과 같이 말할 수 있겠죠.

ex **Agencies are overpriced.**

광고 대행업체는 너무 비싸.

이 말을 풀어쓰면 They charge too much for their service.(그들은 서비스에 대해 너무 많은 요금을 부과한다.)가 됩니다. 예를 들어, "호텔 식당은 항상 너무 비싸."라고 한다면 Hotel restaurants are (always) overpriced.로 표현하면 됩니다.

WORD BANK

- **out-of-season** : 제철이 지난
- **be interested in** : ~에 관심이 있다
- **come down another 퍼센트 수치** : (몇 퍼센트) 추가로 가격을 내리다

DAY 024

싸다고 말하기

You get what you pay for.

싼 게 다 그렇지 뭐.

 김재우 쌤의 "영어 관찰 일기"

오늘 소개하는 **You get what you pay for.**는 원어민들이 입에 달고 사는 표현 중 하나입니다. 의미를 분석하면 **You get**(너는 얻게 된다) **what you pay for**(네가 지불한 돈만큼만)가 되는데요. 이 표현은 우리말에 있는 '싼 게 비지떡'이라는 표현처럼 주로 부정적인 뉘앙스로 사용된다는 것도 알아 둡시다. 이와 같은 관용적 표현의 경우 원어민들이 어떻게 쓰는지 보고 필요할 때 '꺼내어' 써야지, 우리가 자의적으로 영작을 하면 브로큰잉글리시가 만들어지게 된다는 점도 기억해 둡시다.

MODEL EXAMPLES

1 The couch is falling apart after only a year. We got what we paid for.

2 I don't expect a quality fast food hamburger for less than 4,000 won, so it's okay. I get what I pay for.

3 I should have known it was too good to be true. You get what you pay for.

4 Just keep in mind, you get what you pay for.

5 This is what I get for 100 million won.

1 소파가 일 년밖에 안 됐는데 너덜너덜하네. 싼 게 비지떡이지 뭐.

2 4천 원도 안 되니 양질의 햄버거는 기대 안 해. 그래도 먹을 만은 해. 딱 그 가격인 듯.

3 왠지 너무 싸다 싶었어요. 싼 게 비지떡이죠.

4 싼 게 비지떡이라는 점 꼭 기억하렴.

5 (고가의 외제차 주인이 하는 말) 일억 주고 산 게 이 모양이네.

1

I bought this hair dryer at a local market and I thought I got a great deal. But actually, it broke the first time I used it.

나 이 헤어드라이어 동네 시장에서 샀는데 싸게 잘 샀다고 생각했거든. 근데 한 번 사용하고 고장나 버렸지 뭐야.

Well, you get what you pay for. If you want something good, you need to go somewhere else.

싼 게 다 그렇지 뭐. 좋은 걸 원하면 다른 데 가 봐야지.

2

What a waste of 100,000 won!

십만 원 버렸네.

I knew it was too good to be true. You get what you pay for, I guess.

왠지 너무 싸다고 했어. 싼 게 비지떡이지 뭐.

3

I got this oven for just 50,000 won, but it broke after just a month.

이 오븐 오만 원에 샀는데 한 달 만에 고장 났지 뭐야.

Well, what were you expecting? You get what you pay for.

그럼 뭘 기대한 거니? 싼 게 비지떡이지.

CASES IN POINT 의자 광고

If you compare our prices to our competitors', it is true that our chairs are up to 50% more expensive. Please keep in mind, you get what you pay for. Our chairs are guaranteed to last up to 10 years without needing repairs.

(허먼 밀러 의자 광고)
경쟁사 제품과 비교하면 저희 의자가 최고 50%는 더 비쌉니다. 하지만 싼 게 비지떡이라는 점을 꼭 기억해 주세요. 저희 의자는 수리하지 않고 십 년까지 쓸 수 있는 의자입니다.

✅ '가성비'에 해당하는 표준적인 표현은 value for the money spent입니다. 좀 더 격식 없는 일상 표현은 bang for one's/the buck이지요. buck은 dollar에 해당하는 슬랭입니다. 다음 문장들을 통해 확인해 보실까요?

ex If you stay at the Sheraton, you gotta go with the all-day package.
It comes with pool access and unlimited food and drinks at the lounge.
It definitely gives you the best bang for your buck.

쉐라톤 호텔에 묵을 거면 1일 패키지를 끊어야 해. 풀장 이용이 가능하고 라운지에서 음식과 음료를 무제한으로 즐길 수 있거든. 가성비로 치면 최고지!

ex I recommend you buy this vacuum cleaner because it is the best bang for the buck.

이 청소기를 구매하실 것을 추천하는데요, 가성비가 가장 좋기 때문입니다.

ex If you can't afford an iPhone, I'd recommend this Samsung. This model will give you the best bang for the buck.

아이폰이 부담되시면, 이 삼성폰을 추천해 드립니다. 이 모델이 가성비가 가장 좋을 겁니다.

WORD BANK

- **too good to be true** : 너무 좋아서 믿어지지 않는, 너무 좋은
- **get a great deal** : 싸게 사다
- **without needing repairs** : 수리할 필요 없이, 수리하지 않고
- **bang for one's/the buck** : 가성비

다행이라는 의견 자연스럽게 전달하기

I'm glad you found a babysitter.

베이비시터 구했다니 다행입니다.

김재우 쌤의 "영어 관찰 일기"

흔히들 '기쁘다, 좋다'라는 뜻으로 알고 있는 **I am glad**는 사실 '~해서 다행이다'라는 의미로 더 자주 사용됩니다. 특히 **I'm glad** 다음에 **to부정사**가 아닌 **that절**이 나올 때 이러한 의미로 자주 사용되는데, 못 올 줄 알았던 사람이 왔을 때 **I'm glad you could make it.**(못 올 줄 알았는데 와 줘서 다행이야.), 잘 안될 줄 알았던 일이 잘 풀렸을 때 **I'm glad things worked out for you.**(일이 잘 풀렸다니 다행이다.) 등등 **I'm glad** 구문을 쓸 일은 정말 많습니다.

MODEL EXAMPLES

1 I'm glad you liked it.

2 I'm glad you are enjoying it.

3 I'm glad your presentation went well this morning.

4 I'm glad I don't have to wake up early tomorrow.

5 I'm glad you can relate.

1 마음에 들었다니 다행이네요.

2 (파티에서 친구에게) 재미있다니 다행이네.

3 오늘 아침 발표를 잘했다니 다행입니다.

4 (늦게까지 술을 마시는 상황) 내일 일찍 안 일어나도 돼서 얼마나 다행인지.

5 제 말에 공감해 줘서 다행이네요.

1

Where did you get these cookies? They're great!
이 과자 어디서 샀어요? 너무 맛있어요!

We got a whole carton from my uncle, who works for the company.
I'm glad you like them. We're kind of sick of the taste.
삼촌이 한 통 보내주셨는데 그 과자 회사에서 일하세요. 좋아하시니 다행입니다. 저희는 맛이 질려서요.

2

Sorry I'm late. I finished my work as fast as I could.
늦어서 미안. 일을 최대한 빨리 마치고 왔어.

I'm glad you could make it! We just ordered. Take a seat!
못 올 줄 알았더니 와서 다행이다! 방금 시켰어. 앉아!

3

My boyfriend and I had a long conversation about our feelings, and
we finally made up.
남자 친구랑 우리 감정에 대해 길게 이야기했고, 결국 화해했어.

I'm glad things worked out in the end! You two are great together.
이야기가 잘 됐다니 다행이다! 너희 둘은 너무 잘 어울려.

CASES IN POINT 일기

I was in the market for a new office chair, and Herman Miller was
recommended to me. When I saw a good-looking chair of theirs online,
I didn't see how it could possibly be worth 2.4 million won. I went ahead
and bought it anyway, and I'm glad I did. I can't believe how comfy it is.

새 사무실 의자를 알아보러 갔더니 허먼 밀러를 추천해 주었다. 온라인에서 허먼 밀러 의자들을 봤을 때는
예쁘긴 했지만 이백사십만 원이나 하는 게 이해가 안 됐다. 그래도 그냥 사 버렸고, 잘했다 싶다. 정말 너무
편하다.

✅ 선풍적인 인기를 끌고 있는 〈테드 래소〉라는 애플 TV 드라마에서도 I'm glad 구문을 마주할 수 있는데요. 미식축구팀 코치인 Ted Lasso는 구단주인 Hannah Waddingham 에게 먹을 것을 건네면서 혹시 안 좋아하면 어쩌나 노심초사합니다. 하지만 그녀는 그 음식에 너무 흡족해하죠.

ex Hannah: Where did you get these?

이건 어디서 샀나요?

Ted: I'm glad you like them. You know what? I'll start bringing these to you every morning.

좋아하시니 다행이네요. 있잖아요, 아침마다 이걸 가지고 오겠습니다.

✅ 감정 형용사 happy, disappointed, upset, pleased 다음에 감정의 원인을 말할 때 because가 아닌 that절이 온다는 것도 알아 두세요. 다음 예문을 볼까요?

ex I am happy that they are going to come out with a third season.

시즌 3도 나온다니 너무 좋아.

ex I am disappointed that I have been passed over for a promotion once again.

또 승진에서 누락되어서 실망입니다.

WORD BANK

- **go well** : ~이 잘 되어가다
- **I can relate.** : 동감할 수 있어.
- **be sick of** : ~에 싫증이 나다
- **pass 사람 over** : (자격이 있는 사람을 승진에서) 제외시키다

부담 주지 않으면서 요청하기

Please feel free to contact me any time between 9 and 6 on weekdays.

평일 오전 9시에서 오후 6시 사이에 언제라도 편하게 연락 주시기 바랍니다.

김재우 쌤의 "영어 관찰 일기"

'부담 갖지 말고 ~하라'는 우리말에 딱 들어맞는 영어 표현이 바로 **feel free to부정사** 구문인데요. 예를 들어, 몸살감기에 걸린 저에게 수업 조정을 요청하면서 원어민 선생님이 이렇게 카톡을 보내기도 했습니다. **Feel free to reschedule our session.** (부담 가지지 말고 수업 일정 변경하셔도 됩니다.)

MODEL EXAMPLES

1 Feel free to say no.

2 I heard you have your parents coming into Seoul this weekend. Feel free to take Friday off if you need to.

3 Can I get your opinion on my essay? Feel free to say no if you don't have the time.

4 Feel free to call my secretary to arrange a meeting.

5 Feel free to pick what you want, and I'll pay for it.

1 안 되면 부담 없이 알려 주세요.

2 이번 주말에 부모님이 서울에 오신다면서요. 필요하면 부담 갖지 말고 금요일은 쉬세요.

3 제 에세이 보시고 피드백 좀 주실 수 있을까요? 바쁘시면 부담 갖지 말고 안 된다고 하시고요.

4 편하게 제 비서에게 연락해서 회의 잡으시면 됩니다.

5 뭐든 골라 봐. 내가 사 줄게.

1

Feel free to say no, but I was just wondering if you'd like to come with me to the Jaraseom Jazz Festival.

안 되면 부담 가지지 말고, 혹시 나랑 같이 자라섬 재즈 페스티벌에 갈 수 있나 해서.

Umm... I'm not sure. Can I get back to you tomorrow?

음… 잘 모르겠어. 내일 다시 연락해도 돼?

2

Hello. I saw your ad for the used shoes. I want to buy them, but I could use some time to come up with the money.

안녕하세요. 중고 신발 내놓으신 거 봤습니다. 사고는 싶은데 돈을 마련하려면 시간이 좀 필요해서요.

Thank you for your interest. I'll put them aside for you. Feel free to let me know when you're ready to make the purchase.

관심 감사합니다. 홀딩해 두겠습니다. 구매 준비되시면 편히 알려 주세요.

3

I really appreciate you letting me stay the night.

하룻밤 재워 줘서 너무 고마워.

Not a problem! Feel free to use the shower and get comfortable.

정말 괜찮아. 편하게 샤워하고 그래.

CASES IN POINT 비즈니스 이메일

I'm emailing on behalf of our department head. He agrees with your business proposal and intends to move forward on the project. Let's set up a meeting for next Thursday, but in the meantime, feel free to contact us with any questions or concerns. We look forward to working with you.

부서장님 대신 메일 드립니다. 부서장님도 귀사의 제안을 좋다고 하시고 프로젝트를 진행하고자 합니다. 다음주 목요일로 회의를 잡았으면 하는데, 중간에 질문이나 우려되는 점 있으시면 부담 가지지 마시고 연락해 주세요. 함께 할 수 있기를 기대합니다.

☑ 많은 학습자가 다음과 같은 질문을 합니다. "쌤, '부담'이 영어로 뭐예요?"라고요. 그런데 맥락 없이 '부담'이라는 단어만 찾는다면 브로큰잉글리시가 되어 버릴 확률이 높습니다. 우리말의 '부담'에 해당하는 영어 표현은 어떤 상황에서 쓰는지에 따라 다르기 때문이지요. "부담 갖지 말고 거절해도 됩니다."라고 할 때는 Feel free to say no.라고 하지만 "부담 드리고 싶은 생각은 없어요."라고 할 때는 I didn't want to make you feel like you owe me ~.로 표현할 수 있습니다.

☑ 다음은 여러 가지로 장인어른에게 성의를 보인 사위에게 장인어른이 공치사하는 상황입니다.

ex **You already paid for our trip to Jeju, so don't feel like you have to get me anything for my birthday!**

자네가 우리 제주도 여행 경비도 내줬는데, 내 생일이라고 괜히 뭐 해 줘야 한다는 부담 가지면 안 되네!

한국어의 '정, 부담, 분위기, 인맥'과 같은 어휘는 맥락에 따라 다양한 뉘앙스로 쓰이는 표현들이기 때문에 영어로 표현할 때 역시 그때그때 달라진다는 점을 기억해야 합니다.

WORD BANK

- **get back to** : ~에게 다시 연락하다
- **come up with the money** : 돈을 마련하다
- **put ~ aside** : ~을 따로 빼 두다, 홀딩해 두다
- **let 사람 stay the night** : ~를 하룻밤 재워 주다
- **intend to move forward** : 진행할 의향이다, 진행하고자 하다

Are you drinking coffee at this hour?

시간이 몇 신데 커피를 마셔?

김재우 쌤의 "영어 관찰 일기"

at this hour는 흥미로운 표현입니다. 문맥에 따라 의미가 정 반대가 되기 때문이죠. 밤늦은 시각에 커피를 마시는 친구에게 하는 말이면 '이렇게 늦은 시각에'라는 뜻이 되고, 아침 일찍 이 말을 하게 되면 '시간이 너무 일러서, 이렇게 이른 시각에'라는 뜻이 됩니다. 예문을 통해 문맥에 따른 적절한 활용법을 알아보겠습니다.

MODEL EXAMPLES

1 What are you doing up at this hour?

2 Who could possibly be knocking on our door at this hour?

3 This is my first time in a big city. It's amazing that we can still have food delivered at this hour.

4 I'd like to have it delivered by tomorrow. Is it possible at this hour?

5 Sorry to contact you at this hour.

1 시간이 몇 신데 안 자고 뭐해?

2 이 늦은 시간에 누가 문을 두드리는 거지?

3 대도시에 사는 건 처음이야. 지금 이 시간에 음식 배달이 된다는 게 말이 돼?

4 내일 배송받고 싶은데요. 지금 이 시간에 주문해도 가능할까요?

5 늦은 시간에 연락드려 죄송해요.

1

Sorry to bother you with a question at this hour.
늦은 시간에 질문드려 죄송해요.

Not a problem.
괜찮습니다.

2

I have to go to a parent-teacher conference this afternoon.
저 오늘 오후에 학부모 간담회 가야 해요.

Is that why you came here at this hour?
그래서 이렇게 이른 시간에 오신 거예요?

3

Why aren't there any cafes open at 7 a.m.? Don't people want coffee before going to work?
아침 7시에는 문을 연 카페가 왜 없는 거죠? 사람들이 출근 전에 커피를 안 마시나요?

Yeah, but you can just go to a convenience store for it. Cafes are places to meet friends or coworkers, and that's not very common at this hour.
네, 근데 편의점 가서 사 먹으면 되죠. 카페는 주로 친구들 만나고 동료들이랑 어울리는 장소인데, 이렇게 이른 시간에 그렇게 하는 사람은 흔하지 않거든요.

CASES IN POINT 인스타그램 다이렉트 메시지

I'm sorry to contact you at this hour. I was planning on picking up the table tomorrow, but it turns out I'm going to be busy. Is it possible to have it shipped? I'm willing to pay the necessary costs. If not, does next week work for you?

(인스타그램으로 제품 수령과 관련해 문의하는 상황)
늦은 시간에 연락드려 죄송합니다. 제가 내일 탁자를 픽업 가려 했는데, 보니까 제가 너무 바쁠 것 같습니다. 혹시 배송 가능할까요? 필요한 비용은 제가 부담하겠습니다. 만일 안 되면 다음 주는 가능할까요?

✅ 상점 등이 몇 시에 문을 열거나 닫는다고 말할 때는 다음과 같이 표현합니다.

ex **What time do they open?**

그 집 몇 시에 문 열어?

ex **What time do they close?**

그 집 몇 시에 마쳐?

이에 대한 답으로 "11시나 되어서 열지."라고 한다면 They don't open until 11.이라고
표현할 수 있습니다.

✅ 영업시간을 물을 때는 다음과 같이 표현하기도 합니다.

ex **Could you tell me what the hours are for tomorrow?**

내일은 영업시간이 어떻게 되나요?

"그 집 영업시간을 잘 몰라."라고 한다면 I am not sure about their hours.가 원어민식
표현법입니다. 굳이 their business hours라고 할 필요가 없는 것이죠.

WORD BANK

- **have food delivered** : 음식이 배달되게 하다, 음식을 배달시키다
- **be willing to부정사** : ~할 의향이 있다, ~하고자 하다
- **work for 사람** : (일정 등이) ~에게 알맞다

쓰임새가 다양한 grab 활용하기

You wanna grab some breakfast?

간단하게 아침 식사 하실래요?

  김재우 쌤의 "영어 관찰 일기"

원어민들은 **grab**이라는 동사를 정말 많이 씁니다. **grab a bite**라고 하면 '한입 하다' 라는 뜻이 됩니다. "CU 들러서 맥주 좀 사 올게."라고 할 때도 **I will go grab some beer from CU.**라고 할 수 있습니다. **grab a little sleep**(잠깐 눈을 붙인다)이라 는 표현에서도 **grab**을 볼 수 있습니다. 뷔페에서 "한 접시 더 가져올게."라고 할 때는 **I will go grab another plate.**라고 표현합니다. **grab**과 같이 다양한 용례를 지닌 '기본 동사'를 하루빨리 입에 붙여야겠습니다.

MODEL EXAMPLES

1 Can you grab some flour on your way home? We just ran out.

2 I wanted to grab a coffee before heading back to work, but I don't think I can. Look at that line.

3 A couple of us are going to grab some drinks after the workshop. You down?

4 I'm at Subway. Want me to grab you a sandwich, too, while I'm here?

5 I want you to grab me some fish-shaped pastries on your way home.

1 집에 오는 길에 밀가루 좀 사 올 수 있어? 밀가루가 다 떨어졌어.

2 다시 사무실 들어가기 전에 커피 한 잔 사서 들어갈까 했더니, 안 되겠다. 저기 사람들 줄 좀 봐.

3 우리 몇 명이서 워크숍 마치고 한잔하려고 하는데. 너도 같이 한잔?

4 나 써브웨이인데. 너도 샌드위치 좀 사다 줄까?

5 집에 오는 길에 붕어빵 좀 사다 줘.

1

Hey, Henry, you feel like grabbing a beer with us after work?

안녕, Henry, 퇴근하고 우리랑 맥주 한잔할래?

I should really get home. Maybe next time.

집에 가 봐야 해. 다음에 하자.

2

You wanna grab some breakfast?

간단하게 아침 먹을까요?

Nah, I just had a big bowl of cereal and I'm pretty stuffed.
I am up for coffee, though.

아니요. 시리얼을 한 그릇 먹어서 배가 너무 불러요. 근데 커피는 좋습니다.

3

Sorry, it looks like I'll be 30 minutes late.

미안. 30분 늦을 것 같아.

That late? Okay. I'll go by Starbucks and grab a coffee. I'm glad
I brought my e-book reader with me.

그렇게나? 알았어. 스타벅스 가서 커피나 한 잔 사야겠다. 다행히 나 전자책 리더를 가져왔어.

일정 공지

After the museum tour, you will have about 45 minutes of free time
before we move on to our next location. You can look around more on
your own. There are also a couple of cafes near the entrance, so feel
free to grab a coffee while you wait.

(여행사가 고객들에게 하루 일정을 알리는 내용)
박물관 견학 후에, 약 45분간 자유시간을 가진 후 다음 장소로 이동하겠습니다. 그동안은 자유롭게 돌아
다니셔도 됩니다. 입구 근처에 카페가 두세 군데 있는데 기다리는 동안에 커피 한잔하셔도 되고요.

☑ '~에게 …을 사다 주다'에 해당하는 영어 표현으로는 grab 사람 사물 또는 get 사람 사물이 있습니다. 다음의 대화문 상황은 실생활에서 높은 빈도로 사용되는 예문으로 구성되어 있으니 반드시 반복해서 연습하시면 좋겠습니다.

ex A: What do you want me to get you?

뭐 사다 줄까요?

B: Do you mind grabbing me some coffee on your way?

오는 길에 커피 좀 사다 줄 수 있어요?

☑ grab 관련해서 하나 더 유용한 표현이 있는데요. take a taxi와 grab a taxi에는 어떤 차이가 있을까요? take a taxi라고 하면 우리말로 택시를 '타다(교통수단이나 목적지 강조)'에 가까운 표현인 반면 grab a taxi라고 하면 택시를 '잡다'에 가까운 표현이랍니다. 다음 예문을 비교해 보세요.

ex I take a taxi every day to work.

저는 매일 택시를 타고 출근합니다.

ex It's very hard to grab a taxi in Gangnam after midnight.

자정이 넘으면 강남에서 택시 잡기가 너무 어려워요.

- **be pretty stuffed** : 배가 엄청 부르다
- **be up for** : ~할 의향이 있다
- **on one's own** : 자유롭게, 혼자서

I can't really get used to the smell.

냄새가 적응이 안 되네요.

 김재우 쌤의 "영어 관찰 일기"

be used to와 get used to에는 차이가 있습니다. be는 상태를 나타내지만 get은 변화를 나타내기 때문에 현재 '익숙하지 않은 상태'를 나타낼 때는 **I am not used to 명사**로 표현하는 반면, '노력해도 적응이 안 된다'라는 의미로 말할 때는 **I can't get used to 명사**라고 하면 됩니다. 이 둘의 차이가 잘 드러나는 다음 대화문을 살펴볼 까요?

A: **It seems like you are still not used to seafood.** 너 보니까 여전히 해물을 잘 못 먹네.
B: **I can't get used to the flavor or the smell.** 맛이나 냄새가 적응이 안 돼.

MODEL EXAMPLES

1 I am not used to being around new people.
2 I am not really into fermented skate. I can't get used to how it smells.
3 I can't get used to working from home. I always get distracted.
4 It took me a while to get used to this Galaxy phone.
5 I can't get used to waking up early in the morning.

1 저는 처음 보는 사람들 옆에 있으면 불편해요.
2 저는 삼합은 별로예요. 냄새가 적응이 안 됩니다.
3 재택근무에 적응이 안 되네요. 계속 딴짓을 하게 됩니다.
4 이 갤럭시 폰에 적응하는 데 한참 걸렸어요.
5 아침에 일찍 일어나는 게 쉽지가 않군요.

1

You're going on vacation to Japan, right? Are you going to drive while you're there?

너 일본으로 휴가 가는 거 맞지? 거기서 운전할 거야?

No way, they drive on the other side of the road. I don't think I could get used to it.

절대 아니야. 일본은 우리와 반대 차로로 주행하잖아. 난 적응 못 할 것 같아서.

2

I can't get used to the weather in Dubai. I've been here 11 years and I'll just never get used to it.

두바이 날씨에 적응이 안 되네요. 11년간 살고 있는데 영원히 적응을 못할 것 같아요.

I totally get what you mean.

무슨 말인지 너무 잘 알 것 같네요.

3

I just can't get used to how muggy it is in Yeosu.

여수 날씨가 너무 후텁지근해서 적응이 안 돼요.

I felt the same way when I first came here.

나도 처음 왔을 때는 그랬죠.

회의 발언

Apple computers have such a low market share in the Korean market. Consumers are so used to using Windows OS that they won't even consider making the switch. It's a problem that's going to be nearly impossible for us to overcome.

(애플의 마케팅 전략 회의 내용)

애플 컴퓨터는 한국 시장 점유율이 매우 낮습니다. 소비자들이 워낙 윈도우 운영 체제에 길들어 있어서 인지, 애플로 바꿀 생각조차 하지 않을 겁니다. 저희로서는 극복하기 어려운 문제입니다.

CASES IN POINT 내용에 쓰인 even에 대해 살펴보겠습니다. even은 동사 앞, 형용사와 부사 앞 그리고 명사 앞에 쓰여서 '강조'와 '놀라움(의외)'을 나타냅니다. 다음 예문들에서 even의 쓰임을 확인해 보도록 하겠습니다.

ex We've been dating for over a year, but we haven't even talked about marriage, yet.

우리 만난 지가 1년이 넘었는데, 아직 결혼 이야기도 안 했다.

ex You can find some pretty good deals on clothes at the street market, but they're even cheaper online, I think.

노점상에 가면 옷을 싸게 살 수 있긴 하지. 근데, 온라인이 더 싼 거 같아.

ex I've started drinking double-shot Americanos, but even they don't have enough caffeine for me.

최근 들어 더블샷 아메리카노를 마시기 시작했는데, 이것도 나한테는 카페인이 부족하다.

WORD BANK

- **get distracted** : 정신이 산만해지다
- **totally get what 사람 mean** : ~의 의도를 완전히 이해하다, 알아듣다
- **such a low market share** : 매우 낮은 시장 점유율

'~하고 나서야 비로소 …하다'라고 말하기

I wasn't expecting you until tomorrow.

내일이나 올 줄 알았더니.

 김재우 쌤의 "영어 관찰 일기"

학교 다닐 때 **not ~ until** 구문을 '~하고 나서야 비로소 …하다'라고 배운 기억이 있는데, 여러분은 어떤가요? **not ~ until** 구문은 '~할 때까지 …하지 않다'라고 직역하기보다는 '~가 되어서야 비로소 …하다'라고 의역할 때 뉘앙스가 잘 전달됩니다. 예를 들어, **I can't get home until 9:00.**이라는 문장은 "9시까지는 집에 못 가."보다는 "9시나 되어야 집에 도착할 수 있어."라고 해석할 때 그 느낌을 더 잘 살릴 수 있답니다.

MODEL EXAMPLES

1 They don't open until 11. See you there at 11:20.

2 I didn't get on a plane until I was 12.

3 I'm a big smoker now, but I didn't try my first cigarette until I was 25.

4 I didn't travel outside of Korea until I was 38.

5 I'm afraid I won't be able to get to the office until 9:30. Feel free to start the meeting without me.

1 그곳은 11시나 돼야 열어. 11시 20분에 보자.

2 저는 열두 살이 되어서야 처음 비행기를 타 봤어요.

3 지금은 제가 골초지만, 스물다섯 살이 되어서야 처음으로 담배를 피워 봤답니다.

4 전 서른여덟이 되어서야 처음으로 해외여행을 했답니다.

5 죄송한데 9시 반은 되어야 회사에 도착할 수 있을 것 같습니다. 저 없이 회의 시작하시죠.

1

I need to head home. I can barely function if I don't get at least 6 hours of sleep.

나는 집에 가봐야겠어. 최소 6시간을 못 자면 다음 날 헤롱헤롱하거든.

I'll be fine. I'm not leaving until I've memorized all of these formulas.

난 괜찮아. 이 공식들 다 외우고 나서 집에 갈 거야.

2

Wait! Is this your first boyfriend? You're 25 years old!

잠깐만! 첫 남자 친구라고? 너 스물다섯이잖아!

Yes, but I think waiting was the right choice. I didn't want to start a relationship until I was ready to commit.

응, 근데 기다리길 잘한 것 같아. 올인할 준비가 됐을 때 남자를 사귀고 싶었거든.

3

Taxi base fares are going to rise, but not until next February.

택시 기본요금이 인상되긴 하는데 2월 돼야 올라.

Oh, that's a relief. I don't have to worry about it for a while yet.

오, 다행이다. 당분간은 걱정 안 해도 되겠네.

카카오톡 메시지

Hey, John. Are you almost here? I just got to the movie theater, and the movie starts in 15 minutes, but I don't want to go in until you arrive. I hope you're not far. I don't want to miss the beginning!

John, 거의 다 온 거니? 나 방금 영화관 도착했는데, 영화가 15분 후에 시작해. 너 오면 그때 들어가려고. 거의 다 왔기를. 첫 장면 놓치고 싶지 않아!

✅ SMALL TALK 1번 대화에 등장한 barely라는 단어를 살펴보겠습니다. '(이제) 겨우, 가까스로' 등의 뉘앙스를 지닌 단어인데요. 다음의 예문들에서 barely의 다양한 활용 방법을 확인해 보도록 하겠습니다.

ex **My baby is barely one year old. His first birthday was last weekend.**

제 아기가 이제 겨우 한 살입니다. 첫돌이 지난 주말이었어요.

ex **I can barely hear you. Let me turn up the volume.**

(줌 회의 중에) 들리긴 하는데 너무 작게 들려요. 볼륨을 좀 높일게요.

ex **I can barely make ends meet.**

겨우 빚은 지지 않고 삽니다.

ex **I can barely afford rent.**

월세도 겨우 내고 있어요.

한편 barely와 almost의 차이점은 다음과 같습니다. Have you arrived yet?(도착한 거야?)라는 질문에 대해 Almost, I'm two minutes away.(거의 다 왔어. 2분만 더 가면 돼.)라는 예문에서 볼 수 있듯이 almost의 경우 '거의 ~하다'라는 의미이지만, 결론은 '아직 ~하지 못하다'라는 말입니다. 이에 반해 위 예문들에서 볼 수 있듯이 barely 는 '(이제) 겨우, 가까스로, 어렵게'의 뉘앙스가 있지만, 어쨌든 '한 살이고', '들리기는 하며', '빚은 안 지고 있고', '월세를 내기는 한다'라는 어감을 주는 단어입니다.

- **That's a relief.** : 다행이다.
- **make ends meet** : 겨우 먹고 살 만큼 벌다, 수입과 지출을 맞추다
- **afford rent** : 집세를 감당하다, 집세를 내다

Think of it as a compliment.

칭찬으로 생각하렴.

 김재우 쌤의 "영어 관찰 일기"

think of A as B는 주로 다음 두 상황에서 사용되는 구문입니다. ① **무엇에 비유하거나, 어렵고 생소한 개념을 쉽게 풀어서 설명할 때** ② **의기소침한 사람에게 '~을 칭찬 또는 기회'로 생각하라고 할 때.** 예를 들어, 남자 친구와 헤어져 슬퍼하는 친구에게 **Think of this as a chance to meet other people.**이라고 격려할 수 있습니다.

MODEL EXAMPLES

1 Samantha thinks of me as a nuisance.

2 I always buy my clients coffee because I think of it as an investment.

3 Even though we couldn't make it to the next round, I want you to think of this loss as an opportunity for growth.

4 Don't think of exercise as a chore; think of it as part of your daily routine!

5 I'm sorry you have to quarantine. Just think of it as a chance to get caught up on video games and your favorite TV shows.

1 Samantha는 저를 성가신 존재로 여깁니다.

2 저는 늘 고객들에게 커피를 삽니다. 투자라고 생각하기 때문이지요.

3 (감독이 선수들에게) 우리가 다음 라운드 진출에는 실패했지만, 이번 패배를 성장할 수 있는 기회로 생각하길 바랍니다.

4 운동을 귀찮은 일로 생각하지 말고 하루 일과로 생각해!

5 자가 격리해야 해서 안됐다. 그냥 그동안 못했던 비디오 게임을 하고, 좋아하는 TV 프로를 볼 수 있는 기회라고 생각해.

1

I've had a crush on Dave for so long, but he just said he thinks of me as a sister.

나 오랫동안 Dave를 짝사랑해 왔는데, 그는 나를 여동생으로 생각한다고 했어.

Still, think of that as a compliment. He cares about you, even if he doesn't find you attractive.

그래도 칭찬으로 생각하렴. 너에게서 매력은 못 느낀다 해도 너를 아낀다는 말이니까.

2

Why don't you try packing your lunch? It's gotta be cheaper than eating out every day.

도시락을 싸 가지고 다니는 게 어때? 매일 밖에 나가서 먹는 것보다 쌀 텐데.

Eating out does cost more, but I think of it as a time-saver. That's more important to me now.

나가서 먹으면 돈은 더 들지. 그렇지만 시간을 절약할 수 있는 것으로 생각하고 있거든. 지금 나한테 그것이 더 중요해.

I know you were looking forward to that promotion, but, honestly, this isn't such a bad thing! Think of it as recognition of your current value. The department considers you invaluable. Besides, if you got promoted, you'd have to come here to headquarters, and everyone knows it's more stressful working here. Don't let this get to you.

(승진 심사에서 탈락한 직원에게 본사에서 근무하는 동료가 힘내라고 격려하는 내용의 이메일)
당신이 승진을 몹시 기대했던 거 알아요. 근데 솔직히 말하면 승진 못 한 게 그리 나쁜 것도 아니에요! 당신의 현재 가치를 인정해 주는 것으로 생각하세요. 부서에서 당신을 소중한 자산으로 생각하는 거예요. 게다가 승진하게 되면, 이곳 본사로 와야 하는데, 본사에서 일하는 게 스트레스가 훨씬 심하다는 건 모두가 알잖아요. 그러니까 이번 일에 너무 신경 쓰지 말아요.

✅ let 동사에 대해 공부해 보겠습니다. 앞에서 살펴본 비즈니스 이메일의 마지막 문장인 Don't let this get to you.는 "너무 신경 쓰지 마."라는 의미인데 get to의 경우 annoy/bother(~를 신경 쓰게 만들다, 정신적으로 괴롭히다)라는 말이기 때문에 직역하면 "이 상황이 너를 괴롭히게 두지 마."라는 뜻이 되는 것이죠. 따라서 Don't let it bother you.로 바꿔 표현할 수도 있습니다. 비슷한 표현으로는 Don't let it get you down. (너무 낙담하지 마.)도 있답니다.

✅ 부동산 가격 등에 대해 얘기할 때, 동사 let을 이용해서 "시장에 맡겨야 한다고 생각한다." 라고 말하려면 I think we should let the market decide.라고 하면 됩니다. 이렇듯 5형식 구문에서의 let 동사는 목적어(사물, 상황, 사람)가 목적보어 자리에 오는 행위를 하도록 '내버려 두다' 또는 '내버려 두지 않다'는 의미입니다.

ex Let it cool down a bit before you take a sip.

한 모금 하기 전에 조금 식히렴.

ex Don't let your clothes sit in the washing machine. They are going to stink.

빨래를 세탁기에 두면 안 돼. 냄새 난단 말이야.

ex I'm not sure if I should let my daughter spend the night at her friend's house.

딸아이가 친구 집에 하룻밤 자고 오게 허락해도 될지 잘 모르겠어요.

WORD BANK

- **nuisance** : 성가신 사람, 골칫거리
- **daily routine** : 일과, 일상
- **get caught up on** : (뒤처진 것을) 따라잡다
- **have a crush on** 사람 : ~에게 반하다
- **look forward to** : ~을 고대하다

DAY 032 상대에 대한 이해 표현하기

That explains why you have a southern accent.

아, 그래서 남부 억양이 있는 거구나.

 김재우 쌤의 "영어 관찰 일기"

상대의 이야기를 듣고 그제야 "아, 그래서 그렇구나, 이제 이해가 된다."라고 할 때는 **That explains it.** 또는 **That explains why ~.**라고 표현합니다. 예를 들어, 어젯밤에 잠을 못 잤다고 하는 친구에게 **That explains why you look awful.**(그래서 네 몰골이 말이 아닌 거구나.)이라고 맞장구를 칠 수도 있습니다. 비슷한 표현으로는 **No wonder ~.**가 있는데요, 이 표현은 DAY 062에서 자세히 살펴보겠습니다.

MODEL EXAMPLES

1 That explains why you are always so energetic.
2 That explains why you are always late to work.
3 That explains why the design was changed at the last minute.
4 That explains why San Diego has such nice weather.
5 That explains why you couldn't make it to the team dinner last night.

1 그래서 네가 늘 힘이 넘치는구나.
2 그래서 자네가 항상 회사에 지각을 하는 거군.
3 그래서 마지막 순간에 디자인이 바뀐 거군요.
4 그래서 샌디에이고 날씨가 그렇게 좋은 거구나.
5 그래서 네가 어젯밤에 팀 회식에 못 온 거구나.

1

Your wife knows that you were holding hands with another woman in public. I heard she found out last weekend.

너 사람들 있는 데서 다른 여자 손잡고 있었던 걸 네 와이프가 알아 버렸어. 지난 주말에 알게 됐다고 하던데.

Oh, that explains why she didn't answer my calls.

아, 그래서 내 전화를 안 받았구나.

2

My upstairs neighbors were making noise all night. I think they had some friends over and were dancing.

위층 이웃이 밤새 시끄럽게 하더라고요. 친구들 불러서 춤을 추고 있었던 것 같아요.

Oh, that explains it. You've got dark circles under your eyes.

아, 그래서 그렇군요. 눈 밑에 다크서클도 생겼네요.

3

I heard Sam went to high school with the boss's brother.

Sam이 사장님 형이랑 같은 고등학교 나왔대.

Oh, that explains how he's gotten promoted so quickly.

아, 그래서 그렇게 빨리 승진을 했던 거구나.

뉴스 기사

In the Korean market, BMW overtook Mercedes-Benz in sales for the first time in four years. BMW has some cutting-edge battery technology that really sets them apart. That explains why their market share has gone up 30%. They're finally starting to win back consumers after their battery fire recall.

한국 시장에서 BMW의 판매량이 4년 만에 처음으로 벤츠를 앞질렀습니다. BMW는 차별화된 최첨단 배터리 기술을 보유하고 있습니다. 그래서 시장 점유율이 30% 증가한 것이죠. 배터리 화재로 인한 리콜 사태 이후 다시금 소비자들의 마음을 얻기 시작하고 있습니다.

MODEL EXAMPLES 5번 문장에 사용된 make it에 대해 살펴보겠습니다. make it은 '어려운 상황, 조건, 환경에서도 ~을 해내다'라는 의미를 지닌 관용 표현으로 다음 의미로 주로 사용됩니다.

- '바쁜 일정 때문에 ~에 참석하지 못하다'
- '바쁜 일정에도 불구하고 ~에 참석하다'
- '약속 장소나 회사 등에 늦지 않게 도착(출근)하다'
- '책이나 영화 등을 끝까지 읽다'
- '스포츠 팀 등이 16강, 4강, 결승전에 진출하다, 오르다'

다음 예문들을 통해 make it의 쓰임을 확인해 보도록 하겠습니다.

ex I'm afraid I can't make it to the party this Friday.

금요일에 아무래도 파티에 못 갈 것 같아요.

ex There was a demonstration in the subway station, so I couldn't make it to work on time.

지하철에서 시위가 있어서 회사에 지각을 했습니다.

ex I couldn't make it to the end of the book because I was too sleepy.

너무 졸려서 책을 끝까지 다 못 읽었어요.

ex My team hasn't made it to the finals since 1995.

저희 팀은 1995년 이후로 결승에 진출하지 못했습니다.

WORD BANK

- **at the last minute** : 마지막 순간에
- **in public** : 다른 사람들이 있는 곳에서, 공공장소에서
- **get dark circles** : 다크서클이 생기다
- **overtake ~ in sales** : 매출에서 ~을 앞서다
- **cutting-edge technology** : 최첨단 기술

DAY
033

용건 및 목적 말하기

I just wanted to make sure we are still on for tonight.

오늘 밤 약속 유효한지 확인차 연락드려요.

 김재우 쌤의 "영어 관찰 일기"

용건이 있어서 친구에게 카톡 메시지를 보내거나 업무상 이메일을 보낼 때에는 **I just wanted to**부정사로 문장을 시작하는 경우가 가장 많습니다. **to** 다음에는 주로 **check, ask, make sure, let you know** 등의 표현이 따라오게 됩니다. '~ 때문에 (용건으로) 연락했다'라고 할 때 **I just wanted to**부정사 구문을 사용하면 원어민 느낌이 나는 영어를 할 수 있습니다.

MODEL EXAMPLES

1 I just wanted to thank you for helping me pack my stuff before the move.

2 I just wanted to make sure we are still on for Friday.

3 I just wanted to check if you can still make it tonight.

4 I just wanted to let you know that your tire looks low.

5 Are you the owner of the blue Chevy Volt? I just wanted to ask if you could move your car.

1 이사하기 전에 이삿짐 싸는 거 도와줘서 고맙다는 말 하려고 연락했어요.

2 우리가 금요일에 보는 거 유효한지 확인차 연락드려요.

3 오늘 밤에 올 수 있는지 확인차 연락했어.

4 타이어에 바람이 빠졌다는 거 알려 드리려고요.

5 파란색 쉐보레 볼트 차주 되시죠? 혹시 차 좀 빼 주실 수 있는지 여쭤보려고 연락드립니다.

1

My son is already turning 43 next January. You have a daughter, right? I just wanted to ask if you think she would be interested in meeting him.

제 아들이 내년 1월이면 벌써 마흔셋이 됩니다. 따님 있으시죠? 혹시 따님이 저희 아들이랑 만날 생각이 있는지 여쭤보려고요.

The thing is, she's in a committed relationship at the moment. She's been seeing the guy for almost a year.

근데 저희 딸이 지금 진지하게 만나는 사람이 있어요. 거의 일 년째 만나고 있거든요.

2

John and I are finally getting married! I just wanted to know if you could make it. It would be so nice to see you on my special day!

John이랑 나 드디어 결혼해! 너 올 수 있는지 해서 연락한 거야. 특별한 날 너를 보면 너무 좋을 듯!

Congratulations! What great news! I wouldn't miss it for the world!

축하해! 너무 기쁜 소식이다! 꼭 갈게!

CASES IN POINT 비즈니스 이메일

Good afternoon,

I'm emailing in regards to our scheduled meeting this Friday. My team leader has to go on a sudden business trip that day, so I just wanted to find out if it would be possible to push back the meeting until Monday. This way, the whole team could be present.

안녕하세요.

금요일로 예정된 회의 관련해서 메일 드립니다. 저희 팀장님이 그날 갑작스럽게 출장을 가게 되었습니다. 그래서 혹시 월요일로 회의를 미룰 수 있을까 해서 연락드리게 되었습니다. 그러면 모두가 참석 가능할 겁니다.

☑ '꼭 ~을 하라', '~이 …한 상태인지 꼭 확인하라'에 해당하는 영어 표현인 make sure를 살펴보겠습니다. 문법적으로는 다음 두 가지 형태를 띠는데요.

1 make sure that 주어 동사

2 make sure to부정사

다음의 예문들로 살펴보겠습니다.

ex **Please make sure you put all these figures in one file.**

반드시 이 수치들을 모두 한 파일에 취합해 주세요.

ex **Make sure to check with James first before you send it out.**

발송 전에 James에게 먼저 꼭 확인받고 보내세요.

☑ 제품 출시를 앞둔 상황에서 다음과 같은 말을 할 수도 있습니다.

ex **The launch is less than a week away. I want to make sure each branch has plenty of stock.**

출시일이 한 주도 안 남았습니다. 각 지점마다 충분한 물량을 확보해 두도록 해야 합니다.

- **We are still on for tonight.** : 오늘 밤 약속이 유효하다.
- **in a committed relationship** : 진지한 관계인
- **I wouldn't miss it for the world!** : 꼭 갈게!
- **in regards to** : ~에 관하여
- **be present** : 참석하다

I look forward to hearing from you.

연락 기다리겠습니다.

 김재우 쌤의 "영어 관찰 일기"

look forward to 동명사/명사 구문을 잘 알고 있으면서도 적절하게 활용하지 못하는 경우를 많이 보게 됩니다. 상당수 학습자들이 **look forward to** 대신에 **I really want to**로만 표현하더군요. 이 표현은 특히 이메일 등에서 자주 보게 되는데 "하루 빨리 함께 일하고 싶습니다."와 같은 말을 **I look forward to working with you.**로 표현합니다. 참고로 **look forward to**에서 **to**는 전치사이기 때문에 뒤에 명사, 대명사 또는 동명사가 와야 한다는 점도 기억해 두세요!

MODEL EXAMPLES

1 I look forward to your feedback.
2 We look forward to hearing from you.
3 I am looking forward to getting the opportunity to work with you.
4 It's finally starting to cool down. I'm really looking forward to fall.
5 I look forward to seeing you in person.

1 피드백 기다리겠습니다.
2 연락 기다리겠습니다.
3 귀사에서 일할 수 있는 기회가 꼭 주어졌으면 합니다.
4 드디어 날씨가 조금 선선해지고 있네. 어서 가을이 왔으면.
5 곧 얼굴 뵙기를 기대합니다.

1

Your new car is being delivered next week, right? You must be so excited.

차가 다음 주에 온다고? 정말 기대되겠다.

Yeah! I'm looking forward to finally taking it for a spin. I can't wait.

응! 어서 몰아 보고 싶어. 못 기다리겠어.

2

Hey, Melinda. I'm looking forward to grabbing dinner with you this Wednesday. How about we go to a pork belly place in my neighborhood?

안녕하세요, Melinda. 이번 주 수요일 저녁 식사 기대됩니다. 우리 동네 삼겹살집 어때요?

Hi, Daniel! I'm excited to, but I'm afraid it doesn't work for me. I'm actually a vegan.

Daniel, 저도 기대됩니다. 죄송하지만 제가 삼겹살을 못 먹습니다. 사실 채식주의자거든요.

CASES IN POINT 비즈니스 이메일

Dear Steve,

I hope you are doing okay. We've come to realize that your June payment is two months overdue. According to our records, this is the second time a payment of yours has not been received on time. We look forward to having this issue resolved.

Regards, Jonathon Randall

안녕하세요, Steve 씨,

잘 지내시죠? 보니까 6월분 대금 결제가 두 달 밀렸더군요. 저희 쪽 기록을 보니, 대금이 제때 납부되지 않은 게 이번이 두 번째입니다. 조속히 처리되기를 기대합니다.

Jonathon Randall 드림

✓ on time과 in time의 차이에 대해 알아보겠습니다. on time은 '정시에', (약속 등에) '늦지 않게'라는 표현이며, in time은 일정(이벤트), 수업, 기차, 비행기 등의 시간에 '딱 맞춰서'라는 의미입니다. 먼저, on time을 활용한 예문을 살펴보도록 하겠습니다.

ex He is never on time.

그 친구는 약속 시간에 늘 늦어.

ex Subway Line 1 is notorious for not running on time.

지하철 1호선은 연착하는 걸로 유명하지.

✓ in time의 경우 다음과 같은 상황에 어울리는 표현입니다.

ex I really hope that I can get my project done in time.

제 때에 프로젝트를 마무리 할 수 있으면 좋겠어.

ex Whenever I have a KTX trip, I always try to arrive at the station in (plenty of) time to have some coffee and go to the bathroom.

KTX를 타고 갈 때는 역에 여유 있게 도착해서 커피도 마시고 화장실도 가고 그럽니다.

ex My online class starts in five minutes, but my computer just started installing updates on its own. I don't think it will be ready in time.

온라인 수업이 5분 후면 시작하는데, 컴퓨터가 자동으로 업데이트를 시작해 버렸다. 수업 시간 전에 준비되긴 힘들 것 같다.

WORD BANK

- **in person** : 직접
- **take ~ for a spin** : (자동차 등을) 시험 삼아 운전해 보다, 한번 몰아 보다
- **grab dinner with** : ~와 저녁을 먹다
- **overdue** : 기한이 지난, 이미 늦어진
- **be notorious for** : ~으로 악명 높다

기분이나 느낌 자연스럽게 묻기

What is it like working as an Analytical Lead at Google?

구글에서 분석 전문가로 일해 보니 어때요?

 김재우 쌤의 "영어 관찰 일기"

What is it like to부정사/동명사 구문은 '~한 경험을 하는 느낌, 기분이 어떤가?' 라는 말인데요. 에미상 시상식을 찾은 배우 이정재 님에게 미국 기자가 다음과 같은 질문을 했습니다. **What is it like reuniting with the cast here at the Emmys?** "에미상 시상식에서 함께 출연한 배우들과 재회하니 기분이 어떤가요?"라는 말입니다. '기분이나 느낌'이 어떤지 묻는 말에는 여지없이 이 구문이 등장하니 꼭 알아 두세요.

MODEL EXAMPLES

1 What is it like being a working mom?

2 What is it like to work as an English kindergarten teacher?

3 What is it like to work in such a high-pressure field?

4 What is it like to be a celebrity, living in the spotlight?

5 I know what it's like to lose a loved one.

1 워킹맘으로 살아간다는 건 어떤 느낌인가요?

2 유치원에서 영어 선생님으로 일하니 어떤가요?

3 압박감이 심한 분야에서 근무하시는 게 어떤 느낌인가요?

4 스포트라이트를 받는 유명인으로 살아간다는 게 어떤 기분인가요?

5 사랑하는 사람을 잃는다는 게 어떤 건지 잘 압니다.

1

We've been wanting a child for a while, but I can't believe it's finally happening! You have a little boy, don't you, Rachel? What was it like to have your first child? Weren't you scared?

제법 오랫동안 아이를 원해 왔지만, 막상 임신하니 믿기지 않아! 너도 아이 있잖아, Rachel? 첫 아이 낳았을 때 어땠어? 무섭지 않았어?

I'd be lying if I said I wasn't. But it was all worth it.

안 무서웠다면 거짓말이지. 근데 그만한 가치가 있었어.

2

It's a huge step to meet your birth parents. What was it like meeting them for the first time?

친부모님 만났다니 정말 용기가 필요했겠구나. 그분들 처음으로 만나 본 느낌이 어땠어?

It was a lot to process. But I'm glad I was able to do it.

마음이 복잡했지 뭐. 그래도 만날 수 있어서 다행이다 싶어.

3

I live in Asan, but I actually work in Gwangju. I can only see my kids on weekends.

제가 아산에 사는데요. 일은 광주에서 하거든요. 그래서 주말에만 애들을 볼 수 있지요.

Oh my gosh. Are you okay with that? I can't imagine what it's like being away from your family for so long.

저런. 괜찮아요? 가족분들과 그리 오래 떨어져 있는 게 어떤 기분인지 상상이 안 되네요.

Hi, Cindy. I heard you're having trouble getting over Brad. I know what it's like to be single again after a long relationship. But remember how badly he treated you. You can definitely find a decent guy soon.

안녕, Cindy. 아직 Brad를 못 잊는다고 들었어. 오래 사귄 후에 다시 혼자 되는 게 어떤 기분인 줄 알아. 근데 그 사람이 너한테 어떻게 했는지를 꼭 기억해. 틀림없이 곧 괜찮은 남자 만날 수 있을 거야.

get over를 '극복하다'라는 뜻으로 외웠던 기억이 나는데요. get over는 원래 '장애물 등을 타고 넘어가다'라는 의미의 구동사입니다. 이러한 물리적인 상황을 묘사하는 데서 의미가 확장되어 다음과 같은 의미로도 자주 사용됩니다.

- '감기, 코로나 등과 같은 것을 떨치다, 다 낫다'
- '어려움이나 수줍음을 이겨 내다'
- '상실, 이별의 아픔을 극복하다, 사람 등을 완전히 잊다, 지우다'

다음 예문들을 통해 확인해 볼까요?

ex It looks like you haven't gotten over your cold yet.

보니까 너 아직 감기가 다 안 나았나 보네.

ex The team seems to be having trouble getting over their 0-8 loss.

그 팀은 0대 8 패배의 충격에서 벗어나지 못하고 있는 것 같다.

ex It's been six months, but Samantha is still having trouble getting over Daniel.

헤어진 지 반년이 되었지만, Samantha는 아직 Daniel을 잊지 못하고 있다.

WORD BANK

- **high-pressure field** : 업무 강도가 강한 분야, 스트레스가 많은 분야
- **It is worth it.** : 그럴 만한 가치가 있다.
- **it's a huge step to부정사** : ~하는 것은 큰 진전이다
- **have trouble -ing** : ~하는데 어려움을 겪다
- **decent** : 괜찮은, 품위 있는

I'd like to get this steak cooked a little more.

스테이크 조금만 더 익혀 주세요.

 김재우 쌤의 "영어 관찰 일기"

get/have 목적어 과거분사 구문은 자신이 직접 그 행위를 하는 것이 아니라 상대에게 부탁하거나 의뢰할 때 주로 사용합니다. 머리를 자르거나, 병원에서 엑스레이를 찍거나, 사람을 불러 고장 난 변기를 수리하는 등 '타인에게 맡겨서 무언가를 할 때' 이 구문을 써 보세요! 예를 들어, "나 머리 잘라야 해."라고 한다면 **I need to get my hair cut.**으로 표현할 수 있습니다.

MODEL EXAMPLES

1 Could I get this steak cooked a little more? It looks rare, and I wanted it medium.
2 I'd like to get these leftovers wrapped up.
3 Is there any place nearby where I can get my coat fixed?
4 Could I have maybe a centimeter more taken off the top?
5 I'd like to have my account and profile deleted.

1 스테이크 조금 더 익혀 주실 수 있을까요? 덜 익은 걸로 보이는데, 미디엄으로 원했거든요.
2 남은 음식은 싸 주시겠어요?
3 이 근처에 코트 수선할 데 있을까요?
4 (미용실에서) 윗머리를 1센티미터만 더 잘라 주실 수 있을까요?
5 제 계정과 프로필 삭제를 원합니다.

1

I need to get my computer fixed.
나 컴퓨터 고쳐야 하는데.

Would you like me to fix it for you?
나보고 고쳐 달라는 말이야?

2

Is it possible to get this mole removed?
혹시 이 점을 뺄 수 있을까요?

I believe so, but I'm afraid we don't offer that procedure here. Let me refer you to another clinic.
가능할 것 같은데, 저희는 그런 시술은 하지 않거든요. 다른 병원 추천해 드릴게요.

3

I've been thinking about working out more. Do you know of any good gyms around here?
나 운동을 좀 더 할까 싶은데. 주변에 괜찮은 헬스장 아는 데 있어?

I go to the place just around the corner. I actually need to have my membership renewed. Why don't we head over there now?
나 모퉁이 쪽에 있는 헬스장 다니거든. 실은 회원권 갱신해야 하는데 지금 그쪽으로 갈까?

CASES IN POINT 비즈니스 이메일

We are expecting a shipment of lumber to be delivered next month. However, after examining our project status, we think it would be preferable to have the materials earlier. Would it be possible to have the items shipped by next week? We appreciate your hard work and support.

목재가 다음 달에 배송되는 것으로 알고 있습니다. 그런데 프로젝트 현황을 보니, 조금 더 일찍 받을 수 있으면 좋을 것 같습니다. 혹시 다음 주까지 배송이 가능할지요? 귀사의 노고와 업무 지원에 감사드립니다.

✅ '행위'가 아닌 '상태'를 강조할 때 역시 get/have 목적어 과거분사 구문을 사용하는데요. 영어라는 언어는 '행위, 동작'과 '상태'를 민감하게 구분해서 쓴답니다. 이를테면 '~을 처리하다'라고 할 때는 take care of 목적어로 쓰는 반면, '처리해 두다'는 have 목적어 taken care of로 표현합니다. 다음 예문을 보세요.

ex I will have it taken care of by tomorrow.

내일까지 처리해 두겠습니다.

✅ have 목적어 과거분사를 이용해 상태를 강조하는 다른 예문도 보겠습니다.

ex I have five meetings scheduled for Wed.

수요일에 회의가 다섯 개나 잡혀 있습니다.

ex Can you have it done and on my desk by tomorrow?

이거 다 해서 내일까지 제 책상에 두세요.

ex We don't have the details worked out yet.

세부 내용은 아직 정하지 못한 상태입니다.

ex My friend still has his ex-girlfriend's name tattooed on his arm.

제 친구는 자기 팔에 있는 예전 여자 친구 이름 문신을 아직 안 지우고 있어요.

WORD BANK

- **leftover** : 남은 음식, 남은 것
- **renew one's membership** : 회원권을 갱신하다
- **it would be preferable to부정사** : ~하는 것이 좋겠다

무엇을 할 것인지 물어보기

What are you up to tomorrow night?

내일 밤에 뭐 해요?

 김재우 쌤의 "영어 관찰 일기"

What are you up to tomorrow night?은 "내일 밤에 뭐 해?"라는 뜻을 가진 캐주얼한 표현으로 원어민들이 일상에서 많이 쓰는 표현 중 하나입니다. 대체 표현으로는 **What are your plans for tomorrow night?, What do you have going on tomorrow night?, What do you have planned for tomorrow night?** 등이 있습니다.

MODEL EXAMPLES

1 What are you up to after work today?

2 Guys, what are you up to this weekend?

3 Are you up to anything this Friday? I was thinking of going out for dinner.

4 Are you up to anything tonight? Do you want to catch a movie?

5 Maybe we could go out for dinner tomorrow if you're not already up to anything.

1 오늘 퇴근하고 뭐 하세요?

2 얘들아, 이번 주말에 뭐 해?

3 이번 주 금요일에 뭐 하니? 나가서 저녁이나 할까 싶어서.

4 오늘 밤에 뭐 해? 영화나 볼까?

5 내일 나가서 저녁이나 먹을까 하는데, 너 특별한 일 없으면 말이야.

1

Hey, Jake, what are you up to now? If you're free, how about coming down to E-Mart with me?

안녕, Jake, 지금 뭐 해? 시간 괜찮으면 나랑 이마트 갈래?

Sure! I've got nothing going on.

좋지! 별일 없어.

2

Hi, Gabriel! I haven't seen you come in for a while. What have you been up to?

안녕, Gabriel! 오랜만이네요. 요즘 뭐 하고 지내셨나요?

Hey, yeah. I've been away on summer vacation with my family.

네. 가족들이랑 여름휴가 다녀왔어요.

3

Mr. Johnson, are you busy right now? If you're not up to anything important, I'd like to see you in my office.

Johnson 씨, 지금 바빠요? 중요한 일 없으면, 내 사무실에서 좀 봤으면 하는데.

Okay, I can put this aside for a moment. See you in five minutes.

네, 이건 이따가 하겠습니다. 5분 후에 뵙겠습니다.

카카오톡 메시지

What are you guys up to tonight? If anyone's down, I was thinking of heading to Gwanghwamun to watch the game. I know it's gonna be cold, but I don't want to miss all the excitement. We might not ever have another chance like this.

너희들 오늘 밤에 뭐 해? 괜찮으면 광화문 가서 경기를 보면 어떨까 해. 춥겠지만 열기를 느끼고 싶어서 말이야. 어쩌면 이런 기회가 다시는 없을 수도 있으니까.

FURTHER STUDIES

✓ '일정' 관련 표현 몇 가지를 살펴보겠습니다. 시간이 되느냐고 할 때 가장 쉽게 쓸 수 있는
단어는 free이겠죠.

> ex **Are you free for lunch?**
>
> 점심 식사할 시간 되나요?

✓ available 역시 '시간이 되다/안 되다'라고 할 때 가장 흔히 사용되는 표현입니다.

> ex **He is not available for a meeting tomorrow.**
>
> 그는 내일 회의할 시간이 안 됩니다.

✓ 약속이 있을 경우 다음과 같이 표현합니다.

> ex **I already have plans, actually.**
>
> 사실 선약이 있습니다.

✓ 그렇다면 일정을 '뒤로 미루다'는 어떻게 표현할까요? push back이라는 구동사를 써서
We need to push back the meeting to next Friday.(회의를 다음 주 금요일로
미뤄야겠습니다.)라는 문장을 만들 수 있습니다. 일정을 자유롭게 정할 수 있는 상황에서는
feel free to부정사를 쓰면 됩니다. 예를 들어, "편하실 때 오시면 됩니다."라는 말은 Feel
free to come in at your convenience.로 표현할 수 있습니다.

WORD BANK

- **get nothing going on** : 할 일이 없다, 별일 없다
- **put ~ aside** : ~을 미뤄 두다, 나중에 하다
- **miss all the excitement** : 열기를 놓치다

You caught me just in time.

딱 맞게 전화했네.

 김재우 쌤의 "영어 관찰 일기"

오늘 소개하는 **You caught me just in time.**은 "딱 맞게, 아슬아슬하게 전화했네."라는 표현인데요. 움직이거나 잡기 쉽지 않은 물체를 잡는 것이 **catch** 아니겠어요? 이 의미에서 확장되어 그 사람이 '퇴근하기 직전에', '잠자리에 들기 직전에', '집을 나서기 직전에', 식당 등에서 '주문하기 직전에' 연락이 닿았을 때도 사용할 수 있는 표현이 되었습니다. 따라서 막 자려는 참이었는데 누군가가 전화했을 때 **You caught me just in time.**이라고 하면 "딱 맞게 전화했구나."라는 의미를 전달할 수 있답니다.

MODEL EXAMPLES

1 I'm glad I could catch you before you went to bed.
2 Hi, Andy. You caught me on my way out. Please make it quick!
3 We're about to take off. You caught me just in time.
4 Alex, you caught me just before I got into the shower. What's up?
5 I was hoping to catch you before you left the office.

1 너 자기 전에 내가 딱 맞게 전화를 잘했네.
2 안녕, Andy. 나가려던 참인데 딱 맞게 전화했네. 짧게 부탁해.
3 비행기가 막 이륙하려는 참인데. 아슬아슬하게 전화했구나.
4 Alex, 샤워하려던 참인데 네가 딱 전화를 했네. 무슨 일이야?
5 너 퇴근하기 전에 연락을 해야 할 것 같아서.

1

I know I said I'd eat Chinese with you guys, but I'm feeling a bit sick. I don't think I should have any fried food.

너희랑 중국 음식 먹기로 했는데 내가 몸이 좀 안 좋아. 오늘은 튀긴 음식은 못 먹을 것 같아.

I'll try calling Susan. Maybe I can catch her before she places an order.

내가 Susan한테 전화해 볼게. 주문 넣기 전에 어쩌면 통화 가능할 수 있을지도 모르니.

2

Good to see you, Cheryl! Come on in. Nick is out grabbing drinks for us at the convenience store.

얼굴 보니 좋다, Cheryl! 들어와. Nick은 우리 먹을 술 사러 편의점에 갔어.

Oh, really? I'll see if I can catch him before he checks out. I'm on some medication today.

진짜? 계산하기 전에 통화되는지 한번 봐야겠다. 오늘 약을 먹었거든.

3

Greg, what rate should we charge that company for 10,000 units?

Greg, 만 개에 대해 그 회사에 얼마를 청구해야 할까요?

Just a moment. I'll see if I can catch my boss before he leaves.

잠시만요. 사장님 퇴근하시기 전에 전화 한번 해 볼게요.

I couldn't make it over there to babysit, and my phone was dead, so I had to ask a stranger for his phone. It was good timing. Fred said I caught him just in time, because he would have been out the door just five minutes later.

베이비시팅을 위해 가야 했는데 갈 수가 없었다. 그런데 전화기 배터리가 다 되어서 모르는 사람에게 전화기를 빌려 써야만 했다. 타이밍이 절묘했다. 5분만 늦었으면 나가고 없었을 거라며 Fred는 내가 딱 맞게 전화했다고 했다.

☑ 기본 동사 catch의 활용 폭은 정말 넓습니다. 여러분이 잘 아시는 catch a cold(감기에 걸리다)에서부터 catch a movie(영화를 보다, 영화 한 편 때리다)에 이르기까지 정말 다양한 상황에서 사용되는 동사입니다.

ex **It's kind of a relief to catch a cold because that means I can skip my class tomorrow.**
차라리 감기 걸린 게 다행이다 싶어. 내일 수업 안 가도 되니까.

ex **How can you be so busy that you can't afford two hours to catch a movie with me?**
얼마나 바쁘길래 나랑 영화 보는 데 2시간을 못 내겠다는 거야?

☑ '비행기나 기차를 놓치지 않고 타다'라고 할 때도 catch a flight, catch a train이라고 할 수 있습니다.

ex **I had to take a taxi. That was the only way I could catch the train.**
택시를 탈 수밖에 없었어요. 기차를 안 놓치려면 그 방법밖에 없었으니까요.

☑ 드라마 등을 '실시간으로 보다'라고 할 때도 catch를 쓸 수 있습니다. 다음 예문을 통해 확인해 보세요.

ex **I can never catch my favorite drama because it's on during the week at 6 p.m., while I am still at work.**
내가 제일 좋아하는 드라마가 평일 오후 6시에 방영해서 못 봐. 그 시간에는 회사에 있으니까.

WORD BANK

- **on one's way out** : (~가) 나가는 길에
- **be on medication** : 약물 치료를 받고 있다
- **ask a stranger for** : 모르는 사람에게 ~을 부탁하다, 행인에게 ~을 요청하다

카페나 식당에서 쓸 수 있는 표현

Is that for here or to go?

매장 내에서 드실 거예요, 아님 가져가세요?

 김재우 쌤의 "영어 관찰 일기"

흔히들 사용하는 '테이크아웃'에 해당하는 원어민식 표현이 바로 **to go**인데요. **Is that for here or to go?**(여기서 드시겠어요, 테이크아웃하시겠어요?)라고 표현할 수 있습니다. **to go**, 즉 '가지고 갈 것인지' 묻는 말이니 논리적으로도 이해가 됩니다. 조금 더 나아가서 '테이크아웃해서 가자.'라고 할 때는 **Let's get these coffees to go.**와 같은 식으로 표현합니다.

MODEL EXAMPLES

1 Let's get these coffees to go.

2 You can't go and sit inside restaurants after 9 p.m., but it's still possible to get food to go.

3 I don't think we can eat dessert now. Could we get it to go?

4 People from construction sites often call in big to-go orders around 11.

5 If you bring your own to-go container, they always give you extra black bean noodles.

1 이 커피 테이크아웃해서 가자.

2 저녁 9시가 넘으면 식당 안에서는 드실 수 없지만, 포장은 가능합니다.

3 지금은 디저트를 못 먹을 거 같아서요. 포장해 주실 수 있을까요?

4 (식당 주인이 직원들에게 하는 말) 건설 현장 사람들이 오전 11시쯤에 픽업 음식을 대량으로 주문합니다.

5 (식당에 대해 하는 말) 포장용 그릇을 가져가면 짜장면을 더 줘.

1

I'll just have a coffee as well. But actually, I don't see anywhere we can sit in here.

나도 커피 시킬 건데. 근데 여기 앉을 곳이 없네.

You're right. Let's get those coffees to go.

그러네. 그럼 그 커피를 테이크아웃해서 가자.

2

Can I get a hot americano?

따뜻한 아메리카노 한 잔 주세요.

Sure. Is that a large or a medium, and for here or to go?

네. 라지로 드릴까요, 미디엄으로 드릴까요? 그리고 드시고 가시나요, 테이크아웃인가요?

3

I'd like to get these dumplings to go.

이 만두 포장해 주세요.

I can do that for you, but I'd recommend against it. They're really only good when they are fresh.

그렇게 해 드릴 수는 있지만 추천하지는 않습니다. 금방 만들었을 때가 맛이 있거든요.

CASES IN POINT 뉴스 기사

More and more businesses are saving on rent by switching to to-go only business models. By not offering dine-in service, they eliminate the need for indoor seating and decorations. Many restaurants report delivery and take-out orders account for 60-70% of their business anyway.

포장 전문 비즈니스 모델로 바꿈으로써 임대료를 아끼려는 업체들이 늘고 있습니다. 매장 내 식사를 제공하지 않음으로써 매장 좌석, 인테리어 등이 필요 없어지는 것이죠. 많은 식당들에 따르면 배달 및 테이크아웃 주문이 전체 매출의 60에서 70퍼센트를 차지한다고 합니다.

식당에서 쓸 수 있는 영어 표현 몇 가지를 소개합니다. 일행이 몇 명인지 묻는 How many in your party?라는 질문에 "혼자 왔습니다."라고 한다면 Just one. 또는 It's just me.로 표현하면 됩니다. "다섯 명입니다."는 There are five of us.라고 하면 됩니다. 종업원이 주문을 확인할 때는 Let me repeat that back to you. You'd like ~.(주문을 다시 확인하겠습니다. ~ 시키신 거 맞죠?) 또는 Let me make sure I have this right. (제가 맞게 주문을 받은 건지 확인할게요.) 등으로 표현합니다.

You want me to top up your water while I'm here?는 종업원이 "물 좀 더 따라 드릴까요?"라고 묻는 말인데요, 이때 "괜찮습니다. 고맙습니다."라고 하려면 I'm good. Thanks, though.라고 답하면 된답니다. "접시를 치워도 될까요?"라고 묻는 말인 Do you mind if I clear away your plates?에 대한 답으로 Sure. We're all done here. (그렇게 하세요. 다 먹었습니다.)라는 표현도 익혀 두세요!

WORD BANK

- **I'd recommend against it.** : 그것을 추천해 드리지 않습니다.
- **eliminate the need for** : ~에 대한 필요성을 없애다
- **account for 퍼센트 수치** : ~퍼센트를 차지하다

How about we meet at Sookmyung Women's University Station?

숙대입구역에서 만나는 게 어떨까요?

김재우 쌤의 "영어 관찰 일기"

How about 구문은 다음 두 형태로 쓰입니다. ① **How about 주어 동사?** ② **How about 동명사?** ①은 ②보다 좀 더 격식 있는 자리에서 조심스럽고 예의 바르게 제안하는 느낌이 드는 반면, ②는 친구끼리 격이 없는 상황에서 자유롭게 사용할 수 있는 표현입니다. 이보다 더 조심스럽게 상대의 의견을 구할 때는 **What would you say to 동명사?** 구문을 사용해서 **What would you say to moving the meeting to Friday?**(회의를 금요일로 옮기는 게 어떠실지요?)와 같이 쓸 수 있습니다.

MODEL EXAMPLES

1 How about we meet at 6 on Tuesday?

2 How about we grab lunch at that pizza place across the street?

3 How about turning it off and on again?

4 How about setting him up with Melinda?

5 How about we hold off on raising the prices?

1 우리 화요일 6시에 만나는 거 어때요?

2 길 건너 피자 가게에서 간단하게 점심 먹으면 어떨까요?

3 전원을 껐다가 다시 켜면 어떨까?

4 그 친구 Melinda랑 자리 마련해 주면 어떨까?

5 가격 인상을 조금만 보류하면 어떨까요?

1

Ashley said she saw Johnnie on a date with another girl!

Ashley 말로는 Johnnie가 다른 여자랑 데이트하는 거 봤대!

Hold on, how about we ask him about it before jumping to conclusions?

잠시만, 섣불리 판단하기 전에 우선 그 사람한테 한번 물어보면 어떨까?

2

It seems like you've been doing nothing but work for months. How about you take some time off and recharge?

보니까 몇 달째 일만 하는구나. 좀 쉬면서 재충전을 하는 건 어때?

I wish I could, but I have a deadline coming up.

그러고 싶은데, 마감일이 임박해서 말이지.

3

Leasing will be pretty expensive. It looks like they only have brand new cars available.

차를 리스하면 꽤 비쌀 거야. 리스 업체에는 신차만 있는 것 같아.

How about we just buy a cheap car then? I've seen some good deals on Passo.

그럼 저렴한 차를 사는 건 어떨까? 파쏘에서 싸게 나온 차들을 좀 봤거든.

사내 메시지

It's the beginning of September, so it is almost time for our usual end-of-summer clothing sale. I was thinking, however, that we could change the timing. How about we hold off on cutting prices until our competitor comes out with their new product line? That way, they won't steal as many of our customers.

9월 초네요. 여름 의류 세일에 들어가야 할 시점이군요. 그런데 세일 시점을 좀 바꾸면 어떨까 합니다. 경쟁사가 신제품 라인을 선보일 때까지는 가격 인하를 보류하면 어떨까요? 그러면 고객을 덜 빼앗길 테니까요.

✅ SMALL TALK 2번 대화에 쓰인 nothing but이라는 표현을 살펴보겠습니다. nothing but은 직역을 하면 '~을 제외하고는 아무것도'라는 의미로 '오직' 또는 '~만'이라는 의미로 사용되는 표현입니다. 일상 대화에서도 자주 사용되는 만큼 다음 예문을 통해 숙지해야겠습니다.

ex You are causing nothing but trouble.

넌 정말 말썽만 피우는구나.

ex I have nothing but good things to say about the new job.

새로 시작한 일은 좋은 점 밖에 없어.

ex He ate nothing but white rice the whole trip.

그는 여행 내내 흰 쌀밥만 먹었다.

ex He drinks nothing but Jamong soju, but today he went for pomegranate.

그 친구는 자몽 소주만 마시는데 오늘은 석류(석류 소주)를 마셨어.

ex I heard a lot of bad things about Sarah, but she's been nothing but kind to me.

Sarah에 대해 안 좋은 말을 많이 들었지만 나한테는 잘 해 주기만 해.

WORD BANK

- **set A up with B** : A에게 B와의 만남의 자리를 주선하다
- **hold off on** : ~을 보류하다, 연기하다
- **do nothing but work** : 일만 하다

CHAPTER 3

**"벌써 여기까지 오셨군요!
이번 고비를 넘기면 반은 성공한 겁니다!"**

DAY 041 ~ DAY 060

☑ Check

- ☐ I got you a coffee!
- ☐ I'm good.
- ☐ You figured that out right away.
- ☐ I could really use a cup of coffee.
- ☐ It's nice of you to say so.
- ☐ I can't complain at all.
- ☐ You owe me five bucks.
- ☐ I feel the same way.
- ☐ Transferring twice feels like a huge hassle.
- ☐ That's just how things work here.
- ☐ I want to get better at golf.
- ☐ I can't seem to find (the) time to exercise.
- ☐ Daiso has pretty good products for its prices.
- ☐ Let's catch up over lunch.
- ☐ Swing by my place for coffee before work.
- ☐ I'm afraid I already have plans.
- ☐ Money is a bit tight right now.
- ☐ What are the hours like?
- ☐ I have a lot on my plate at work, but it's nothing I can't handle.
- ☐ That calls for a party!

I got you a coffee!

커피 사 왔어요!

 김재우 쌤의 "영어 관찰 일기"

〈테드 래소〉라는 애플 TV 드라마를 보면 축구팀 감독이 구단주에게 다음과 같이 말합니다. **I also got you a little box of chocolate truffles.**(제가 오늘은 초콜릿 트러플도 준비했습니다.) 4형식 구문인 **get 사람 사물**이 쓰인 좋은 사례인데요, '~에게 …을 가져다주다'가 기본적인 의미입니다. 예를 들어, 바에서 "맥주 한 잔 더 갖다주시겠어요?"라고 한다면 **Could you get me another beer, please?**로 표현하면 됩니다.

MODEL EXAMPLES

1 Could you get me a glass of water while you're up?

2 Thanks for getting me such nice hand cream! You didn't have to.

3 I'm thinking about getting my students some skin lotion for Christmas.

4 What did you get your wife for her birthday?

5 Do you mind going out and getting us a taxi while I pay?

1 일어난 김에 물 한 잔 가져다줄래요?

2 멋진 핸드크림 선물로 주셔서 감사해요! 그러지 않으셔도 되는데.

3 학생들에게 크리스마스 선물로 스킨로션을 해 줄까 생각 중입니다.

4 아내분 생일 선물을 뭐 해 주셨어요?

5 제가 계산하는 동안에 나가서 택시 좀 불러 주실 수 있을까요?

1

Good morning. It's Children's Day, so I got the kids some snacks. Would you like some?

안녕하세요. 오늘은 어린이날이라서, 애들 주려고 과자를 사 왔어요. 좀 드시겠어요?

Oh, wow! You're so thoughtful. I'll have a cookie, thanks.

우와! 선생님 너무 친절하세요. 저는 쿠키 먹을게요, 감사합니다.

2

I really can't handle the winters here. Even in the classroom, I'm always freezing!

이곳 겨울 날씨 너무 힘드네요. 교실 안에 있어도 얼어 죽을 것 같아요!

Is it much warmer back home? Hold on, I'll get you a sweater from my office.

고향은 훨씬 더 따뜻한 거예요? 잠시만요, 사무실 가서 스웨터 갖다 줄게요.

3

My girlfriend's birthday is coming up and I'm not sure what to get her. Do you have any suggestions?

여자 친구 생일이 얼마 안 남았는데 뭘 사 줘야 할지 모르겠어. 혹시 추천할 거 있을까?

Well, as long as it's thoughtful, I'm sure she'll love anything you get her!

음, 마음이 담긴 거라면, 뭘 해 줘도 좋아할 거야!

It was so kind of you to get me a bottle of wine while you were in Greece. You know how much I enjoy Greek wine. Now I feel like I have to get you something. Is there anything you want from America?

그리스 가셨을 때 저에게 와인을 한 병 사다 주신 것 너무 감사해요. 제가 그리스 와인을 얼마나 좋아하는지 아실 거예요. 저도 무언가를 해 드려야 할 것 같은데요. 제가 미국 가서 뭐 사다 드릴 게 있을까요?

✅ get 사람 사물은 '(물리적으로) ~을 가져다주다'라는 의미 외에도 '~에게 선물로 …을 해 주다', '~를 위해 …을 사 가지고 오다', '~를 위해 예약을 잡아 주다', '~를 위해 택시를 불러 주다' 등등 다양한 상황에서 사용되는 구문입니다. 각각의 예문을 살펴보겠습니다.

ex I was thinking of getting my girlfriend nice earrings for her birthday.

여자 친구 생일 선물로 멋진 귀걸이를 해 줄까 합니다.

ex Do you want me to get you anything from CU?

내가 CU에서 뭐 사다 줄까?

ex A: Your hair is great! Who's your stylist?

머리 너무 멋지다! 어떤 디자이너야?

B: I go to this guy in Hongdae. Want me to get you an appointment?

홍대에 있는 디자이너에게 머리를 하는데, 내가 예약 잡아 줄까?

ex A: Is there a bus stop nearby?

이 근처에 버스 정류장 있어요?

B: No, I'm sorry. Would you like me to get you a taxi?

없는데요. 제가 택시를 불러 줄까요?

WORD BANK

- **I really can't handle** : ~을 견디기 힘들다
- **it is so kind of you to부정사** : ~해 주셔서 매우 감사합니다
- **get 사람 an appointment** : ~에게 예약을 잡아 주다

정중하게 거절하기

I'm good.

저는 괜찮습니다.

김재우 쌤의 "영어 관찰 일기"

상대의 제안을 거절할 때는 **I'm good.**(괜찮아요.)이라는 표현을 쓸 수 있습니다. 영어 학습자들에게 가장 익숙한 **No thanks.** 역시 같은 의미입니다. 하지만 이 표현은 친구, 동료, 카페 직원 등 거의 모든 대상에게 쓸 수 있는 반면, 처음 여자 친구의 부모님을 만나는 자리처럼 예의를 갖추어야 하는 상황에서는 자칫 무례하게 들릴 수도 있습니다. 그런 경우에는 **I'm good.**이 더 적절합니다.

MODEL EXAMPLES

1 I'm good, thanks.

2 A: Would you like another piece of cake?
  B: No thanks, I'm totally good.

3 A: You need any more, Kelly?
  B: No thanks, I'm good.

4 I'm good with what I already have.

5 Do you want anything from the convenience store, or are you good?

1 고맙지만 저는 괜찮아요.

2 A: 케이크 한 조각 더 드실래요?   B: 아니요, 정말 괜찮아요.

3 A: Kelly, 더 줄까요?   B: 아니요, 괜찮아요.

4 (상대방이 음식이나 술을 더 시킬지 물었을 때) 지금 이것만으로도 충분해요.

5 편의점에서 뭐 사다 줄까, 아님 괜찮아?

1

Would you like anything else to eat or drink, Sir?

뭐 좀 더 드시겠어요, 손님?

No thanks, I'm good.

고맙지만 괜찮아요.

2

I'm stopping by the store on my way home, would you like anything?

집에 가는 길에 가게 들를 건데, 뭐 필요한 거 있어?

Oh, no thanks, I'm good!

아니, 괜찮아.

3

I heard you're moving this weekend. My husband and I could come and help if you need it.

너 이번 주말에 이사한다며. 필요하면 남편이랑 내가 가서 도와줄게.

Oh, thanks for the offer! My brother is already coming to help, so I think we're good.

아, 제안 고마워! 남동생이 이미 와서 도와주기로 했으니 괜찮을 것 같아.

CASES IN POINT 카카오톡 메시지

A: I'm finally on my way to the party. Sorry for running late. What do you guys need? Drinks, snacks? I don't want to come empty-handed.

B: I actually think we're good for now. The guys who are already here brought more than enough. If we need something else later, it can be your treat, though.

A: 나 이제야 파티 가는 길이야. 늦어서 미안해. 필요한 거 있을까? 술, 아님 과자? 빈손으로 가면 좀 그렇잖아.

B: 우선은 괜찮아. 애들이 너무 많이 가지고 왔거든. 이따가 뭐 필요한 거 생기면 네가 사렴.

✅ good에는 여러가지 용법이 있습니다. 먼저 식당에서 웨이터 분이 커피잔에 커피를 따라 주는 상황에서 "그 정도면 됐습니다."라고 할 때는 다음 대화문에서와 같이 good을 사용합니다.

ex A: Would you like more coffee?

커피 더 드시겠어요?

B: Just a little please. — Okay. That's good.

네 조금만 주세요. — 네. 그 정도면 됐습니다.

✅ '유효 기간, 사용 기간'을 말할 때도 good을 쓴다는 점, 흥미롭지 않나요?

ex Almond milk is good for a month or more after opening.

아몬드 우유는 개봉하고도 한 달이 더 간다.

ex The coupons are only good for two weeks. Don't miss out.

이 쿠폰의 유효 기간은 딱 2주 입니다. 기회를 놓치지 마세요.

✅ '준비되다'라고 할 때 역시 good을 사용할 수 있습니다.

ex I'm good to go!

(줌 세션 진행 중 음향 문제가 해결된 상황) 이제 준비됐습니다!

ex It should be good to go in a minute.

(발표하려는데 갑자기 컴퓨터가 작동되지 않는 상황) 금방 될 거예요.

WORD BANK

- **stop by** : ~에 들르다
- **come empty-handed** : 빈손으로 오다

여러모로 쓸모가 많은 figure out 활용하기

You figured that out right away.

눈치가 빠르시네요.

 김재우 쌤의 "영어 관찰 일기"

figure out은 '어려운 수학 문제를 풀거나', '어떤 사람인지 파악하거나', '처음 쓰는 청소기 사용법을 알아내거나', '서울의 복잡한 지하철 시스템을 이해하거나', '뭘 먹을지 고민하거나' 하는 수많은 상황에서 사용하는 범용성 '갑'인 구동사입니다. **out**은 뭔가 꼬여 있는 것을 '풀다'라는 의미를 내포하고 있기 때문에 '어려운 것, 알기 쉽지 않은 것을 알아내다'라고 할 때 원어민들은 늘 **figure out**이라는 표현을 씁니다. 예를 들어, "그 사람이 어떤 사람인지 아직 잘 모르겠어요."라고 한다면 **I still can't figure him out.**이라고 할 수 있습니다.

MODEL EXAMPLES

1 I can't figure out how to fix my a/c. I need to call a technician.

2 Bring your homework over here. We can figure it out together.

3 Seoul's subway system might be a bit hard for foreigners to figure out.

4 I've been out of work for five months now. I can't figure out what to do next.

5 I've gone through my whole closet, and I still can't figure out what to wear.

1 나는 에어컨 도저히 못 고치겠다. 기술자 불러야겠어.

2 숙제를 이리 가져와 보렴. 같이 풀어 보자.

3 외국인들한테는 서울 지하철이 좀 헷갈릴 수도 있을 거예요.

4 지금 다섯 달째 쉬고 있습니다. 다음에 뭘 해야 할지 막막합니다.

5 옷장을 다 뒤져 봤는데도 뭘 입어야 할지 모르겠네.

SMALL TALK

1

Um, hello! I'm sorry, can you help me? I'm on my way to see my daughter at Korea University, but I can't figure out how to get over there.

음, 저기요! 죄송한데 좀 도와주실 수 있어요? 제 딸 만나러 고려대에 가는 길인데, 가는 방법을 도무지 알 수 없어서요.

Oh! Sure, I can help. It's not too hard. Here, if you download a subway app, you'll be able to figure it out easily!

네, 당연히 도와드려야죠. 그렇게 어렵지 않습니다. 여기 지하철 앱 다운로드하시면, 가는 길 쉽게 알 수 있을 거예요!

2

You still haven't figured out how to put together the desk? I don't like all this mess.

아직도 책상 조립하는 방법을 못 알아낸 거야? 뭐가 이렇게 지저분해.

No. I might need to call the store for help.

아직 못했어. 아무래도 매장에 전화해서 도움을 구해야겠어.

CASES IN POINT   비즈니스 이메일

I'm sorry for the continued delay, but our machines have been malfunctioning and so we are currently unable to complete orders. We're trying to figure out what exactly went wrong. It is likely a mechanical issue and a part that needs replacing. Once this problem is resolved, we'll be able to fulfill your order right away.

(배송 지연 상황에 대해 거래처에 설명하는 내용의 이메일)

계속 지연되어 죄송합니다만, 저희 쪽 기계가 고장이 나서 현재 주문 건을 처리할 수 없는 상황입니다. 정확한 문제 원인을 파악 중입니다. 기계적 문제와 교체가 필요한 부품 때문인 것 같습니다. 문제가 해결되면, 주문 건을 바로 처리할 수 있습니다.

figure out은 워낙 사용이 많은 구동사이기 때문에 다시 한번 정리해 보려고 합니다. 아래와 같이 다양한 상황에서 figure out을 활용할 수 있습니다.

1 복잡한 기기 등의 사용법을 알아내다, 어려운 수학 문제 등을 풀다, 답을 찾다

ex Once I figured out how to use KakaoMap, life got easier.

카카오맵 쓰는 법을 알고 나니까, 삶이 편하네.

2 누가 어떤 사람인지를 파악하다

ex I've been seeing my girlfriend for 10 years, and I still can't figure her out.

여자 친구를 10년 동안 만나왔는데도 아직도 그녀를 모르겠어요.

3 어떠한 문제를 해결하기 위한 방법을 찾다, 알아내다

ex Even my doctor can't figure out what's causing my migraines.

의사 선생님 조차도 제 두통의 원인을 모르십니다.

4 무엇을 먹을지, 앞으로 어떻게 살아가야 할지, 어떤 학교나 회사에 지원을 해야 할지 고민을 하다

ex Let's figure out what to eat then.

뭘 먹을지는 만나서 정하자.

5 자신의 성 정체성, 종교적 색채 등을 깨닫게 되다

ex I don't think I really figured out my sexual orientation until I was in my 40s.

저는 40대가 되어서야 저의 성 정체성을 알게 되었답니다.

WORD BANK

- **all this mess** : 지저분함, 난장판
- **malfunction** : 제대로 작동하지 않다
- **be able to fulfill** : ~를 충족시킬 수 있다, 감당할 수 있다

I could really use a cup of coffee.

커피 한 잔 마시면 좋겠네요.

 김재우 쌤의 "영어 관찰 일기"

I could use ~.는 **I need ~.**와 비슷하다고 할 수 있지만, 분명 뉘앙스에 차이가 있습니다. '대놓고' 무엇이 필요하다는 느낌이 아니라 '넌지시, 간접적으로' 필요함을 전달하는 뉘앙스이죠. 예를 들어, 무거운 걸 옮기다가 힘에 부칠 때 **I could really use your help.**라고 하면 "좀 도와주면 좋을 텐데."의 느낌을 주어 **Can you help me with this?**보다 간접적인 표현이 됩니다. 이때 **really**를 넣어서 사용하는 경우가 많은데 그래야만 좀 더 '간절하게' 들리기 때문입니다.

MODEL EXAMPLES

1 I could use your help moving this desk.
2 You look like you could really use some time off.
3 We could use a better marketing strategy.
4 Sorry, I'm $50 short on rent and could use some help.
5 I hardly slept last night. I could really use a coffee.

1 이 책상 옮기는 거 좀 도와줬으면 좋겠는데.
2 보니까 너 당분간 좀 쉬어야겠다.
3 지금 마케팅 전략으로는 안 됩니다.
4 미안한데 내가 월세 낼 돈이 오십 달러 부족한데 네가 좀 도와주면 좋을 텐데.
5 어젯밤에 거의 못 잤어. 커피가 필요해.

1

 You're still studying? It's been hours. Have you been working this whole time?

아직 공부하고 있는 거야? 몇 시간째야. 계속 안 쉬고 하는 거야?

Yeah, I have. I could really use a break, honestly. Are you down for some coffee?

응. 솔직히 좀 쉬긴 해야 할 듯. 커피 마실까?

2

 Do you know any Japanese tutors, Daniel? I feel like my Japanese could use some work before I fly to Osaka next month.

혹시 일본어 선생님 아는 분 있을까요, Daniel? 다음 달 오사카 가기 전에 제 일본어 좀 다듬어야 할 것 같아서요.

I wish I could help. Everyone I know just teaches English.

도움이 될 수 있으면 좋은데. 제가 아는 분은 전부 영어 선생님이라서요.

3

 Here. Try a bit of this sauce. What do you think?

여기. 이 소스 살짝 맛 좀 봐 봐. 어때?

Yeah. Not bad. Umm... it could just use a little more salt.

응. 나쁘진 않은데. 음⋯ 소금을 조금만 더 넣어야겠다.

CASES IN POINT 카카오톡 메시지

Hey, Nick! You know that novel I've been working on? I feel like I'm stuck. I just can't figure out where this story is going. Man, I don't know. I could really use some soju right about now. Are you down? My treat.

안녕, Nick. 나 소설 쓰는 거 알지? 진도가 안 나가. 이야기가 어느 방향으로 흘러가고 있는지 도무지 감이 안 잡혀. 정말 모르겠어. 지금 소주가 정말 필요하네. 한잔 콜? 내가 살게.

✅ '커피 마시면 좋겠는데', '소주가 필요한데'와 같이 상대에게 넌지시 눈치를 주는 표현이 could use라면 이보다 좀 더 직설적으로 '~가 무지 당기네'에 해당하는 영어 표현은 go for입니다. 다음 예에서 확인할 수 있습니다.

> ex **I could really go for pork belly today.**
>
> 오늘 삼겹살이 당기네.

> ex **I could really go for coffee.**
>
> 커피가 무지 당기네.

> ex **I could really go for something sweet.**
>
> 단 게 당기네.

> ex **I could go for a cold beer right now.**
>
> 지금 당장 시원한 맥주가 당긴다.

이처럼 go for는 음식이나 마실 것이 당길 때 자주 사용하는 표현이랍니다.

WORD BANK

- **be short on** : ~할 돈이 부족하다, 모자라다
- **take a bite of** : ~을 한 입 먹어보다
- **I feel like I'm stuck.** : 진도가 나가지 않는 느낌이다., 꼼짝 못 하게 된 기분이다.

칭찬에 대해 감사 표현하기

It's nice of you to say so.

그렇게 말씀해 주셔서 너무 고맙습니다.

 김재우 쌤의 "영어 관찰 일기"

상대가 칭찬해 주거나 듣기 좋은 말을 해 줄 때 원어민들은 **It's nice of you to say so.**라고 하거나, 조금 더 격식 있는 자리에서는 **Thank you for saying so.**라고 합니다. 그런데 우리는 매일 **Thank you.** 또는 **Thanks a lot.** 그리고 **Thank you so much.**만 남발하고 있죠. 맞장구치는 영어 표현을 많이 익혀서 입에서도 자연스럽게 나오도록 해야 원어민들과의 대화가 어색하지 않게 이어질 수 있습니다.

MODEL EXAMPLES

1 You think so? That's so nice of you to say.

2 How nice of you to say so!

3 That's so sweet of you to say something like that.

4 You're kidding, right? Thank you for saying so, but I'm still not quite happy with it.

5 It's nice of you to offer, but I don't really need any more help.

1 정말 그렇게 생각하세요? 말씀 너무 고맙습니다.

2 말씀 정말 고마워요!

3 그렇게 말씀해 주시다니 너무 고맙네요.

4 (머리가 잘 됐다는 상대의 말에) 농담이죠? 말씀 감사한데, 저는 그렇게 만족스럽지는 않네요.

5 (이사하는 걸 도와주겠다는 친구에게) 제안은 너무 고맙지만, 지금은 더 이상의 도움은 필요 없어서 말이야.

1

What a beautiful cafe! It's just what this neighborhood needed.
카페가 어쩜 이렇게 이뻐요! 이 동네에 딱 필요했던 거예요.

How nice of you to say so! I put a lot of effort into making it look just right.
말씀 고마워요. 예쁘게 꾸미려고 엄청 신경 썼답니다.

2

Don't worry so much about passing the interview. I can't imagine anyone more qualified.
면접 통과에 대해 너무 걱정하지 말아. 네가 안 되면 누가 되냐?

Thank you for saying so, but I'm not so sure.
그렇게 말해 주니 고맙지만, 잘 모르겠어.

3

I'm so impressed with your writing, James. You've really improved. It's almost like you hired a professional to write for you.
에세이 정말 인상적이군, James. 자네 많이 늘었어. 전문 에세이 쓰는 사람을 고용해서 쓴 것처럼 말이지.

Haha! That's nice of you to say, Ms. Brown. This essay is all mine.
하하! 말씀 감사드려요, Brown 교수님. 이건 완전 제가 쓴 거예요.

A: How have you been? It sounds like your English has really improved since you stopped taking my classes. What's your secret?

B: That's nice of you to say. Honestly, it's all thanks to you. I've just been doing the same exercises you taught me.

A: 그동안 어떻게 지냈어요? 제 수업 그만두고 영어가 진짜 많이 나아진 것 같네요. 비밀이 뭔가요?
B: 말씀 너무 고마워요. 솔직히 다 선생님 덕분이에요. 선생님이 가르쳐 주신 걸 계속 연습하고 있거든요.

✅ 칭찬과 감사 표시를 할 때 쓸 수 있는 표현 두 가지를 소개합니다. 무엇을 칭찬한다고 할 때는 동사 compliment를 쓸 수 있는데, 특히 사람을 칭찬할 때는 compliment 사람 on 사물 구문을 활용할 수 있습니다.

> ex **My husband complimented me on my outfit yesterday, and that made my day.**
>
> 어제 남편이 제가 옷 입은 걸 칭찬해 줘서 온종일 기분이 좋았어요.

미국 남부 출신의 한 원어민은 다음과 같은 말을 하더군요.

> ex **When people say I don't have any Southern accent, I take it as a compliment.**
>
> 사람들이 저보고 남부 사투리 안 쓴다고 하는데, 저는 그걸 칭찬으로 받아들입니다.

이처럼 compliment는 명사로도 자주 사용됩니다.

✅ '고맙다'는 표현도 여러 가지가 있습니다. 그중에서 '뭐라고 감사를 드려야 할지' 정도의 뉘앙스를 살리고 싶다면 I can't thank you enough for ~라는 표현이 가장 좋습니다.

> ex **I can't thank you enough for coming all the way out here.**
>
> 여기까지 먼 길 오셔서 뭐라고 감사를 드려야 할지.

WORD BANK

- **put a lot of effort into -ing** : ~하는 데 많은 노력을 기울이다
- **be so impressed with** : ~을 매우 인상적으로 생각하다
- **it's all thanks to 사람** : 모두 다 ~의 덕분이다
- **make one's day** : ~를 기쁘게 하다

동사 complain을 이용해 의견 말하기

I can't complain at all.

나쁘지 않아요.

 김재우 쌤의 "영어 관찰 일기"

"새 직장 어때요?"라는 질문에 "나쁘진 않아요." 정도의 느낌으로 대답하고 싶다면 **I can't complain, but ~**이라는 표현을 사용하면 됩니다. 이 표현은 화자의 표정이나 어조에 따라 뉘앙스가 조금씩 다르게 들릴 수 있습니다. 때로는 나쁘지 않지만 '별로'라는 부정적인 느낌을 주는가 하면, "나쁘지 않아요.", "나름 뭐." 정도의 의미까지 전달할 수 있는 팔색조의 매력을 지닌 표현이죠. 뒤에 **at all**을 붙여서 **I can't complain at all.**이라고 하면 좀 더 긍정적인 느낌을 줄 수도 있습니다.

MODEL EXAMPLES

1 I can't complain. Things are going pretty well.

2 I've been feeling a little out of sorts lately, but I can't complain.

3 I can't complain. He is easy to work with.

4 The tacos I've had in Korea are much less spicy. I can't complain, though.

5 I can't complain at all. The handling was pretty good.

1 (요즘 좋아 보인다는 말에 대해) 나쁘지 않아요. 일이 잘 풀리고 있어요.

2 (허리가 안 좋은 사람이) 최근에 몸이 살짝 불편하긴 한데, 그래도 나쁘지 않습니다.

3 (새로운 상사와 일하는 것이 어떠냐는 질문에) 나쁘지 않아요. 같이 일하기 편해요.

4 (서울에서 파는 타코를 먹어 본 외국인이) 한국 타코가 좀 덜 맵긴 해요. 그래도 나쁘진 않아요.

5 (신차 시승을 마친 고객이) 나쁘지 않아요. 핸들링도 꽤 괜찮았어요.

1

I heard that you finally started college. How were the first few weeks?

대학에 다니기 시작했다고 들었어. 처음 몇 주는 어땠어?

Hm. I can't complain. The assignments are really hard, but I know it will be worth it. And besides, I've made a lot of friends already!

음, 나쁘지 않아. 과제는 어렵지만, 그만한 가치가 있을 거야. 게다가 벌써 친구도 많이 사귀었어.

2

Oh, is this your new car? It looks good, but how old is it? Maybe 20 or 25 years old?

이거 이번에 새로 산 차야? 좋아 보이는데 몇 년 된 거야? 20년이나 25년?

Yeah, it's a 2000 model. I can't complain, though. It's hard to find any affordable car in this market.

응, 2000년 식이야. 근데 나쁘지 않아. 요즘은 저렴한 차를 구하기가 너무 힘들잖아.

CASES IN POINT 이메일

Hi Dad,

I heard you were concerned about me riding in the city. I admit the motorcycle itself is a little bit old, but I can't complain. I got a great deal on it. Anyways, please don't worry too much! I'm taking a driving safety course, and I've bought a full set of safety gear.

아빠, 잘 지내시죠?

제가 시내에서 오토바이 타는 것을 많이 걱정하신다고 들었어요. 오토바이가 조금 낡긴 했지만, 나름 괜찮아요. 아주 싸게 샀고요. 너무 걱정 마세요. 안전 운전 과정도 이수하고 있고, 안전 장비도 풀세트로 구매했으니까요.

✔ 완벽하지는 않지만 '그래도 이만하면 괜찮다'에 해당하는 영어 단어는 무엇일까요? 바로 decent인데요. '나름 입을 만한', '꽤 쓸만한', '이 정도면 나쁘지 않은' 정도의 뉘앙스를 가장 잘 담고 있는 단어입니다.

ᵉˣ My boyfriend doesn't have any decent clothes.

내 남자 친구는 괜찮은 옷이 없어.

ᵉˣ Samsung and Apple phones have great cameras, but Xiaomi's are still decent.

애플하고 삼성 폰의 카메라가 멋지긴 하지만, 샤오미 폰도 쓸 만하다.

ᵉˣ I don't mind working out at a community center. Even though the equipment isn't new, it's still decent.

나는 복지관에서 운동하는 것도 괜찮아. 장비가 새것은 아니지만, 나쁘지 않아.

✔ 제가 원어민들에게 특정 영어 표현에 대해 원어민들이 많이 쓰는지 물어보면 decently common이라는 표현을 쓰더군요. terribly common(엄청 자주 쓰는)까지는 아니라도 '제법 흔하게 쓰인다' 정도의 뉘앙스이지요.

ᵉˣ I guess that slang is decently common these days.

요즘 그 속어가 꽤 흔하게 쓰이는 것 같아요.

WORD BANK

- **feel out of sorts** : 몸이 불편하다, 기분이 언짢다
- **be worth 명사** : ~의 가치가 있다
- **affordable** : 알맞은, 감당할 수 있는
- **be concerned about** : ~에 대해 걱정하다, 염려하다

DAY 047

동사 owe를 이용해 갚아야 할 돈이나 신세에 대해 말하기

You owe me five bucks.

너 나한테 5달러 줄 거 있어.

 김재우 쌤의 "영어 관찰 일기"

owe라고 하면 '빚지다'라는 의미가 가장 먼저 떠오를 듯합니다. 하지만 owe만큼 다양하게 사용되는 동사도 없을 정도이지요. '빚지다'의 의미 그대로 사용된 **How much do I owe you?**(얼마를 드리면 되나요?) 같은 문장도 있지만, 추상적인 의미로 확장되어서 "제가 신세를 졌네요."라든지 "그분들한테 진짜 고맙죠."라고 할 때도 **I feel like I owe them a lot.**이라고 합니다. 미드를 보거나 원어민들과 대화할 때 owe를 얼마나 다양하게 쓰는지 잘 관찰하고 그때마다 꼭 정리해 두길 바랍니다.

MODEL EXAMPLES

1 You owe me 100,000 won.

2 Want me to grab you something from the coffee shop? I owe you lunch, anyway.

3 I owe you a favor for helping me move.

4 You owe me 20 push-ups in our next session.

5 Why do you accept such poor treatment from your supervisors? You act like you owe them something.

1 너 나한테 십만 원 갚을 거 있잖아.

2 카페에서 뭐 좀 사 갈까? 나 어차피 너한테 점심 사야 돼.

3 이사하는 거 도와주셔서 제가 신세를 졌네요.

4 (헬스 트레이너가 하는 말) 그럼 다음 수업에서는 오늘 못 한 팔굽혀펴기 스무 번 하셔야 합니다.

5 상사들이 널 그렇게 대하는데도 왜 받아 주는 거야? 무슨 빚이라도 진 사람 같아.

1

I really appreciate you getting this fixed so quickly. So how much do I owe you?

이렇게 빨리 수리해 주셔서 정말 감사합니다. 얼마 드리면 되나요?

Just paying for the parts would be good enough. It wasn't any trouble.

부품값만 주시면 됩니다. 뭐 크게 어려운 것도 아니었는데요.

2

I don't know. I just feel bad leaving my job like this. Should I help them find my replacement? Or should I give them a nice good-bye gift on my last day?

잘 모르겠어. 이렇게 그만두니 마음이 안 좋아. 후임자 찾는 걸 도와줘야 할까? 아님 마지막 날 좋은 이별 선물이라도 해야 할까?

Forget about it, Alex! You don't owe them anything. Leave and never look back!

잊어버려, Alex! 뭘 고마운 게 있다고. 뒤도 돌아보지 말라고!

CASES IN POINT 비즈니스 이메일

Good afternoon, Mr. Bernstein,

I would like to thank you again for the terrific job you did catering my daughter's wedding on the 19th. I'm writing to ask for an invoice. Please let me know exactly how much I owe you, and I will transfer the money to your account on Monday.

안녕하세요. Bernstein 씨,

19일에 있었던 제 딸 결혼식 식사 준비를 너무 잘해 주셔서 다시 한번 감사하다는 말씀을 드립니다. 청구서를 요청하려고 메일 드립니다. 정확한 금액 알려 주시면 월요일에 계좌로 송금하겠습니다.

✅ 자동차 수리와 같은 서비스에 대한 비용을 물어볼 때 원어민들이 How much do I owe you?라고 표현하는 것을 볼 수 있는데요. How much does it cost?는 '정가'가 얼마인지 묻는 느낌인데 반해 How much do I owe you?는 정해지지 않은 가격에 대해 "얼마 드리면 되나요?"의 뉘앙스입니다.

✅ owe는 금전적인 부분뿐만 아니라 '신세, 마음의 빚' 등과 같은 심리적, 정신적인 빚을 이야기할 때도 자주 사용되는데요. 다음은 바이든 미국 대통령이 코로나 환자 진료 등에 애쓰는 의료진들에게 전한 말입니다.

ex **We owe it to the doctors and nurses and other front-line workers.**
의사분들과 간호사분들 그리고 그밖에 현장에서 고생하시는 분들 덕분입니다.

✅ 〈세컨드 액트〉라는 영화를 보면 여성 몇 명이 술집에 앉아서 누가 올 거라고 내기를 한 상황에서 내기에서 이긴 여성이 진 여성에게 다음처럼 말하는 것을 볼 수 있습니다.

ex **You owe me five bucks.**
5달러 내놔.

WORD BANK

- **accept poor treatment from** : ~로부터 부당한 대우를 받다
- **find one's replacement** : ~의 후임을 찾다
- **never look back** : 뒤돌아보지 마라
- **transfer the money to one's account** : ~의 계좌로 돈을 송금하다

동감 나타내기

I feel the same way.

저도 같은 생각이에요.

 김재우 쌤의 "영어 관찰 일기"

영어로 "나도 그래."라는 말을 떠올리면 본능적으로 **Me, too.**가 불쑥 튀어나오는데요. 예를 들어, 지난번 그 상점에 갔을 때 "나도 똑같이 느꼈거든."이라고 할 때 **I felt the same way.**라고 할 수 있겠죠. **feel**이라는 동사를 쓴 것에서 알 수 있듯이 주로 기분, 감정에 '공감'할 때 사용합니다. 이러한 표현을 외워 두고도 매번 입에서는 **Me, too.** 또는 **I think so.** 등과 같은 틀에 박힌 표현만 나오는 것을 극복해야만 '영어 잘하는 사람'이 될 수 있겠죠!

MODEL EXAMPLES

1 I'm glad you felt the same way.
2 Were you really happy with the service there? I certainly didn't feel the same way.
3 I don't like working with him, and I think he feels the same way towards me.
4 I want to work with you again someday, and I hope you feel the same way.
5 I'm glad you brought it up. I was feeling the same way.

1 당신도 그렇게 느꼈다니 다행이군.
2 그곳 서비스가 진짜 마음에 들었어? 난 전혀 아닌데.
3 그 사람이랑 일하는 게 싫고, 그 사람도 나에 대해 마찬가지일 거야.
4 언젠가 같이 다시 일했으면 좋겠네요. 당신도 그렇길 바라요.
5 (카페 주인이 음악 소리가 너무 크지 않은지 묻자) 그 이야기를 꺼내 주셔서 다행이네요. 저도 그렇게 느꼈어요.

1

Mr. Johnson, this proposal looks like it was a bit rushed. I see a few typos and such. I think you could have done better.

Johnson 씨, 이 제안서 좀 서둘렀나 봐요. 오타 같은 게 보여요. 좀 더 신경 썼으면 좋았을 텐데요.

Honestly, I feel the same way. I wish I had spent more time on it.

솔직히 저도 그렇게 생각합니다. 좀 더 시간을 들였어야 했어요.

2

Frank, we need to talk. I think we've grown apart.

Frank, 얘기 좀 해. 우리 사이가 좀 멀어진 것 같아.

Yeah, Sally. I've felt the same way for a while now.

응, Sally. 나도 그렇게 느낀 지 좀 됐어.

3

I called Porsche and tried to arrange a repair, but they said I would have to wait until October. It's like they don't care about you unless you're a new customer.

포르쉐에 전화해서 수리 일정 잡으려 했는데, 10월까지 기다려야 된다고 하더라. 신규 고객이 아니면 별로 신경을 안 쓰는 듯.

Yeah, really! I felt the same way the last time I got my oil changed.

응, 맞아! 지난번에 엔진오일 갈 때 나도 그렇게 느꼈거든.

CASES IN POINT 음식점 리뷰에 대한 답변

Thank you for your very kind review of our restaurant. We think that we provide a comfortable atmosphere and unique food, and we're glad you feel the same way. Comments like yours make all of our efforts worth it. We look forward to your next visit.

저희 식당에 대해 좋게 말해 주셔서 고맙습니다. 저희가 편안한 분위기와 특별한 음식을 제공하고 있다고 생각은 하는데, 그렇게 느끼셨다니 너무 좋습니다. 이런 의견 덕분에 노력한 보람을 느낀답니다. 다음 방문도 기다리겠습니다.

✅ '동의하다, 같은 생각이다'라는 표현으로 I agree만 떠올리는 영어 학습자가 많은 것 같습니다. 이 경우 활용하기 좋은 표현이 바로 on the same page입니다. 같은 생각이라는 것을 같은 페이지에 있다고 비유적으로 표현하는 셈인데요. 아래의 예문을 통해 그 쓰임을 알아보겠습니다.

ex **Are we on the same page?**

(회의를 마무리하면서) 우리가 모두 같은 생각인 거죠?

ex **I was just looking for a casual relationship, but he wasn't on the same page.**

저는 그냥 가볍게 만나는 관계를 찾고 있었는데, 남자 쪽은 그게 아니더군요.

ex **I thought we were meeting online, but it turns out we weren't on the same page about that.**

(줌 수업으로 착각한 선생님이 학생에게) 우리가 온라인으로 만나는 줄 알았는데 서로 다르게 알고 있었네요.

ex **I'd like to make sure we're on the same page about our labor contract.**

근로 계약에 대해 모두가 같은 생각인지 확인하고 싶습니다.

WORD BANK

- **bring ~ up** : ~을 주제로 꺼내다, 언급하다
- **grow apart** : (관계 등이) 멀어지다
- **make one's/the effort worth it** : ~의 노력을 가치 있게 하다

Transferring twice feels like a huge hassle.

두 번 갈아타는 게 너무 귀찮게 느껴져요.

 김재우 쌤의 "영어 관찰 일기"

'귀찮다'라는 우리말에 해당하는 영어 표현은 무엇일까요? 문맥에 따라서는 **It is troublesome to부정사.**라고 하거나 **I don't feel like -ing.**라고 할 수도 있지만, 원어민들이 빈번하게 사용하는 표현은 **~ is/are a hassle.** 또는 **It[That] feels [sounds] like a hassle.**입니다. **hassle**은 '번거로운 일'이라는 의미로 '귀찮음'을 나타낼 때 유용한 단어입니다.

MODEL EXAMPLES

1 That feels like a big hassle to me.

2 Does cooking for one feel like too much of a hassle?

3 Coffee beans are a hassle to pick up if you spill them.

4 Keeping my hair short saves me time and hassle in the morning.

5 Josh left the sofa in front of the door. It was such a hassle to get over it every time I went outside.

1 그건 저한테 엄청 귀찮게 느껴져요.

2 혼자 먹으려고 요리하는 게 엄청 귀찮게 느껴지시죠?

3 커피 원두를 쏟으면 주워 담는 게 일이지.

4 머리를 짧게 하면 아침에 시간도 아끼고, 번거롭지도 않아요.

5 Josh가 소파를 문 앞에 두고 갔어. 밖에 나갈 때마다 타 넘고 가는 게 몹시 번거로웠어.

1

When I work out in the morning, it puts me in a good mood, and it's easier to stay focused at work, too.

아침에 운동하면, 기분이 좋아지고 업무 집중도 더 잘 돼.

Yeah, I'd like to start exercising before work too, but it feels like such a hassle.

응, 나도 출근 전에 운동하고 싶은데 귀찮아.

2

We tried fixing the air conditioner ourselves, but it didn't work. We put a big plastic bowl underneath it and have to empty that every hour or so.

저희가 직접 에어컨을 수리하려고 했는데 잘 안됐어요. 그래서 에어컨 아래쪽에 플라스틱 통을 놔뒀는데 한 시간마다 비워 줘야 해요.

Wow! That sounds like such a hassle. At least it's still working. I couldn't live without a/c in this weather.

진짜요? 엄청 번거롭겠어요. 그래도 어떻게든 되기는 하네요. 요즘 같은 날씨에 난 에어컨 없이는 못 살아요.

CASES IN POINT   블로그 포스팅

Getting tested in America was the biggest hassle of my trip. They had a shortage of PCR tests, and I couldn't get a result in time before my flight. I had no choice but to buy a rapid test at the airport, which cost an arm and a leg.

이번 여행에서는 미국에서 코로나 검사 받는 게 가장 번거로웠던 일입니다. 미국은 PCR 검사기기가 부족한 상황이었던 터라, 한국으로 돌아가는 비행 편에 맞춰서 검사 결과가 나오지를 않았지요. 그래서 어쩔 수 없이 공항에서 신속 항원 검사 키트를 사야만 했어요. 근데 너무 비싸더군요.

☑ hassle이라는 단어 앞에 quite, big, huge, too much of, no 등을 붙여서 말의 강약을 조절할 수 있습니다. 아래에서 하나씩 확인해 보겠습니다.

- quite a hassle : 상당히, 꽤나 귀찮은

  ex I hate winter. It's quite a hassle to put on layers every time I want to smoke.

  (밖에 나가 담배를 피워야 하는 상황) 겨울이 너무 싫어요. 담배 피우고 싶을 때마다 옷을 여러 겹 입는 게 너무 귀찮아요.

- too much of a hassle : 너무 귀찮은

  ex It wasn't too much of a hassle for me to pick you up from the airport.

  공항에 너 픽업 가는 게 그렇게 귀찮지는 않았어.

- no hassle at all : 전혀 귀찮지 않은, 번거롭지 않은

  ex A: Why don't you just order groceries online?

  식료품은 온라인에서 주문하지 그래?

  B: Going to the store is no hassle at all for me.

  나는 식료품 상점 가는 게 하나도 안 귀찮은데.

WORD BANK

- **put 사람 in a good mood** : ~를 기분 좋게 하다
- **in time** : 시간에 맞춰
- **cost an arm and a leg** : 큰돈이 들다

관행에 대해 자연스럽게 말하기

That's just how things work here.

여기서는 원래 그래요.

김재우 쌤의 "영어 관찰 일기"

단어 하나하나는 쉬운데 전체 문장을 놓고 보면 단번에 이해되지 않을 때가 많죠. 오늘 소개하는 **That's how things work here.** 또는 **That's how it works here.**와 같은 문장이 대표적인 예일 텐데요. 부정문으로 사용하여 **That's not how it works here.**라고 할 경우 "저희는 그렇게 하지 않습니다.", "우리 회사에서는 일을 그렇게 처리하지 않아요.", "미국은 어떤지 몰라도 이곳 한국은 그렇지 않습니다."와 같이 '업무를 처리하는 방식이나 관행', '특정 사회의 문화나 풍습' 등을 설명할 때 가장 적합한 표현법이 됩니다.

MODEL EXAMPLES

1 You'll often hear excuses like, "but that's just how things work here."

2 That's just how things work in capitalism.

3 At first, I was mad about the CEO's daughter being promoted faster than me. But then I realized that's just how things work at a family-owned company.

4 I wish I had a nice balance between work and home life, but that's not how it works in most Korean companies.

---

1 (업무 방식에 대해 하는 말) "그렇지만 여기는 원래 그래요."라는 변명을 자주 듣게 될 겁니다.

2 자본주의 사회에서는 원래 그런 거죠.

3 처음에는 CEO의 딸이 저보다 먼저 승진해서 정말 화가 났습니다. 근데 가족 운영 기업에서는 원래 그렇다는 걸 알게 되었지요.

4 워라밸이 보장되면 참 좋겠지만, 대부분 한국 기업은 그렇지가 않아요.

1

If you are paying the fare, then I've got the tip!

네가 요금을 내면, 팁은 내가 낼게.

Haha, thanks, but that's not how things work here. We don't tip taxi drivers.

하하, 고맙지만, 한국에서는 그렇게 안 해. 택시 기사분들에게 팁을 안 주거든.

2

If you don't have enough money to pay your rent, can't you just ask your boss for a raise?

월세 낼 돈이 모자라면 사장한테 연봉 올려 달라고 하면 안 돼?

Eh, that's not really how things work at a conglomerate.

앗, 대기업에서 누가 그래.

3

Could you possibly make an exception and let me place an order with only 30% down?

혹시 예외적으로 30%의 금액만으로 주문할 수 있을까요?

I am afraid it doesn't work that way. Everybody has to put down at least 50%.

죄송한데, 그건 힘듭니다. 무조건 50%를 내야 합니다.

CASES IN POINT 외국인 커뮤니티에 올라온 의견

In America, if you accidentally bump into someone as you walk past them, you immediately apologize. But that's not how it works here! This is a very fast paced country and personal space is often disregarded.

미국에서는 지나가다 누군가와 부딪히면 곧장 사과를 합니다. 그런데 여기는 그렇지 않습니다! 이곳은 빨리빨리 사회라서 개인의 공간은 무시되기 일쑤입니다.

✅ SMALL TALK 2번 대화에 등장한 rent라는 단어를 살펴볼까 합니다. 일부 학습자들이 월세를 rent fees로 표현하는 것을 볼 수 있는데요. 원어민들은 fee라는 단어 없이 그냥 rent로 표현합니다. 〈악마는 프라다를 입는다〉라는 영화에서 다음과 같은 대사가 나옵니다. I don't want you to get behind on your rent.(너 월세 밀리면 안 되잖아.) 딸이 걱정되는 아빠가 돈을 건네면서 하는 말이죠. 참고로 fee는 전문적인 서비스에 대한 요금이나 입장료를 가리킬 때 씁니다.

✅ 이와 유사한 경우 몇 가지를 더 살펴보겠습니다. 등록금 역시 tuition이라는 한 단어로 표현하므로 fees 등의 단어를 붙이면 오히려 어색해집니다. "우리가 시킨 음식 네가 픽업해 올래?"라고 할 때 '우리가 시킨 음식' 역시 the food we ordered라고 하지 않고 our order라고 하지요. 원어민들이 한국인의 영어는 지나치게 자세하다는 말을 하곤 합니다. rent, tuition, order라는 단어 속에 이미 '금액'이나 '음식'의 의미가 내포되어 있다는 점을 기억합시다.

ex Did you hear about our tuition going up?

우리 등록금이 오른다는 소식 들었어?

ex Your order will be ready in 10 minutes.

주문하신 음식 10분 안에 준비됩니다.

WORD BANK

- **capitalism** : 자본주의
- **a balance between work and home life** : 일과 가정생활의 균형
- **conglomerate** : 대기업
- **make an exception** : 예외를 두다

I want to get better at golf.

골프를 더 잘 치고 싶어요.

 김재우 쌤의 "영어 관찰 일기"

'더 잘하고 싶다', '실력을 향상하고 싶다'에 해당하는 원어민식 표현으로 **get better (at)**을 꼽을 수 있습니다. 골프든, 피아노든, 요리든, 영어 실력이든 간에 실력 향상을 원한다고 말하고 싶다면 이제부터는 **I want to get better (at ~).**을 입에 붙여 보시기 바랍니다. 언제까지 **improve**(개선하다)만 쓸 수는 없지 않겠어요?

MODEL EXAMPLES

1 If you really want to get better at anything, you should fully commit to it.

2 Hang in there. Once you reach the intermediate level, it takes way longer to get better.

3 Practice is the only way to get better at something.

4 I can't seem to get better at anything.

5 I've been cooking for myself since university, but I still want to get better. It takes me like an hour to make pasta.

1 뭐든 정말 더 잘하고 싶으면 올인을 해야 해.

2 조금만 견디세요. 중급 레벨에 도달하면 실력이 느는 데 훨씬 더 오래 걸리거든요.

3 무언가를 더 잘하려면 연습만이 답이다.

4 저는 뭐든 잘 늘지 않는 것 같아요.

5 대학 때부터 직접 요리해 오고 있어요. 근데 여전히 더 잘하고 싶답니다. 파스타 하나 만드는 데 한 시간이나 걸리거든요.

1

Your English sounds good to me. In fact, I think you're probably better at English than anyone I know.
내가 보기엔 너 영어 잘하는데. 사실 내가 아는 사람 중에 네가 영어를 제일 잘하는 것 같아.

Yeah, but I still feel like I need to get better at speaking.
응, 근데 스피킹은 아직 부족한 느낌이야.

2

I'm thinking of going backpacking around Europe before I get a job. The thing is, I'll probably need to get better at English first.
취업하기 전에 유럽으로 배낭여행 갈까 해. 우선 영어 실력부터 좀 더 키워야 한다는 점이 문제야.

Not a bad idea. You can use English everywhere in Europe.
괜찮은 생각인 듯. 유럽은 어딜 가나 영어를 쓰니까.

3

I feel like I have no skills outside of work.
일 외에는 할 줄 아는 게 없는 기분이야.

You can get better at anything as long as you set aside enough time. You know, my friend, Cheol-soo only took up the flute after retiring, and now he plays semi-professionally.
시간만 투자하면 뭐든지 늘 수 있어. 내 친구 철수는 은퇴하고 플루트 배웠는데 지금은 거의 준프로 수준이거든.

CASES IN POINT 유튜버 논평

When I first started my YouTube channel, it took me like six or seven hours to edit one 10-minute video. I think I'm finally getting better at it, and now I can upload a new video pretty much every day if I want.

처음 제 유튜브 채널을 시작했을 때는 10분짜리 영상을 편집하는 데 6~7시간 걸렸습니다. 지금은 점점 스킬이 느는 것 같습니다. 이젠 원하면 거의 매일 새 영상을 올릴 수 있을 정도가 되었습니다.

✓ '~을 잘한다' 그리고 '~을 못한다'고 할 때는 be good at과 be bad at이라는 두 가지 표현이 자주 쓰이는데요. 이와 더불어 be terrible at 역시 자주 사용되는 표현입니다. 파티에서 상대가 불편해하는 것도 모르고 계속 말을 거는 남편을 대신해 아내가 사과하는 상황에서는 다음과 같이 말할 수 있겠죠.

ex I'm sorry, is my husband bothering you? He's terrible at picking up on hints.

죄송해요, 저희 남편이 귀찮게 하죠? 남편이 눈치가 많이 없어요.

남자 친구가 옷 고르는 감각이 부족하다면 이렇게 말해 볼 수도 있겠습니다.

ex My boyfriend is terrible at picking out clothes.

제 남자 친구가 옷을 정말 못 골라요.

✓ be good at의 경우 약간 응용해서 Are you any good (at it)?(그거 잘하시나요?) 이라고도 표현합니다. 다음 예시를 통해서 확인해 보겠습니다.

ex I heard that you took a class on how to make makgeolli. So, are you any good (at it)?

막걸리 만드는 수업을 들었다면서요. 그럼, 막걸리 잘 만드시겠네요?

WORD BANK

- **fully commit to** : ~에 전념하다
- **pick up on** : ~을 이해하다, 알아차리다
- **pick out clothes** : 옷을 고르다, 옷을 선택하다

시간 여유에 대해 말하기

I can't seem to find (the) time to exercise.

바빠서 운동 할 짬이 안 나네요.

김재우 쌤의 "영어 관찰 일기"

'바쁜 중에도 짬, 시간을 낸다'라는 뉘앙스의 영어 표현은 **make time** 또는 **find (the) time**입니다. **time** 다음에는 **to부정사** 또는 **for 명사/대명사/동명사**를 써서 구체적으로 설명합니다. 바빠서 보기 힘든 남자 친구에게 **Can't you make a little bit of time to see me?**(잠깐 얼굴 볼 시간도 안 되는 거야?)라고 말할 수 있답니다.

MODEL EXAMPLES

1 I've gotten super busy at work, so I haven't been able to make time to go to the gym.

2 In a relationship, you have to make time for each other.

3 Please feel free to come visit me. I can always make time for you.

4 Writing these books has been keeping me super busy. Sometimes, I can't even find time to have a decent meal.

5 I normally go grocery shopping every other week, but I haven't been able to find the time for two months.

1 회사가 너무 바빠져서, 요즘 헬스장 갈 시간도 없었어요.

2 관계에 있어서는 서로를 위해 시간을 내야 한다.

3 편할 때 들르세요. 언제든 시간 내겠습니다.

4 책을 쓰다 보니 너무 바쁘네요. 제대로 밥 챙겨 먹을 시간이 없을 때도 있습니다.

5 보통 2주에 한 번은 장 보러 가는데, 최근엔 두 달 동안 시간을 못 냈어요.

1

I know you've been busy lately. But I think it's important that we make time for each other. **I miss spending time with you.**

당신 요즘 많이 바쁜 거 알아. 근데 서로를 위해 시간을 내는 게 중요한 것 같아. 당신이랑 함께 하는 시간이 그리워.

I can totally see where you're coming from. I'll make more of an effort and make more time for us.

당신이 왜 그런 말을 하는지 너무 이해가 돼. 내가 좀 더 노력하고 우리를 위한 시간을 더 만들어 볼게.

2

Your wedding is finally almost here! You must be excited. Then again, you seem so busy.

너 결혼식 정말 얼마 안 남았구나! 기대되겠다. 근데 좀 많이 바빠 보이네.

I know. It's only two days away. I need to get my nails done, but I don't know how I can find the time, with everything going on.

맞아. 이제 이틀밖에 안 남았어. 손톱 관리도 받아야 하는데, 이렇게 일이 많으니 어떻게 시간을 내야 할지 모르겠어.

CASES IN POINT 비즈니스 이메일

I am sorry for not completing your request sooner, or at least giving you an update. We have a lot going on here at headquarters, so we haven't been able to find the time to work on the draft contract that you requested. I will make sure to have it done and sent to you by next Friday.

요청 건을 좀 더 빨리 마무리해 드리지 못해 죄송합니다. 최소한 진행 상황이라도 말씀을 드려야 했는데 말입니다. 본사에 일이 많네요. 그래서 요청하신 계약서 초안을 작업할 시간적 여유가 없었습니다. 완성해서 다음 금요일까지는 꼭 보내 드리겠습니다.

✅ '바쁘다'와 관련된 몇 가지 영어 표현을 익혀 보겠습니다. 호주 시드니에 거주하는 지인이 최근에 서울에 와서는 다음과 같이 말했는데요. "서울 사람들은 너무 바쁜 듯해." 이 문장을 영어로는 어떻게 표현할까요?

> ex **People in Seoul seem super busy.**
> = **People in Seoul are always rushing around.**

이렇게 super busy를 이용하거나 rush around(뛰면서 다니다, 분주히 다니다)라는 표현을 활용해서 바쁜 상황을 나타낼 수 있습니다.

✅ '여유가 있고 느긋하다'의 경우 relaxed와 laid-back을 사용하여 다음 문장과 같은 표현할 수 있습니다.

> ex **Australians seem relaxed and laid-back.**
> 호주 사람들은 여유가 있고 느긋해.

✅ "내가 왜 바쁜지를 모르겠어."는 어떻게 표현할까요? I don't really know what's been keeping me so busy. 정도로 말하면 원어민들의 눈높이에 맞춘 적절한 표현이 됩니다. 오늘 배운 모든 표현이 원어민들이 빈번히 활용하는 것들이니 꼭 익혀 두세요!

- **feel free to come visit** : ~을 마음 편히 방문하다
- **decent meal** : 제대로 된 식사
- **make more of an effort** : 더욱 노력하다
- **give ~ an update** : ~에게 진행 상황을 알려 주다

Daiso has pretty good products for its prices.

다이소는 가격을 생각하면 꽤 좋은 물건들을 판다.

 김재우 쌤의 "영어 관찰 일기"

전치사 **for**가 considering(~을 고려해 보면, ~치고는)이라는 의미로 사용되기도 합니다. 예를 들어, "아이가 그린 그림치고는 너무 잘 그렸다."라는 말은 **That's a beautiful painting for a child.**로 표현할 수 있습니다. 다만 이럴 때 우리나라 학습 자들은 **Even though that is painted by a child, that painting is very good.** 이라는 식으로 표현하는 것을 볼 수 있는데요. 딱 봐도 한국식 영어의 냄새가 나지요.

MODEL EXAMPLES

1 He's kind of short for a basketball player.

2 It's rather cold for such a sunny day, isn't it?

3 She is rather tall for an Asian girl.

4 The rent is really low for how big my place is.

5 The amusement park was surprisingly crowded for a school day.

1 그 사람은 농구 선수치고는 키가 좀 작다.

2 해가 쨍쨍한 것치고는 상당히 춥다. 그렇지?

3 그 여자분은 아시아인치고는 키가 상당히 크다.

4 집 크기를 생각하면 내 월세가 정말 싼 편이다.

5 학교 가는 날인 점을 생각하면 놀이동산에 놀랍게 사람이 많더라고요.

1

Wow, your English is super fluent for someone who has never traveled abroad.

우와, 해외에 나가 본 적 없는 것치고는 영어가 너무 유창하세요.

Thanks! I've watched a lot of British shows, and I make sure to practice as much as possible.

고마워요. 영국 드라마를 많이 봤고, 연습도 많이 하려고 해요.

2

Did you see that guy?

저 남자 봤어?

The one who just crossed the street? Yeah, he has really wide shoulders for how tall he is.

방금 길 건넌 분 말이니? 응. 키에 비해 어깨가 진짜 넓어.

3

Try a bite of my vegan hamburger. Can you tell the difference?

내 비건 버거 한 입 먹어 봐. 차이가 느껴져?

Yeah, it's definitely not the same as my real burger. Still, it tastes pretty meaty for something made from tofu.

응, 내가 먹는 일반 버거랑은 분명 다르긴 하네. 그래도 두부로 만든 것치고는 고기 맛이 꽤 나긴 하네.

CASES IN POINT 유튜버 논평

I've reviewed a lot of luxury SUVs on this channel. But what's impressive about this one is that it gets fantastic gas mileage, especially for its weight and size. This makes it a good option for those who need a daily commuter.

그동안 저희 채널에서 많은 고급 SUV 리뷰를 했는데요. 중량과 크기를 생각하면 연비가 놀랍다는 점이 이 차의 장점입니다. 매일 출퇴근 용으로 이 차를 이용하고자 하는 분에게 좋은 선택지가 될 겁니다.

CASES IN POINT에서 소개된 option이라는 단어를 살펴보겠습니다. 언뜻 보면 쉬운 단어인 것 같지만, 실제로는 잘 떠올리지 못하는 대표적인 어휘입니다. 가령 "제가 영업 쪽 일을 하는지라 재택은 불가능합니다."라는 문장을 영작할 경우 '불가능'이라는 우리말 때문인지 option이라는 단어가 떠오르지 않지요. 하지만 원어민은 Working from home is not an option for me, since I'm in sales.라고 표현합니다.

생계를 책임지고 있는 가장이 "회사를 그만둔다는 건 생각할 수 없어요. 저 혼자 돈을 벌고 있고 먹여 살려야 할 아이들이 세 명이나 있으니까요."라는 말을 영어로 한다면 어떻게 할까요? Quitting isn't an option for me. I'm a sole breadwinner and I have three kids to feed.라고 합니다.

"부산에 버스 타고 갔지. 버스가 제일 저렴했으니까."라는 문장 역시 option을 써서 I took a bus to Busan because it was the cheapest option.이라고 표현할 수 있습니다.

- **gas mileage** : 연비
- **breadwinner** : (집안의) 생계비를 버는 사람, 가장

Let's catch up over lunch.

점심 먹으면서 그동안 못했던 이야기하자.

 김재우 쌤의 "영어 관찰 일기"

'~를 마시면서 또는 먹으면서 대화를 나누다'라고 할 때는 전치사 **over**를 씁니다. 예를 들어, **over dinner**(저녁 먹으면서), **over coffee**(커피 마시면서), **over pork belly**(삼겹살 먹으면서)와 같이 사용할 수 있는데요. 두 사람이 테이블 위에 놓인 음식, 술, 음료 등을 사이에 두고 이야기를 나누는 장면을 이미지화해 보면 이해가 됩니다. 전치사 표현에 익숙해지면 간결한 영어 문장을 만들 수 있는 장점이 있으니, **for, in**과 더불어 오늘 소개하는 **over**까지 입에 붙이는 연습을 해야겠습니다.

MODEL EXAMPLES

1 Maybe we could talk about that over dinner.

2 I'm sorry. I have to go now, but let's catch up later. Maybe over some coffee.

3 My girlfriend's out with friends now. I'm sure they're sharing gossip over drinks.

4 Koreans seem to love bonding over pork belly and soju.

5 I need some serious relationship advice. Maybe we could meet over drinks instead of coffee.

1 그 이야기는 저녁 먹으면서 하면 어떨까요?

2 미안한데 지금 가 봐야 해. 나중에 다시 이야기하자. 커피 한잔하면서.

3 제 여자 친구가 친구들이랑 놀러 나갔어요. 술 마시면서 가십을 나누고 있는 게 틀림없어요.

4 한국인은 삼겹살과 소주를 하면서 친해지는 것을 좋아하는 것 같아.

5 나 이성 관계 때문에 진지한 조언이 필요해. 커피 말고 술 한잔하면서 이야기하면 어떨까?

1

Okay, I think we've solved the billing problem with our supplier. Next, I want to ask you about your new team member.

좋습니다. 협력사 관련 대금 문제는 이제 해결된 것 같군요. 다음으로, 새로 온 팀원 관련해서 물어볼게요.

Umm, let's talk about that over drinks. I have a lot to say on the topic.

음, 술 한잔하면서 이야기하시죠. 그 얘기라면 할 말이 많아서요.

2

Hey, Carrie! How are you? Let's go out and catch up over some salads.

안녕, Carrie! 잘 지냈어? 나가서 샐러드 먹으면서 이야기하자.

Actually, I have something to share with you, and maybe it should be over drinks. I was looking through my husband's phone and I found something.

사실 너한테 할 이야기가 있는데, 한잔하면서 해야 할 듯. 남편 전화기를 보다가 뭔가를 발견했거든.

CASES IN POINT 음식점 광고

You know, preparing a holiday meal can be really stressful, not to mention all the cleaning up after. Avoid the stress by going out for dinner. There's no better way to catch up with your family than over royal court cuisine. Dine like a king with your relatives this Chuseok. Please book quickly before we run out of reservation times.

연휴 음식 준비하는 게 여간 스트레스가 아니죠. 뒷정리는 말할 것도 없고요. 저녁 외식으로 스트레스를 피하세요. 오래간만에 가족분들과 만나서 궁중요리를 먹으면서 이야기를 나누는 것이 최고일 것입니다. 이번 추석에는 친지들과 왕처럼 식사하세요. 예약 가능한 시간대가 얼마 남지 않았으니 서둘러 예약 부탁드립니다.

✓ 우리말로 "내가 낼게.", "내가 쏠게."에 해당하는 영어 표현 몇 가지를 소개합니다. 가장 흔히 사용되는 표현으로는 It's on me.가 있습니다. 조금 더 응용해서 Another round, on me!라고 해서 "2차 가자. 내가 쏠게."라는 문장도 만들어 볼 수 있습니다. 친구가 계산을 하려 하는 상황에서 "내가 낸다니까."라고 할 때는 insist(주장하다)를 써서 Please, I insist.로 표현하면 좋습니다.

✓ '계산서를 집어 들다'를 의미하는 관용 표현으로 pick up the tab/bill/check도 자주 쓰는 표현 중 하나입니다.

ex **Maybe he'll pick up the tab.**

아마 저 친구가 낼 거야.

✓ "지난번엔 네가 샀으니 이번엔 내가 살게."라고 한다면 I owe you for last time. 또는 You paid last time, so it's my turn.이라고 하면 됩니다. How would you like to pay?(계산은 어떻게 하시겠어요?)라는 질문에 대한 답으로 "따로 계산할게요."라고 한다면 We'd like to pay separately. 또는 We'd like to split the bill.로 표현합니다.

WORD BANK

- **the billing problem with** : ~와의 대금 문제
- **run out of** : ~이 동나다, ~을 다 써버리다
- **split the bill** : 계산서를 나누다, 나눠서 지불하다

Swing by my place for coffee before work.

출근 전에 잠깐 우리 집 들러서 커피 한잔하고 가.

 김재우 쌤의 "영어 관찰 일기"

'~에 잠시 들르다'는 **swing by, stop by, drop by**로 표현하는데요. **swing by**는 '~에 가는 길에 아주 잠시 들른다'라는 느낌인 반면, **drop by**는 조금 더 오래 머무르는 느낌입니다. 가장 많이 쓰는 표현으로는 **stop by**를 꼽을 수 있지만, 일상 대화에서 '~에 가는 길에 잠깐 들른다'라는 뉘앙스를 주고 싶을 때는 **swing by** 역시 아주 좋은 표현입니다. 한편 **drop by**는 상대적으로 조금 격식 있게 들린다는 점도 알아 둡시다.

MODEL EXAMPLES

1 I forgot to get Terry a gift! Is there a bakery on our way to the party? Maybe we can swing by and grab a cake.

2 Do you mind if I swing by your office later this afternoon?

3 Please don't swing by the bar on your way home! We need to rush a little to make it to the concert on time.

4 Let's swing by there and have just one more drink before you head home. My treat!

1 Terry 선물 사는 거 깜박했다! 파티 가는 길에 빵집 있어? 잠깐 들러서 케이크 사갈까 싶은데.

2 이따 오후에 네 사무실에 잠깐 들러도 될까?

3 집에 오는 길에 그 술집 들르면 안 돼! 콘서트장에 늦지 않으려면 서둘러야 해.

4 집에 가기 전에 잠깐만 들러서 술 한잔만 더 하고 가자. 내가 살게!

1

What a surprise! Please come in.
웬일이야! 들어와.

Thanks, but actually, I can't stay. I just wanted to swing by and return your jacket.
고마워, 근데 오래는 못 있어. 그냥 너 재킷 돌려주려고 잠깐 들렀거든.

2

I'm a little worried about our Yeri. This is the first time we've left her at home by herself.
우리 예리가 조금 걱정이 되네. 집에 혼자 남겨 두는 건 처음이라.

I'm sure she's fine, but I wouldn't mind swinging by and checking in on her.
분명 괜찮을 거야, 아니면 내가 잠깐 들러서 확인해도 되고.

3

Oh, you need to swing by? How about 3:45?
아, 잠깐 들를 거라는 거죠? 그럼 3시 45분 어때요?

That works for me! Thank you. I won't take up too much of your time. I just wanted to swing by and drop off a little gift.
그때 괜찮아요. 고마워요. 시간 너무 많이 뺏지 않을게요. 그냥 잠깐 들러서 선물만 드리면 됩니다.

비즈니스 이메일

After the grand opening last week, we hope business has been going smoothly. Of course, it will take some time for you guys to get settled into your new routines, but Mr. Yamata wanted to swing by and make sure everything is okay.

지난주 매장 그랜드 오픈 후에 문제없이 잘 돌아가고 있길 바랍니다. 물론, 여러분이 새로운 루틴에 적응하는 데 시간이 좀 걸리겠습니다만, Yamata 씨가 매장에 들러서 모든 것이 순조로운지 보고 싶어 하십니다.

✅ '아주 잠깐'을 나타내는 단어 briefly에 대해 알아볼까 합니다. 원어민들이 자주 쓰는 단어임에도 우리나라 학습자들은 극히 제한적인 경우를 빼고는 거의 쓰지 않기 때문에 briefly를 골라보았습니다. 다음 예문들을 통해 그 쓰임을 알아보겠습니다.

ex I worked briefly at that company.

저 회사에서 아주 짧게 일했어요.

ex We briefly dated.

저희 잠깐 만났어요.

ex I don't have much time. Can you briefly explain?

지금 바빠서요. 짧게 설명해 주시겠어요?

ex He was trying to set a new 10 km record, but at around 6 kilometers, he stopped briefly to catch his breath.

그는 10킬로 구간 기록을 세우기 위해 노력하고 있었지만, 약 6킬로 지점에서 호흡을 가다듬기 위해 잠깐 멈춰 섰다.

✅ briefly는 수업 중이나 업무 중에 자주 사용하는 단어이기도 합니다. 다음의 예문을 통해 확인해 보겠습니다.

ex Let's briefly review last week's material.

지난주 자료 잠깐 리뷰해 보자.

WORD BANK

- **need to rush a little** : 조금 서두를 필요가 있다
- **get settled into** : ~에 적응하다

약속/일정이 있다고 말하기

I'm afraid I already have plans.

죄송한데 선약이 있습니다.

 김재우 쌤의 "영어 관찰 일기"

우리가 대표적으로 잘못 쓰고 있는 표현이 바로 **I have schedule.**(나 스케줄 있어.)입니다. 이에 대한 올바른 영어 표현은 **I have plans.**로 친구 등을 만나는 약속, 스케줄에는 늘 이 표현을 씁답니다. 원어민들은 **I have plans, actually.**처럼 마지막에 **actually**를 붙여서 말하는 경우가 많습니다. 이에 반해 병원 예약, PT 수업 등과 같은 약속은 **I have an appointment.**로 표현한다는 점도 알아 둡시다.

MODEL EXAMPLES

1 I'm sorry, I can't. I already have plans.

2 I thought maybe we could go for a hike or something this week. Do you have any plans this Sunday?

3 Do you want to come with me to the exhibition on Friday? I mean, if you don't already have plans.

4 I actually have this appointment with a real estate agent in Daechi-dong. I'm thinking of moving there.

5 I have a personal training appointment every Tuesday after work.

1 미안한데 안 돼. 나 이미 약속이 있거든.

2 이번 주에 등산이나 하면 어떨까 하는데. 이번 일요일에 약속 있어?

3 금요일에 나랑 전시회 갈래? 선약이 없으면 말이야.

4 실은 대치동에서 부동산 중개업자 분과 약속이 있어요. 거기로 이사를 할까 해서요.

5 제가 매주 화요일에는 퇴근 후에 PT 스케줄이 있습니다.

1

What are you up to this weekend? My schedule's completely free.

이번 주말에 뭐해? 난 스케줄이 하나도 없어.

On Saturday, one of my friends is performing in a Gugak concert. If you don't have any plans, how about coming along?

토요일 날 친구가 국악 콘서트에서 연주하거든. 너 약속 없으면, 같이 가는 거 어때?

2

Hey, Julie. Our team is going out for dinner and drinks after work today. Do you think you can make it?

Julie, 오늘 퇴근하고 우리 팀 회식하기로 했는데, 올 수 있어요?

Oh, I'm afraid I actually have plans. I'm meeting my boyfriend's parents for the first time tonight.

아, 죄송한데 선약이 있어요. 오늘 밤에 처음으로 남자 친구 부모님을 뵙거든요.

3

It's been a while since we last met up! Do you have time to chill on Friday?

우리 얼굴 안 본 지 꽤 됐다. 금요일 날 시간 돼?

On Friday, I have a doctor's appointment at 1 p.m. But any time after that, I'm free to meet!

금요일 1시에 병원 예약이 잡혀 있는데 그 이후에는 다 괜찮아!

CASES IN POINT 비즈니스 이메일

We decided to stay for a couple more days after the conference is over. We want to check out some famous locations from Korean shows, like *Squid Game* and *Parasite*. If you don't already have plans, would you mind showing us around Seoul?

저희는 콘퍼런스 마치고 며칠 더 머물기로 했습니다. 〈오징어 게임〉과 〈기생충〉 같은 한국 드라마나 영화에서 본 유명한 곳들을 가 보고 싶어서요. 선약이 없으시면, 서울 구경 좀 시켜 주실 수 있을까요?

✅ CASES IN POINT의 이메일에 나온 check out은 활용도 만점의 구동사인데요. 오늘은 여러 가지 용례 중 '~에 가서 둘러보다, 자세히 살펴보다'에 해당하는 예문 몇 가지를 살펴보겠습니다. 새로 생긴 식당에 가서 '음식을 먹어 본다'라고 할 때 원어민들은 예외 없이 check out 음식점이라는 표현을 써서 다음과 같이 말합니다.

ex I really recommend you check out Moon's Tapa in Gongdeok.
공덕에 있는 문스타파에 꼭 한번 가보세요.

✅ 지난주 아파트를 보고 온 아내가 남편에게 다음과 같이 말할 수 있겠죠.

ex I really like the place. You should probably check it out sometime tomorrow.
난 거기 정말 마음에 들어. 당신도 내일 언제 가서 한번 보고 와.

✅ 자동차 매장에 가서 신차를 보고 올 때도 역시 check out을 쓸 수 있습니다.

ex I am going to the Hyundai dealership to check out the new Grandeur.
현대차 매장에 가서 신형 그랜저 보고 오려고.

- **can make it** : 가능하다, 해내다
- **have time to chill** : 쉴 시간을 가지다

Money is a bit tight right now.

요새 돈이 좀 궁해.

 김재우 쌤의 "영어 관찰 일기"

우리말로 '빠듯하다, 형편이 좀 안 좋다, 돈이 좀 궁하다' 등에 해당하는 영어 표현은 **Money is a bit tight right now.**입니다. **tight**의 경우 주로 '재정적' 또는 '시간적' 여유가 없을 때 사용하는 형용사인데요. **on a tight budget**(예산이 넉넉하지 않은/ 적은 예산으로) 그리고 **on a tight schedule**(일정에 여유가 없는) 같은 관용 표현 으로도 쓰입니다.

MODEL EXAMPLES

1 I think we should try cooking at home more. Money is a bit tight right now.

2 I can take care of the check if you're tight on cash.

3 Is there any way I can pay for this in installments? I love the computer, but money's tight this month.

4 This website has a lot of recipes for cooking on a tight budget.

5 My nephew is going to California for university, but without any scholarships, his budget is going to be tight.

1 웬만하면 집에서 밥을 더 자주 해 먹어야 할 것 같아. 요즘 좀 빠듯해.

2 너 요새 금전적으로 어려우면 계산은 내가 해도 돼.

3 혹시 할부로 구매할 방법이 있을까요? 이 컴퓨터 너무 마음에 드는데 이번 달에 자금 사정이 좀 안 좋아서요.

4 이 웹사이트에는 적은 돈으로 요리할 수 있는 레시피가 굉장히 많아요.

5 제 조카가 캘리포니아로 유학을 가는데, 장학금을 못 받으면 굉장히 팍팍할 거예요.

1

I just came across this nice Korean place in Anguk-dong. I really want to try their short ribs.

안국동에 있는 괜찮은 한식집을 발견했어. 이 집 갈비살 한번 먹어 보고 싶어.

Yeah, honey, but I think we should stop eating out so much. Money's a bit tight right now, don't you think?

응, 여보. 근데 우리 외식 너무 많이 하지 말아야 할 듯. 요새 우리 좀 빠듯하잖아, 안 그래?

2

What is it, Mr. Harper? Was my performance not so good this year?

Harper 씨, 어떻게 된 건가요? 올해 제 성과가 썩 좋지 않아서인가요?

No, you've been a hard worker, but I'm afraid we have to let you go anyway. This department is going to have a tighter budget next year.

아니에요, 그동안 열심히 일하셨잖아요. 다만 그것과 상관없이 함께 할 수 없을 것 같습니다. 우리 부서가 내년에는 예산이 더 빠듯할 것 같습니다.

Our annual report shows that sales dropped about 8% year-over-year. This means that the expense budget is tighter, and we're asking all staff to cut down on travel accordingly. Instead of physically going abroad for business, Zoom meetings are to be conducted whenever possible.

연간 보고서를 보면 매출이 전년 대비 8% 감소했습니다. 이것은 경비 예산이 더 빠듯해진다는 뜻이며, 그에 따라 모든 직원들에게 출장을 줄일 것을 요청합니다. 직접 해외 출장을 가는 대신 가능하다면 줌으로 회의를 진행해 주셔야 합니다.

✅ '~이 부족하다, 모자라다'의 의미를 지닌 short와 관련된 예문들을 공부해 보겠습니다. 다음은 한 햄버거 매장의 공지문입니다.

ex Since we are currently short on french fries, hamburgers will now come with either onion rings or cheese sticks at no extra charge. We're sorry for the inconvenience.

현재 저희 매장에 감자튀김이 모자라서, 햄버거 주문 시 양파링이나 치즈스틱이 함께 나오며 추가 요금은 없습니다. 불편을 드려 죄송합니다.

이렇듯 '~이 부족하다, 모자란다'는 표현으로 be short on을 씁니다. 다음 문장에서도 short가 사용되었군요.

ex I'm afraid we're 500,000 won short on rent this month. I can send you 200,000 won right now and the rest in a week or so.

죄송한데 이번 달 월세 낼 돈이 오십만 원 부족하네요. 지금 이십만 원 보내 드리고 나머지는 일주일 정도 후에 보내 드릴 수 있습니다.

WORD BANK

- **take care of the check** : 계산하다
- **pay in installments** : 할부로 사다
- **without any scholarships** : 장학금 없이
- **cut down on** : ~을 줄이다, 절약하다

DAY 058

the hours로 근무 시간/영업시간 나타내기

What are the hours like?

근무 시간은 어때?

 김재우 쌤의 "영어 관찰 일기"

'근무 시간'이라고 하면 **working hours**를 떠올리실 텐데요. 하지만 대부분의 경우 그냥 **the hours**라고 표현합니다. 상점이나 음식점의 영업시간 역시 **their hours**로 표현한다는 것도 흥미로운 부분입니다. 논리적으로 보면 **business hours**가 더 정확하지만, 일상생활에서는 '자세히' 표현하지 않는 구어체 영어의 특징을 엿볼 수 있는 대목이지요.

MODEL EXAMPLES

1 The hours are long, but at least the pay is above average.

2 The hours aren't bad, but my commute takes forever.

3 The hours are great. I get to spend every evening with my boys. Then again, the pay is a bit low.

4 I just wanted to know what the hours are like, and if any overtime is mandatory.

5 I'm not getting enough hours, so I'm thinking about doing some tutoring on the side, too. I could really use the money.

1 근무 시간은 긴데, 그래도 급여는 평균 이상이야.

2 근무 시간은 나쁘지 않은데 출퇴근이 너무 오래 걸려.

3 근무 시간은 너무 좋아. 매일 저녁 애들이랑 시간을 보낼 수도 있고. 근데 급여가 조금 낮아.

4 근무 시간이 어떻게 되는지와 초과 근무가 의무인지 확인하고 싶습니다.

5 근무 시간이 너무 적어서 부업으로 과외를 할까 생각 중입니다. 돈이 정말 필요하거든요.

1

Hello. I saw that you have an opening for a part-time cook. May I ask what the hours are?

안녕하세요. 파트타임 요리사를 구한다는 것 봤습니다. 근무 시간이 어떻게 되는지 물어봐도 될까요?

We have a few positions available! Why don't you come in for an interview, and we can work out the details.

자리가 몇 개 있습니다. 면접 보러 오셔서 세부 내용을 조율하면 어떨까 합니다.

2

Well, you're almost sixty now, and your salary is pretty high. I'm not sure if we can afford to keep you on full-time. Have you considered retiring?

이제 거의 60세인데, 연봉이 꽤 높으시네요. 계속 정규직으로 모시고 갈 수 있을지 모르겠습니다. 은퇴는 생각해 보셨어요?

Honestly, I'd rather not retire yet, but how about if I started working fewer hours?

솔직히, 아직 은퇴는 생각이 없습니다만, 근무 시간을 좀 줄이는 건 어떨까요?

CASES IN POINT 헤드헌팅 업체의 메시지

This is Harriot at Star Recruiting. I have an opening here with a large software firm, and I think you would be a good fit. The pay is negotiable, but I think you could get more than $60,000 a year. On top of that, the hours are short; it's actually a morning-only position. Can I schedule you for an interview this week?

스타 리쿠르팅의 Harriot입니다. 대형 소프트웨어 회사에 자리가 하나 났습니다. 선생님이 적임자라는 생각이 듭니다. 연봉은 협상 가능하고요, 일 년에 육만 달러 넘게 받게 되실 겁니다. 뿐만 아니라 근무 시간도 짧습니다. 오전만 근무하는 자리예요. 이번 주로 면접을 잡을까요?

☑ '일'과 관련된 표현 몇 가지를 소개합니다. '일자리를 구하고 있다'라고 할 때는 look for a job이라고 합니다. 한편 '일하다'라는 뜻의 work는 현재진행형(be working)으로 쓸 때와 단순현재(work)로 쓸 때에는 용법 차이가 있답니다. 진행의 경우 '임시로 일하는' 느낌 인데 반해 현재형은 '어느 회사의 직원'이라는 느낌이 들지요. 예문을 통해 살펴보겠습니다.

ex I am looking for a job.

일자리를 구하고 있어요.

ex I only work four days a week.

저는 주 4일 근무를 합니다.

ex I work in HR at Google.

저는 구글 인사과에서 근무하고 있습니다.

ex I'm currently working at a small firm, but I'm looking for something better.

제가 지금은 작은 회사에서 일하고 있지만 좀 더 좋은 직장을 알아보고 있습니다.

☑ 누가 6개월째 놀고 있다고 할 경우 He has been out of work for six months.라고 합니다. 여기서 out of work가 '실직한'이라는 뜻으로 쓰인 것이지요.

☑ 불가피하게 직원을 내보내야 할 경우에는 I'm afraid we have to let you go.(유감 스럽지만 우리는 당신을 해고해야 합니다.)라고 표현하는 것을 볼 수 있는데요. let go는 '손에 쥐고 있던 것을 놓다'라는 의미인데, 이 의미가 확장되어 회사에서 사람을 내보낼 때 역시 자주 사용됩니다.

WORD BANK

- **above average** : 평균 이상
- **can afford to부정사** : ~할 여력이 되다
- **You are a good fit.** : 당신이 적임자입니다.
- **morning-only position** : 오전 근무만 하는 일자리

I have a lot on my plate at work, but it's nothing I can't handle.

회사에 일이 너무 많긴 한데, 그래도 감당하기 힘든 수준은 아닙니다.

 김재우 쌤의 "영어 관찰 일기"

날씨, 업무량, 음식, 상황 등을 '감당하다'라고 할 때 사용할 수 있는 동사가 바로 **handle**입니다. 날씨나 상황, 음식의 맛 등이 도저히 감당되지 않을 때 원어민들의 입에서는 항상 **handle**이라는 동사가 튀어나옵니다. 이런 맥락에서의 **handle**은 주로 부정문에서 사용되거나, **more than I can handle**(감당할 수 있는 것보다 더) 같은 형태로 사용된다는 점도 기억해 둡시다.

MODEL EXAMPLES

1 I can't handle spicy Korean food.

2 Summers in Korea are brutal. I'm hot-natured, which means I can't handle the heat.

3 I hate when I have to teach all-boys classes. 15 teenage boys are more than I can handle.

4 If anyone else says they are coming, let's get the party catered. Cooking for ten is more than I can handle.

1 매운 한국 음식은 도저히 감당이 안 돼요.

2 한국 여름은 살인적이에요. 제가 열이 많아서 더운 걸 못 견디거든요.

3 남자아이들로만 구성된 수업을 해야 하는 건 너무 싫어요. 십대 남자아이들 15명은 감당하기 힘듭니다.

4 추가로 더 온다는 사람 있으면 파티 음식은 외부에 맡기자. 10인분 요리하는 건 힘들어.

1

I can't handle all this humidity. I'm from San Diego, so I'm spoiled by the good weather there.

습기가 너무 심해서 견디기가 힘들어. 내가 샌디에이고의 좋은 날씨에만 익숙해서 말이야.

Well, this is your first year here. I'm sure you'll get used to it.

음, 이곳에서의 첫해잖아요. 분명히 적응될 거예요.

2

Oh man, I didn't know dakgalbi would be so spicy.

이런, 닭갈비가 이렇게 매운 건 줄 몰랐어.

Yeah, it can be. If it's too spicy for you to handle, have it with some rice. Or we can order some cheese to put on top.

그래, 그럴 수도 있겠다. 너무 매워서 못 먹겠으면, 밥이랑 같이 먹거나 아니면 치즈를 좀 시켜서 위에 올려서 먹으면 돼.

3

Did you see Northface came out with a new padded coat? I wanted to get one, but their website is down.

노스페이스가 패딩 신상 출시한 거 알아? 하나 사고 싶었는데, 홈페이지가 다운됐네.

Maybe they got more orders than they can handle, and their site crashed.

아마 주문이 폭주하는 바람에 사이트가 다운된 걸 거야.

CASES IN POINT 비즈니스 이메일

Thank you for your interest in our oil products. Your inquiry is about a very large order — larger than what we normally handle. We can send you 2,000 barrels, but with our limited equipment, it will take up to two weeks. Please let me know if you'd like to go forward.

저희 오일 제품에 관심 가져 주셔서 감사합니다. 이번에 문의하신 주문 건은 저희가 일반적으로 다루는 것보다 큽니다. 2천 배럴은 보내드릴 수 있는데, 저희 장비 부족으로 최대 2주까지 소요될 것 같습니다. 주문 진행하게 되면 알려 주십시오.

✅ '과욕을 부리다'와 '일을 떠맡다'라는 의미를 가진 두 가지 관용 표현을 익혀 보겠습니다. 먼저 '과욕을 부리다, 너무 욕심내다'에 해당하는 영어 표현으로는 bite off more than 주어 can chew를 생각해 볼 수 있는데요. '내가 씹을 수 있는 양보다 더 많은 양의 음식을 물다'라는 뜻에서 '과욕을 부리다'라는 뜻으로 의미가 확장되었습니다. 다음 문장에서 이를 확인해 보겠습니다.

> ex I feel like I bit off more than I can chew. I think I will have to quit my tutoring job at the math academy.
>
> 제가 과욕을 부린 것 같아요. 아무래도 수학 학원 강의는 그만둬야 할 것 같아요.

✅ '일을 떠맡다'의 경우 take on을 써서 다음과 같은 문장을 만들 수 있습니다.

> ex I don't think I could take on another project. I already have three reports to finish this week.
>
> 프로젝트 하나 더 맡는 건 무리일 것 같아요. 이번 주까지 끝내야 하는 보고서가 이미 세 개나 있어서요.

WORD BANK

- **brutal** : 인정사정없는, 잔혹한, 혹독한
- **get the party catered** : 파티 음식을 케이터링에 맡기다
- **spoiled** : 버릇이 나빠진, 응석받이의(너무 좋은 것만 먹어서 입이 고급이 되거나, 너무 좋은 대접만 받아서 눈높이가 너무 높아진 상태를 가리킴)
- **it will take up to 기간** : ~까지 기간이 걸릴 예정이다

That calls for a party!

이건 파티해야 돼!

 김재우 쌤의 "영어 관찰 일기"

축하할 일이 있을 때 "이건 한잔해야 해.", "파티라도 해야 하는 거 아니야."라고 하지요. 이에 해당하는 영어 표현이 바로 **That calls for a party.**입니다. 풀어서 설명하면, **This is a reason for a party.** 또는 **That requires a party.**가 됩니다. **call for** 는 **require**, 즉 '~을 요구하다, 필요로 하다'라는 말이니 논리적으로도 이해가 되시죠? **call for**는 '음식의 재료로 ~이 필요하다'라고 할 때도 자주 사용됩니다.

MODEL EXAMPLES

1 This calls for a celebration!

2 This calls for another round.

3 It calls for olive oil. Do you think corn oil will work as a substitute?

4 It calls for vanilla extract. Do we still have any?

5 The recipe calls for some cheese in the pasta, but then a whole other layer of cheese on top of that.

1 이건 축하해야 할 일이네!

2 한잔 더 하러 가야 하겠어.

3 이건 올리브기름이 있어야 하거든. 옥수수기름으로 대체해도 될까?

4 이건 바닐라 추출물이 있어야 해. 아직 좀 남았나?

5 레시피 보니까 파스타에 치즈를 넣어야 하고, 그 위에다가 치즈 한 겹을 얹어야 한대.

1

I just got promoted to supervisor.

나 관리자로 승진했어.

That's awesome! That calls for a party!

너무 잘됐다! 파티라도 해야겠는걸!

2

It turns out we only have pork in the fridge.

보니까 냉장고에 돼지고기밖에 없네.

Oh, really? The recipe calls for beef, but I guess pork will be okay.

정말? 레시피 보니까 소고기가 있어야 한다고 하는데, 돼지고기도 괜찮을 듯.

3

Thanks for grabbing a beer with me. It turns out the boss decided to demote me to part-time, starting next month.

나랑 맥주 마셔 줘서 고마워. 사장이 나를 다음 달부터 파트타임으로 강등시키기로 했더라고.

Oh, that's rough, and it calls for something stronger. How about a bottle of whisky, on me?

아, 마음이 안 좋아서 더 센 술 마셔야 되겠네. 내가 살 테니 위스키 한 병 어때?

Everyone, I'm pleased to announce that we've completed the project on time, and under budget, on top of that. This definitely calls for a celebration. I'd like to ask that you join me for drinks after work at the Conrad so that I can congratulate you all individually on your efforts.

우리가 프로젝트를 기한 내에, 무엇보다 적은 예산으로 마무리하게 되었다는 말씀을 모두에게 드리게 되어 기쁩니다. 분명 축하해야 할 일입니다. 퇴근 후에 콘래드 호텔에서 술자리에 함께 하시면 제가 여러분의 노고에 일일이 축하를 드리겠습니다.

✅ CASES IN POINT에 나온 on top of that에 대해 살펴보겠습니다. on top of는 문자 그대로 '~의 위에, ~의 위에 올라가 있는'이라는 표현인데요. 다음 문장에서 이를 확인할 수 있습니다.

ex **When you order fried rice in Vietnam, be sure to ask for lots of cilantro on top of it.**

베트남에서 볶음밥을 주문하게 되면 위에 고수를 많이 얹어 달라고 꼭 부탁하렴.

✅ 좀 더 의미를 확장해서 '게다가, 그뿐만 아니라'라는 의미로 다음과 같은 경우에도 자주 사용한답니다.

ex **This restaurant's food is really overpriced. On top of that, they close at random hours.**

이 식당 음식이 너무 지나치게 비싸. 게다가, 문 닫는 시간도 들쭉날쭉해.

이렇듯 영어 단어와 표현은 문자 그대로의 의미와 비유적 의미 두 가지 모두로 사용되는 경우가 대부분이라는 점을 잊지 말아야겠습니다.

WORD BANK

- **as a substitute** : 대용으로
- **on time** : 기한 내에, 시간을 어기지 않고
- **under budget** : (계획된) 예산 내에, 예산 이하로
- **at random hours** : 시간이 들쭉날쭉하게

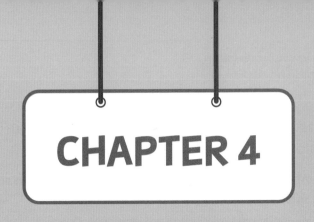

CHAPTER 4

"드디어 중반을 넘겼습니다.
얼마 남지 않았는데 포기하지 맙시다!"

☑ Check

- [ ] I'm sorry. I didn't catch that.
- [ ] No wonder you look so refreshed.
- [ ] I can't think of the right thing to say.
- [ ] New Year's is just around the corner. Are you going to your parent's house, by the way?
- [ ] I wasn't aware of the time.
- [ ] I think I will have to let you go.
- [ ] Lunar New Year is less than a week away.
- [ ] I don't have time to grab lunch. I'm behind on work.
- [ ] That's for sure.
- [ ] You can't go wrong with black.
- [ ] Let's go out for some fresh air.
- [ ] What is this about? Is this about my test results?
- [ ] That sounds like an even better plan to me.
- [ ] It's not like we are in a serious relationship or anything.
- [ ] Are you sure you don't want to try my sushi? It's really good.
- [ ] Sorry about earlier. My phone died.
- [ ] We are not there yet.
- [ ] I forgot my phone charger at work.
- [ ] I have never seen anything like this.
- [ ] I am at Hansot, picking up dinner.

'못 알아들었다'를 다양하게 표현하기

I'm sorry. I didn't catch that.

죄송해요. 못 들었어요.

 김재우 쌤의 "영어 관찰 일기"

상대의 말을 못 알아들었을 때 쓰는 영어 표현으로 우리에게 익숙한 것은 **Pardon?**
이나 **Excuse me?**일 것입니다. **Pardon me.**는 보다 격식을 갖춘 표현이고요. 그
런데 원어민들은 이런 경우에 주로 **I am sorry. I didn't catch that.**이나 **I didn't
catch what you said.**라고 합니다. 또한, 주변 소음이 심하거나 소리가 너무
작아서 유튜브 영상의 소리가 안 들릴 경우 **make out**이라는 구동사를 써서 **I can't
really make out what they are saying. Can you turn up the volume?**(무슨
말을 하는지 정말 모르겠네요. 소리 좀 높여 줄래요?)이라고 표현할 수도 있습니다.

MODEL EXAMPLES

1 Oh, I'm sorry. I didn't catch that. Could you repeat it?

2 I'm afraid I didn't catch your name.

3 I didn't catch the date. When are you moving out again?

4 Is there anything you weren't able to catch?

5 I didn't catch the part of your presentation when you talked about
the budget.

1 미안한데 잘 못 들었어요. 한 번만 더 이야기해 주시겠어요?

2 성함을 못 들은 것 같습니다.

3 (이사한다는 말을 듣고) 날짜를 잘 못 들었어. 언제 이사 간다고? (다시 한번 말해 줄래?)

4 (발표자가 청중에게) 혹시 놓친 부분이 있을까요?

5 예산에 관해 이야기하실 때 제가 발표 내용 일부를 놓쳤어요.

1

Hello, I was wondering if you have the new shoes in size 38.
안녕하세요, 38 사이즈로 새 신발 있는지 문의드려요.

I'm sorry? What size? I didn't catch that.
죄송한데, 무슨 사이즈라고요? 잘 못 들었어요.

2

What did you say was the title of your second book? I didn't catch that because my cat knocked something over.
두 번째 책 제목이 뭐라고 했나요? 저희 집 고양이가 뭘 넘어뜨리는 바람에 못 들었어요.

Haha, no problem. I'm just glad you're interested in my work.
하하, 괜찮아요. 제 책에 관심 가져 주시는 것만으로도 좋은데요.

3

Excuse me, Mr. Kline? I didn't catch the answers to numbers 3 and 4.
죄송한데, Kline 선생님? 3, 4번 문제 답을 못 들었어요.

Ah, okay. I'll give the answers again.
아, 그래. 다시 불러 줄게.

CASES IN POINT 줌 회의 중에

I'm sorry. I can't catch what you're saying. Everyone, please make sure that your mics are working before entering the meeting. As a reminder, you're not supposed to eat or drink anything. That can be quite distracting. Finally, please make sure to keep your pets and children in another room.

(줌 회의 진행자가 참석자들에게)
죄송한데 하시는 말씀이 잘 안 들립니다. 다들 회의 참여 전에 마이크가 되는지 꼭 확인 부탁드립니다. 다시 한번 말씀드리지만 뭘 드시거나 마시면 안 됩니다. 주의가 산만해질 수 있으니까요. 마지막으로, 반려동물이나 아이들은 다른 방에 두시는 것도 잊지 마세요.

✅ '영어 관찰 일기'에서 소개한 make out에 대해 좀 더 자세히 살펴보겠습니다. make out 은 다음과 같은 상황에서 자주 사용되는 구동사입니다.

- 소리가 너무 작거나 소음이 너무 심해서 잘 안 들릴 때
- 글자 등이 너무 작거나 조명이 어두워서 잘 안 보일 때

이 경우 보통 부정문일 때가 많습니다. 다음 예문으로 확인해 보세요.

> ex Could you say that again? I couldn't quite make you out over all the noise.
>
> 다시 한번 말씀해 주시겠어요? 소음 때문에 잘 못 들었어요.

✅ 기차역에서 소음 때문에 안내 방송이 잘 안 들릴 경우 다음과 같이 말할 수 있습니다.

> ex From what I could make out, our train will get to Daejeon station maybe 10 minutes late.
>
> 대충 들리는 말로는, 우리 기차가 10분 정도 늦게 대전역에 도착한다고 하네.

✅ 누군가의 말을 알아듣기 힘들 때도 다음과 같이 말할 수 있습니다.

> ex For Asians, the different British accents can be hard to make out.
>
> 동양인들에게는 (미국식과는 다른) 영국식 억양이 알아듣기 힘들 수 있어요.

WORD BANK

- **knock ~ over** : ~을 쓰러뜨리다
- **as a reminder** : 확인 차원에서 말씀드리면, 다시 상기시켜 드리면
- **be supposed to부정사** : ~하기로 되어 있다

No wonder you look so refreshed.

어쩐지 기분이 상쾌해 보이더라.

 김재우 쌤의 "영어 관찰 일기"

넷플릭스 드라마 〈더 체어〉를 보면 주인공 지윤의 입양한 딸이 다음과 같이 말합니다. **"No wonder nobody wanted to marry you."**(그러니까 아무도 결혼하자고 하는 사람이 없지!) 이처럼 앞 상황이 '판단의 근거'가 될 때 **No wonder 주어 동사** 구문을 사용하는데요. 〈에밀리 파리에 가다〉에서도 주인공 에밀리의 상사가 다음과 같이 말합니다. **No wonder they hate you.**(그러니까 사람들이 널 싫어하는 거야.)

MODEL EXAMPLES

1 You didn't get home until 3 a.m., and you reeked of alcohol. No wonder you feel sick today.

2 I heard on the news that there was a protest in your neighborhood. No wonder you're late.

3 He has zero fashion sense. No wonder he can't find a girlfriend.

4 There's a supply chain issue, so no wonder prices are rising.

5 The ingredients are basically just butter, flour, and sugar. No wonder it tastes good.

1 당신 어제 새벽 3시나 되어서 집에 들어온 데다, 술 냄새가 진동하더군. 오늘 아픈 게 당연한 거야.

2 너희 동네에서 시위가 있었다고 뉴스에서 들었어. 그래서 늦었구나.

3 그 사람은 패션 감각이 전혀 없어요. 그러니까 여자 친구가 안 생기죠.

4 공급망 문제가 있으니, 가격이 올라가는 건 당연하죠.

5 재료가 기본적으로 버터, 밀가루, 설탕이군. 그래서 맛이 좋은 거구나.

1

I heard Gerry drank five bottles of soju with the boss last night.

Gerry가 어젯밤에 사장이랑 소주 다섯 병 마셨다더라.

Oh, no wonder his eyes were so red this morning.

아, 그래서 아침에 그 친구 눈이 그렇게 빨갰구나.

2

Thank you for the snack. I didn't have anything since breakfast.

간식 고마워요. 아침 먹고는 아무것도 못 먹었어요.

I see! No wonder you were so hungry.

알죠! 그러면 당연히 배고프죠.

3

I heard some bank workers pretty much have to stick around the office until 9 p.m.

들어 보니까 은행 직원들은 거의 밤 9시까지 야근을 해야 한대.

No wonder they're on strike. I was wondering, since they get paid so much.

그래서 파업을 하는 거구나. 돈을 그렇게 많이 받는데 왜 파업을 하나 했거든.

CASES IN POINT 블로그 포스팅

Look at the size of this hamburger I got from a diner near Times Square. When I saw it on the menu, it didn't look this big! And it comes with a side of breadsticks. No wonder Americans tend to be overweight.

타임스퀘어 근처 식당에서 산 이 햄버거 크기 좀 봐. 메뉴에서 봤을 때는 이렇게 큰 줄 몰랐어. 게다가 브레드스틱도 같이 나오네. 이러니 미국 사람들이 과체중인 게 당연하지.

SMALL TALK 2번 대화를 보면 I didn't have anything since breakfast.라는 문장이 나오는데요. '식사' 관련 표현 몇 가지를 살펴보겠습니다. '제대로 된 식사'는 영어로 어떻게 표현할까요? 다음 문장을 보세요.

> ex You just had cereal for breakfast? You should have something more substantial than that.
>
> 아침으로 시리얼을 먹은 거야? 좀 더 든든한 걸로 먹어야지.

양이나 크기가 '상당한'이라는 의미를 가진 형용사 substantial은 '견고한, 튼튼한, 본질적인'이라는 의미도 가지고 있어서 위 예문에서와 같이 '든든한, 제대로 된'이라는 의미로도 쓰입니다.

'아침을 거르다'라는 뜻의 영어 표현은 skip breakfast로, I skip breakfast, more often than not.(아침을 거르는 경우가 대부분입니다.) 같은 문장을 만들어 볼 수도 있습니다. 한편 '가볍게 무엇을 먹는다'고 할 때는 grab이라는 동사를 써서 You wanna grab lunch with me today?(오늘 나랑 점심 가볍게 할까?)라고 표현할 수 있습니다.

WORD BANK

- **reek of alcohol** : 술 냄새를 풍기다
- **stick around the office** : 야근하다, 사무실에 틀어박히다
- **tend to부정사** : ~하는 경향이 있다
- **more often than not** : 대개, 자주

적절한 무엇이 생각나지 않을 때 자연스럽게 말 이어가기

I can't think of the right thing to say.

이 말을 어떻게 꺼내야 할지.

 김재우 쌤의 "영어 관찰 일기"

적절한 말(표현), 방법, 단점, 용도, 사람 등이 생각나지 않을 때는 **I can't think of**를 쓸 수 있는데요. ① **I can't think of 명사** ② **I can't think of what/how to 부정사** 이 두 가지 형태로 쓰입니다. ②의 예로 **I can't think of what to write here, but I can just leave it blank, right?**(여기엔 뭘 써야 할지 모르겠는데, 그냥 공란으로 둬도 되겠죠?)라는 문장을 만들 수 있겠습니다.

MODEL EXAMPLES

1 I can't think of the right word for my situation.

2 I can't think of a better word to describe how I feel than 'angry'.

3 What a nice exhibition! I can't think of a better way to spend my afternoon off.

4 I can't think of a use for all this leftover cheese.

5 Using dual monitors is really convenient. I can multitask or switch between tasks. I can't think of any downside.

1 제 상황에 해당하는 딱 맞는 단어가 생각이 안 납니다.

2 '화가 나'보다 내 감정을 더 잘 표현할 수 있는 단어는 없는 듯해.

3 전시회 너무 멋졌어. 오후 시간을 이보다 더 잘 보낼 수가 있을까?

4 남은 치즈를 어디에다 써야 할지 모르겠네.

5 듀얼 모니터 쓰면 너무 편리해. 동시에 여러 가지 작업을 하거나 작업을 바꿔 가며 하는 게 가능하거든. 단점은 찾을 수가 없어.

1

Do you know anyone who has an electric vehicle?
아는 사람 중에 전기차 타는 사람 있어?

I can't think of anyone at the moment, but I must know at least one. Car makers and dealers are all trying to promote electric vehicles.
당장은 생각나는 사람이 없는데 그래도 한 명은 있을 거야. 자동차 회사랑 딜러들 모두 전기차 홍보에 힘쓰고 있잖아.

2

Sir, what would be a good translation for the Korean term, 'Jeong'?
선생님, 한국어 '정'에 해당하는 좋은 번역은 뭘까요?

Yeah, I've been getting that question a lot, but I can't really think of a single good expression. Affection? Attachment? Nothing seems quite right.
네, 그 질문 진짜 많이 받았는데요. 저도 딱 한 단어로는 생각이 안 납니다. affection(애정)? attachment(애착)? 딱 이거다 싶은 게 하나도 없네요.

Mr. Cho,

If you have a moment, I could use your help with a shipping problem. We accidentally forgot to send a package out for several days, and now I can't think of a way to get it to the customer by Thursday, which is our guaranteed delivery date.

(사무용품 회사 직원이 같은 회사 타 부서 팀장에게 보내는 이메일)
조 팀장님께

잠깐 시간 되시면, 배송 문제 좀 도와주실 수 있을까요? 저희가 어쩌다가 며칠 동안 배송하는 걸 깜박했고요, 배송일을 약속한 것이 목요일인데 그때까지 고객에게 물건을 배송할 방법이 생각나지 않습니다.

✅ '깜박하다', '기억이 잘 안 나다' 그리고 '갑자기 생각나다'라는 세 가지 표현을 익혀 보겠습니다. 먼저 '깜박하다'에 해당하는 영어 표현은 slip one's mind로, 다음 예문에서 확인해 보겠습니다.

> ex A: Have you gotten around to posting that job opening yet?
>
> 이제 구인 공고 올리셨나요?
>
> B: Oh, I'm sorry. That slipped my mind.
>
> 죄송해요. 정말 깜박했어요.

✅ '기억이 잘 안 난다'고 할 때는 I don't quite remember.로 표현하면 됩니다. quite (꽤, 아주)를 쓰지 않으면 너무 퉁명스럽게 들리기 때문에 quite를 붙여서 "잘 기억이 안 나." 정도의 어감으로 표현하면 좋습니다.

✅ 마지막으로 It just occurred to me that 주어 동사 구문이 있는데요. 주로 상대와 대화하다가 '갑자기 생각난 건데' 또는 '너랑 이야기하다 보니 이런 생각이 갑자기 든다' 정도의 표현입니다.

> ex It just occurred to me that I didn't pay the bill.
>
> 나 공과금 안 낸 거 이제 생각났네.

> ex It just occurred to me that, when I worked as a teacher, most of my students didn't have any dreams, and only focused on studying.
>
> 방금 든 생각인데요. 교사로 일할 때 학생들 대부분이 꿈은 없고 공부에만 전념했던 것 같네요.

WORD BANK

- **a good translation for** : ~에 대한 옳은 변역
- **guaranteed delivery date** : 약속한 배송 일자

New Year's is just around the corner. Are you going to your parent's house, by the way?

새해가 코앞이네. 그나저나 너 부모님 댁에 갈 거야?

 김재우 쌤의 "영어 관찰 일기"

'그건 그렇고'라고만 외운 **by the way**는 다음 세 가지 상황에서 사용합니다. ① 잊어버리기 전에 무슨 말을 하고 싶을 때 ② 상대의 이야기를 듣다가 뭔가 연관된 것이 생각날 때 ③ 맥락과 상관없는 추가적인 정보를 공유할 때입니다. 우리말의 '참, 맞다', '그나저나', '참고로' 등에 해당하는 표현이지요.

MODEL EXAMPLES

1 That's why I'll never go to another Jazz Festival. Do you like jazz, by the way?

2 The room comes with two twin beds. You'll also have a great view of the beach, by the way.

3 I have a friend who's looking for a trainer. He's single, by the way.

4 We'll just have to order something for Mark and Mindy. When are they coming, by the way?

1 그래서 내가 다른 재즈 페스티벌에 안 가는 거야. 그나저나 넌 재즈 좋아해?

2 이 방에는 두 개의 트윈 침대가 구비되어 있습니다. 참고로 해변도 너무 잘 보입니다.

3 제 친구가 트레이너를 구하고 있어요. 참고로 제 친구는 싱글이에요.

4 Mark랑 Mindy 먹을 음식도 주문해야 해. 그나저나 그 친구들은 언제 도착한대?

1

Do you want to join this yoga class with me? I can get a discount for referring a friend.

나랑 같이 요가 수업 받을래? 친구를 소개하면 할인받을 수 있거든.

I'll think about it. I do need to work on my flexibility. By the way, is the instructor cute?

생각해 볼게. 유연성을 좀 기르긴 해야 해. 근데 선생님 귀여우셔?

2

You're still single, right? Can I set you up with my friend, Samantha? She's your age and really kind.

아직 만나는 사람 없지? 내 친구 Samantha 소개해 줄까? 네 또래인 데다 엄청 착해.

Sounds great! By the way, do you know Samantha's MBTI?

좋아! 그나저나 Samantha MBTI가 뭔지 알아?

3

Hi there. I'd like some more information on the new Mercedes model.

안녕하세요. 벤츠 신모델 정보 좀 알고 싶어서요.

Sure, I can tell you all about it. Which make of car are you currently driving, by the way?

물론이죠. 전부 말씀드릴게요. 그나저나 지금 타는 차량 종류가 어떤 거세요?

Thanks for hanging out with me last night! I had a great time and I hope you felt the same way. Btw, did you make it to work on time? I was a little worried after you almost fell getting into a cab.

어젯밤에 나랑 놀아 줘서 고마워! 나는 너무 재미있었는데 너도 그랬으면 좋겠어. 그나저나 회사 안 늦었어? 너 택시 타다가 넘어질 뻔해서 좀 걱정되더라고.

ex A: Is it raining, Greg?

anyway 역시 by the way처럼 문장의 마지막에 써서 '어차피, 상관없이, 그래도, 그럼에도'의 느낌을 주는 유용한 표현인데요. 많은 학습자들이 '~와 상관없이'라고 하면 regardless, '그럼에도'라고 하면 nevertheless와 같이 어려운 어휘로 표현하는 것을 볼 수 있지만, 원어민들은 일상에서 anyway로 표현합니다. 몇 가지 예문을 살펴볼까요?

ex A: Is it raining, Greg?

Greg, 비 오니?

B: No, but bring a raincoat anyway. It might rain.

아니, 그래도 비옷 챙기렴. 비 올지도 모르잖아.

ex A: I don't know where a good place would be to keep drinking. My favorite bar around here is already closed.

어디로 2차를 가야 할지 모르겠네. 주변에 내가 제일 좋아하는 바는 벌써 영업이 끝났거든.

B: Actually, it's okay. It's about time for me to get home and go to bed anyway.

사실, 괜찮아. 어차피 나 지금 집에 가서 자야 하거든.

ex Paris is expensive, but many people would like to vacation there, anyway.

파리 물가가 비싸긴 하지. 그래도 많은 사람들이 파리에서 휴가를 즐기고 싶어 해.

WORD BANK

- **refer a friend** : 친구를 소개하다
- **flexibility** : 유연성
- **I hope you felt the same way.** : 당신도 나와 같은 마음이었길 바라요.
- **btw** : by the way의 채팅 약어

I wasn't aware of the time.

시간 가는 줄도 몰랐네.

 김재우 쌤의 "영어 관찰 일기"

aware를 단순히 '알고 있는, 인지[지각]하고 있는'이라고 외우셨나요? 그런데 이러한 단순 암기로는 적재적소에 aware를 활용할 수가 없지요. '네가 모를까 봐 알려 주는 건데, ~에 대해 알고 있니?' 정도의 뉘앙스를 지니고 있다는 점을 파악하셔야 합니다! 예전에 한 외국인이 제 사무실의 벽시계가 고장 난 걸 보고는 다음과 같이 말했던 적이 있습니다. **Are you aware that the clock isn't working?**(혹시 벽시계 멈춘 거 아시나요?) 이 문장 역시 '모를까 봐 말해 주는 건데'의 어감이 묻어 있답니다. aware 바로 뒤에 명사가 올 경우에는 **전치사 of**와 함께 **aware of**로 써야 하는 것도 기억하세요.

MODEL EXAMPLES

1 Are you aware your zipper is down?

2 Are you aware there is something in your teeth?

3 I wasn't aware that this table was reserved.

4 I don't know if you're aware of this, but the bathroom sink is clogged.

5 I don't know if you're aware of it, but Suzie's brother has been seriously ill.

1 너 남대문 열린 거 아니?

2 너 이에 뭐 낀 거 알아?

3 이 좌석이 예약석인 줄을 몰랐습니다.

4 너 아는지 모르겠는데, 화장실 세면대 막혔어.

5 네가 아는지 모르겠지만, 수지 동생이 많이 아파.

1

Are you aware that you have a stain on your shirt pocket?
셔츠 주머니에 얼룩 묻은 거 아세요?

Yeah, I know, but there's nothing I can do about it right now. I think I should keep an extra shirt in my office.
네, 알고 있는데 지금은 어떻게 할 수가 없어요. 여분 셔츠를 사무실에 하나 둬야겠군요.

2

I wasn't very impressed with Mr. Kim's interview.
김 군과의 면접은 생각보다 별로였어.

Oh, really? Aren't you aware of his background? He's never studied abroad.
진짜로? 그 친구 배경을 모르나 보네? 해외 유학도 간 적이 없거든.

3

I'm actually here with my boyfriend.
저 사실 남자 친구랑 왔는데요.

Oh, I'm sorry. I wasn't aware you were with someone.
아, 죄송합니다. 일행이 있는 줄은 몰랐네요.

Dear customer,

In case you aren't aware, you have used up all of your pre-paid data. Please purchase additional data credit. Otherwise, your service will be suspended starting at midnight on the 10th.

GT Customer Service

안녕하세요, 고객님,

혹시 모르고 계실까 봐 말씀드리자면, 고객님이 선결제한 데이터를 다 쓰셨습니다. 추가 데이터를 구매하기 바랍니다. 그렇지 않으면 10일 자정부터 서비스가 중단됩니다.

GT 고객 서비스

✓ 상황을 바라보는 '시각의 차이'가 '표현 방법의 차이'로 이어지는 대표적인 사례 한 가지를 공유하겠습니다. MODEL EXAMPLES 1번 예문을 보면 Are you aware your zipper is down?이라고 해서 "너 남대문 열린 거 아니?"라는 문장이 등장하는데요. 우리의 경우 남대문이 '열렸다'고 생각하는 데 반해 영미인들은 지퍼가 '내려갔다'고 표현합니다. 즉, 같은 상황을 달리 볼 수도 있다는 것을 알 수 있는 영어 표현이라고 할 수 있습니다. 물론 Your fly is open.(지퍼가 열렸네.)이라고 표현하는 원어민들도 있지만 대다수는 지퍼가 '내려갔다'로 표현하더군요.

✓ 남녀 사이에서도 우리는 상대방에게 "네가 나를 떠나려는 듯한 느낌이 들어."라고 표현하는 데 반해 영미인들은 I feel like I'm losing you.(내가 너를 잃는 것 같은 느낌이 들어.)라고 우리와 반대 방향으로 표현하는 것을 관찰할 수 있습니다.

✓ 마지막으로 가장 대표적인 시각의 차이가 주소를 쓰는 방법에서 드러나는데요, 우리는 '나라명, 지역, 동네, 내가 사는 집/아파트' 이렇게 큰 범위에서 작은 범위 순으로 쓰는 반면, 영어는 내가 사는 집 호수가 가장 먼저 오고 나라명이 가장 마지막에 옵니다. '자기' 자신을 중요시하는 영미인의 사고방식이 담겨 있다고 볼 수도 있겠습니다. 참고로, 내 주소를 영어로 어떻게 쓰는지 궁금할 경우, 인터넷에서 영문 주소 변환기를 활용하시면 됩니다.

ex 28 Daeheung-ro 20-gil, Mapo-gu, Seoul
서울 마포구 대흥로20길 28

WORD BANK

- **be reserved** : ~이 예약되어 있다, 잡혀 있다
- **be clogged** : ~이 막혀 있다
- **have a stain on** : ~에 얼룩이 있다
- **be impressed with** : ~에 감동받다
- **be suspended** : ~이 정지되다

전화 통화 자연스럽게 마무리하기

I think I will have to let you go.

이제 그만 들어가 보렴.

 김재우 쌤의 "영어 관찰 일기"

전화 통화 시 "이제 그만 끊자.", "이제 그만 들어가 봐."라고 할 때 쓰는 영어 표현이 바로 **I think I will have to let you go.**입니다. 직역하면 "너를 보내 줘야 할 것 같다." 인데요. **let 사람 go**의 경우 붙잡고 있던 누군가를 보내 준다는 의미로, 특히 유선 통화 또는 줌 회의 등에 자주 등장하는 요긴한 표현이랍니다. 예를 들어, 지하철 승강장 에서 통화를 하다 **I think I will have to let you go. I'm getting on the subway.** (끊어야겠다. 나 지하철 타.)라고 표현할 수도 있습니다.

MODEL EXAMPLES

1 I'm afraid we'll have to let you go.

2 It's already 11 p.m. I think I will have to let you go.

3 I think I will have to let you go. I'm getting on the bus.

4 I'll have to let you go. I'm getting another call.

5 I have another meeting scheduled right after this, so I'm afraid I'll have to let you go.

1 (그룹 콜(단체 통화) 상황에서) 이제 전화를 끊어야 할 듯하네요.

2 벌써 밤 11시네. 전화 끊어야겠다.

3 전화 끊어야 할 듯해. 나 버스 타거든.

4 전화 끊어야겠다. 다른 전화가 들어와서.

5 (줌 회의 중에) 이 회의 바로 다음에 다른 회의가 잡혀 있어서, 죄송하지만 여기서 마쳐야 할 것 같습니다.

1

Well, Mom, is it alright if I let you go? I should start getting ready for work.

음, 엄마, 전화 끊어도 될까요? 출근 준비를 해야 해서요.

Of course, Honey! Thanks for calling. Have a great day at work.

당연하지, 얘야. 전화 고마워. 회사에서 좋은 하루 보내고.

2

Sorry, I'm getting another call. Can I let you go for now?

미안한데, 전화가 또 들어오네. 잠깐 끊어도 될까?

Okay, but please call me back right away when you're done.

응. 통화 끝나면 바로 다시 전화 줘.

3

Even after I reset my password, I still can't get into my email account.

비번 리셋을 했는데도 여전히 이메일 접속이 안 됩니다.

Okay, Ms. Shin. It's probably going to take me some time to figure out a solution, so how about I let you go and then call you back when I'm done?

알겠습니다, 신 과장님. 해결책 찾는 데 시간이 좀 걸릴 것 같으니 지금은 전화 끊고 방법 찾으면 제가 다시 전화드리는 게 어떨까요?

CASES IN POINT 카카오톡 메시지

It's getting pretty late here, so I will have to let you go. We'll be there in Seoul before you know it, though! Text me before the flight if you need anything from Miami.

(마이애미에 거주하는 미국인 부모님이 서울에 사는 딸에게 하는 톡 대화 중)
시간이 많이 늦었으니 들어가 봐. 우리가 곧 서울 가니까! 마이애미에서 뭐 사 오라고 할 것 있으면, 우리 비행기 타기 전에 문자 주렴.

✓ SMALL TALK에 등장한 표현 두 가지를 살펴보겠습니다. 우선, SMALL TALK 1번 대화에 나온 표현 at work를 보겠습니다. 학습자들 상당수가 "저 지금 회사예요.", "일하는 중이에요."라고 할 때 I am at the company. 또는 I am still working. 등과 같이 표현하지만 이에 해당하는 원어민식 영어 표현은 I am still at work. 또는 I am still in the office.입니다.

> ex I'm still in the office. I don't think I can make it today.
>
> 나 아직 사무실이야. 아무래도 오늘은 못 갈 거 같아.

✓ SMALL TALK 3번 대화를 보면 get into라는 구동사가 나오는데, 이때의 get into는 물리적인 공간에 '들어가다'라는 의미로 쓰였습니다. 주로 부정문 형태로 can't get into the folder(폴더에 접속이 되지 않는다), can't get into the email account(이메일 계정에 들어가지지 않는다)와 같이 활용하는 표현이랍니다.

> ex Due to connection issues, I've been unable to get into the folder all morning.
>
> 접속 장애로 인해 오전 내내 폴더에 접속을 할 수가 없네요.

> ex I can't get into my Naver account, but I don't know why.
>
> 제 네이버 계정에 접속이 안 되는데 왜 그런지 모르겠어요.

WORD BANK

- **get ready for** : ~에 대한 준비를 갖추다
- **figure out a solution** : 해결책을 찾다

Lunar New Year is less than a week away.

설이 일주일도 채 안 남았네.

 김재우 쌤의 "영어 관찰 일기"

away는 원래 '공간적으로 떨어져 있는' 상태를 나타내는 단어이지요. 오늘은 '시간적으로 떨어져 있는'이라는 의미로 쓰인 문장들도 살펴보겠습니다. "크리스마스가 2주밖에 안 남았네."라고 할 경우 **Christmas is only two weeks away.**라고 표현하며, "크리스마스가 한 달도 채 남지 않았다."라고 하려면 **less than**을 넣어서 **Christmas is less than a month away.**라고 하면 됩니다.

MODEL EXAMPLES

1 I'm only one stop away. I'll be there soon!

2 The weekend is only two days away, but I don't have any plans yet. Do you want to do something with me around Seoul Forest?

3 I can't believe my girlfriend's birthday is only a week away. I still don't know what to get her.

4 Valentine's Day is only a few days away. I want to surprise my wife, but I still can't figure out what would be best.

1 한 정거장만 더 가면 돼. 곧 도착해!

2 주말이 이틀밖에 안 남았는데, 아직 계획이 없어. 나랑 서울 숲 근처에서 뭐 할래?

3 여자 친구 생일이 일주일밖에 안 남았다니. 뭘 해 줘야 할지 모르겠어.

4 밸런타인데이가 며칠 안 남았네. 아내를 놀라게 해 주고 싶은데, 뭐가 제일 좋을지 고민이야.

1

My finals are only two weeks away. I'm afraid I need to really get down to studying.

기말시험이 2주밖에 안 남았어. 나 진짜 제대로 공부 시작해야 할 것 같아.

Ah, so you won't be able to hang out until after?

아, 그럼 시험 끝날 때 까지는 못 논다는 거지?

2

My wife's birthday is only a week away, but I can't figure out what to get her.

아내 생일이 일주일밖에 안 남았어. 그런데 뭘 사 줘야 할지 고민이야.

You know, I got my girlfriend a nice bracelet last month. I'll share the jeweler's website with you.

있잖아, 나 지난달에 여자 친구에게 멋진 팔찌를 사 줬거든. 그 보석 브랜드 홈페이지 알려 줄게.

3

The release date is a month away, but I'm not even 80% finished.

출간일이 한 달밖에 안 남았어요. 그런데 아직 80%도 못 끝냈어요.

Oh, really? We still need to proofread, edit, and typeset. We should strongly consider pushing the date back.

아, 정말요? 검수, 편집에 조판도 해야 하잖아요. 출간일을 늦추는 것도 진지하게 생각해 봐야겠네요.

The launch is less than a week away, and we're seeing a lot of excitement on our social media. I want to make sure each branch has plenty of stock. Also, we should consider hiring seasonal workers to manage the rush.

제품 발매일이 일주일도 안 남았고 저희 SNS가 난리가 났습니다. 각 지점에서는 충분한 물량을 확보해 주시기를 바라며, 분주한 시기를 관리하기 위해 임시직 직원을 채용하는 것도 생각해 봐야 할 것 같습니다.

✅ away를 조금 응용한 표현 하나를 소개하겠습니다. 기간 + away from -ing 구문으로 '이제 얼마 있으면 ~하게 된다'는 우리말을 가장 정확하게 전달할 수 있는 영어 표현입니다. 예를 들어, "저 학위 마치기까지 한 학기밖에 안 남았어요."라고 한다면 I'm only one semester away from finishing my degree.라고 표현할 수 있습니다. 연금 수령을 기대하고 있는 사람이라면 다음과 같이 말할 수도 있습니다.

> ex **I'm only eight years away from getting my pension.**
> 이제 8년만 있으면 연금을 받습니다.

✅ 곧 시작될 콘서트에 대해 다음과 같이 표현하면 멋진 원어민식 문장이 됩니다.

> ex **We're only two hours away from the concert getting started.**
> 콘서트 시작까지 2시간밖에 안 남았어요.

✅ 이 책을 기준으로 DAY 067을 공부하고 있으니 앞으로 DAY 100까지 33일이 남았네요. 오늘의 표현을 이용하면 다음과 같이 말할 수 있습니다.

> ex **I am only 33 days away from finishing this book!**
> 이 책 끝내는 데 딱 33일 남았어!

WORD BANK

- **get down to -ing** : ~하는 것을 시작하다
- **consider pushing the date back** : 일정 지연을 고려하다
- **hire seasonal workers** : 임시 직원을 고용하다
- **get one's pension** : ~의 연금을 받다

I don't have time to grab lunch. I'm behind on work.

일이 밀려서 점심 먹을 시간도 없어.

 김재우 쌤의 "영어 관찰 일기"

be behind on ~ 구문은 '월세가 밀리다', '공사가 지연되다', '드라마 시청이 밀리다', '공과금 납부가 밀리다' 등 수많은 상황에서 사용할 수 있는데요. **시간 + behind schedule**이라는 응용 표현도 익혀 두면 좋겠습니다. 한편 '예정된 스케줄보다 빠르게 일이 진행된다'라고 할 때는 **be ahead of schedule**이라는 표현을 써서 **We are two months ahead of schedule.**처럼 말하면 됩니다.

MODEL EXAMPLES

1 I'm afraid we are three months behind schedule.

2 I've been watching *Extraordinary Attorney Woo*, but I'm, like, three or four episodes behind. Please don't spoil anything.

3 Once you get behind on your bills, it can be difficult to catch up.

4 I'm pretty behind on homework. I'll have to spend all weekend catching up.

1 (공사가 지연되는 상황에서) 3개월 지연되고 있는 상태입니다.

2 〈이상한 변호사 우영우〉 보고 있는데 한 3, 4화 정도 밀렸거든. 그러니까 줄거리 미리 말해서 초 치지 마.

3 공과금이 한 번 밀리기 시작하면, 계속 밀리게 돼.

4 나 숙제가 좀 밀렸어. 주말 내내 못 한 숙제를 해야 해.

1

Oh man! Look at this month's electricity bill. I'm not sure I have enough money in my checking account.

이런! 이번 달 전기료 좀 봐. 통장에 돈이 충분히 있는지 모르겠네.

You know, we're already one month behind on payment. If we're late again, they're going to cut us off.

우리 이미 한 달 밀렸어. 또 밀리면 전기 끊겨.

2

Hi, Sujin! Are your studies going okay? I just wanted to ask if you're going to transfer the rent soon. You're one month behind on it.

안녕하세요, 수진 씨! 공부는 잘돼요? 월세 곧 입금할 건지 알고 싶어서요. 한 달 치가 밀렸거든요.

Oh my gosh! I'm so sorry. I've been working on some projects, and it totally slipped my mind.

이런! 죄송해요. 과제를 하느라 완전히 깜박했네요.

3

I didn't realize that we had to report our earnings to the tax office.

우리가 국세청에 소득 신고를 해야 하는지 몰랐어.

Oh, no! We must be, like, a few months behind.

이런! 그럼, 몇 달 정도 밀렸겠는데.

Sooyeon, I was just going through my bank transactions, and I found that it has been a while since your last tuition payment. I think that was on June 23rd, which would mean you're nearly two months behind on tuition. Does that look right to you?

(원어민 선생님이 과외를 받는 학생에게 보내는 메시지)
수연 님, 제가 은행 거래내역을 확인하고 있었는데, 보니까 지난 수업료 입금한 지가 꽤 됐더라고요. 6월 23일에 입금된 것 같은데, 그럼 두 달 치 수업료가 밀린 것 같아요. 맞을까요?

☑ CASES IN POINT에 등장한 go through라는 구동사는 정말 다양한 상황에서 쓰이는 표현인데요. 의미와 용례를 정리하면 다음과 같습니다.

1 물리적인 공간을 통과하다

ex I am going through a tunnel.

나 지금 터널 통과 중이야.

2 어떠한 상황을 겪다, 경험하다

ex Sally is going through a lot lately.

요즘 Sally가 여러 가지로 힘들어.

3 공간을 샅샅이 훑어보다, 뒤지다

ex I went through my whole closet, but I can't figure out what to wear for the wedding.

옷장을 샅샅이 뒤져 봤는데도, 결혼식에 뭐 입고 갈지를 모르겠네요.

CASES IN POINT에 나온 go through는 3번에 해당하는 경우로 '통장의 거래 내역을 일자별로 자세히 보다'라는 의미로 쓰였습니다. 구동사에 대한 이해와 내재화, 적극적인 활용 없이는 원어민처럼 영어를 구사하기 힘들다는 점을 다시 한번 강조하고 싶네요.

WORD BANK

- **cut 사람 off** : ~에게 이용[접근]을 막다
- **transfer the rent** : 월세를 송금하다
- **bank transactions** : 은행 거래 내역

That's for sure.

누가 아니래.

 김재우 쌤의 "영어 관찰 일기"

많은 학습자가 '구어체 영어'에 취약합니다. 오늘 배울 **That's for sure.**가 대표적인 사례가 아닐까 합니다. 우리말의 "누가 아니래.", "내 말이.", "그 점은 분명한 사실이야.", "의심의 여지가 없지." 등에 해당하는 표현인데요. 이런 멋진 표현을 두고도 언제까지 **Yeah. I think so.**만 남발할 수는 없지 않을까요? 이제부터는 상대방의 말에 적극 동의 또는 공감할 때 자동 반사적으로 **That's for sure.**가 입에서 나오도록 연습해 두어야겠습니다.

MODEL EXAMPLES

1 A: Sales are picking up.   B: That's for sure.

2 A: Politicians are all liars.   B: That's for sure.

3 A: We can't afford to continue this trade war.   B: That's for sure.

4 A: My husband is not the kind of guy who would ever cheat.
   B: That's for sure.

5 A: Jonathan won't have any trouble getting another job with his qualifications.
   B: That's for sure.

1 A: 매출이 살아나고 있습니다.   B: 확실히 말이죠.

2 A: 정치인들은 다 거짓말쟁이야.   B: 그건 확실해.

3 A: 우리는 이와 같은 무역 전쟁을 계속해서는 안 됩니다.   B: 그 점은 분명합니다.

4 A: 제 남편이 바람을 피울 사람은 아니에요.   B: 그건 확실해요.

5 A: Jonathan은 그 정도 스펙이면 다른 직장 구하는 데 문제 없을 거야.   B: 내 말이.

1

I just thought he was a little stubborn.
그 사람 좀 고집불통인 것 같아.

That's for sure.
내 말이.

2

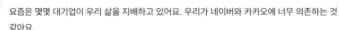

Our lives are kind of dominated now by a few huge conglomerates.
I feel like we rely too much on Naver and KakaoTalk.
요즘은 몇몇 대기업이 우리 삶을 지배하고 있어요. 우리가 네이버와 카카오에 너무 의존하는 것
같아요.

That's for sure. We should definitely make Korea a more
welcoming place for startups.
너무 맞는 말씀입니다. 반드시 우리나라를 스타트업에게 더 환영받을 수 있는 곳으로 만들어야 해요.

3

We've worked so hard on this project. We should ask for a raise
once it's over.
우리 이번 프로젝트 진짜 열심히 했어요. 끝나면 연봉 인상을 요구합시다.

That's for sure. We've proven our worth.
당연히 그래야죠. 우리의 가치를 이미 증명했으니까요.

CASES IN POINT 회사 대표의 격려 연설

George has been a terrific human resources manager. Since he joined
30 years ago, he has helped train at least half of all new hires. Much of
our growth was only possible thanks to him. That's for sure!

George는 최고의 인사부 관리자입니다. 입사 후 30년간 적어도 신규 직원 절반을 교육한 사람이죠. 우리가
성장한 것도 이분의 공이 큽니다. 의심의 여지가 없지요!

FURTHER STUDIES

✅ 상대방의 말에 전적으로 동의하거나 맞장구를 칠 때 사용할 수 있는 표현 몇 가지를 소개해 봅니다. 가장 쉬운 표현으로는 I totally agree.가 있으며, "전적으로 동의합니다."라는 의미입니다. 같은 의미로 I couldn't agree with you more. 역시 적극적인 동의를 나타낼 때 요긴하게 쓸 수 있는 표현입니다.

✅ 관용적인 표현도 있는데요. You can say that again. 역시 원어민들이 자주 사용하는 표현이지요. 직역하면 "당신은 다시 그걸 말할 수 있다."이지만 상대방의 말에 이렇게 대답하면 "제 말이요."라고 맞장구치는 표현이 됩니다.

✅ 마지막으로 Definitely.가 있습니다. definitely는 부사로 '분명히, 확실히'라는 의미를 가지며 강조하는 역할을 하지요. "누가 아니래.", "제 말이요."와 같이 상대방의 말에 짧게 맞장구칠 때 쓸 수 있습니다.

✅ 이에 반해 "그 점에 있어서는 동의하기 힘듭니다."라고 할 때는 I can't agree with you on that.이라는 문장으로 표현한답니다.

WORD BANK

- **pick up** : 회복되다, 개선되다
- **have trouble -ing** : ~하는 데 어려움을 가지다
- **stubborn** : 완고한, 고집스러운
- **be dominated by** : ~에 의해 지배받다
- **ask for a raise** : 연봉 인상을 요구하다

DAY 070

go wrong with 제대로 활용하기

You can't go wrong with black.

검은색이 진리지.

 김재우 쌤의 "영어 관찰 일기"

영어로 말을 하고 글을 쓴다는 것은 특정 상황과 문맥에서 원어민들이 자주 쓰는 표현을 가져다 쓰는 것이지 내가 창의적으로 영작을 하는 행위는 아닌 듯합니다. 특히 영어의 관용적 표현의 경우 일대일 번역을 하면 정말 어색할 때가 많습니다. 문맥 의존도가 높은 표현context-sensitive expressions의 경우 '한국어 단어 = 영어 단어'가 절대로 성립되지 않기 때문입니다. 그래서 오늘 소개하는 '~가 진리다', '~가 답이다'에 해당하는 영어 표현의 경우 사전 또는 구글 검색을 통해서는 적절한 영어 표현을 찾기가 힘듭니다.

MODEL EXAMPLES

1 You can't go wrong with the color combination of black and white.
2 You can't go wrong with a dark gray suit.
3 If you want good weather, you can't go wrong with San Diego.
4 Potatoes and cheese. You can't go wrong with them.
5 You can never go wrong with BMW.

1 블랙과 화이트의 컬러 조합은 잘못될 수가 없습니다.
2 어두운 회색 슈트는 언제나 옳지.
3 날씨 좋은 곳 원하면, 무조건 샌디에이고가 답이다.
4 감자와 치즈는 언제나 옳다.
5 BMW는 언제나 옳은 선택이지.

1

I haven't eaten all day, either. What do you want?
나도 하루 종일 아무것도 못 먹었어. 넌 뭐 먹고 싶어?

I'm craving meat, and we can't go wrong with Korean BBQ.
난 고기가 너무 당기는데 한국식 바비큐는 언제나 옳지.

2

We have 20 people coming, so maybe five pizzas will be enough. What should we get?
20명이 오는데, 아마도 피자 다섯 판이면 충분할 듯. 무슨 피자 시켜야 할까?

You can't go wrong with just cheese and pepperoni.
치즈 페퍼로니 시키면 실패할 일이 없지.

3

Mom, what do you think of this outfit? I'm not sure if it's really appropriate for work.
엄마. 이 의상 어때요? 회사 갈 때 입기에는 조금 그런 것 같기도 하고.

Let me see. The pants are a little tight, but you've got the blazer on top, which makes it alright. You can't go wrong with that combination.
한번 보자. 바지가 좀 타이트하네. 근데 상의를 블레이즈를 입었으니 괜찮을 것 같다. 그 두 조합은 언제나 옳거든.

유튜버 투자 조언

Are you still trying to figure out where to invest your money? Having invested in all sorts of start-ups over the years, I have found that bio-startups are the safest option. In my opinion, it's hard to go wrong with them.

어디에 투자해야 할지를 두고 아직도 고민 중이십니까? 지난 몇 년간 온갖 스타트업에 다 투자해 본 후 내린 결론은 바이오 스타트업이 가장 안전한 선택이라는 점입니다. 바이오는 실패할 일이 없다는 것이 제 생각입니다.

✅ 우리말 '혹시 모르니'에 해당하는 영어 표현은 무엇일까요? 바로 to be safe입니다. 때로는 just to be safe로 표현하기도 합니다. 다음 예시들을 한번 보실까요?

ex It usually only takes two or three minutes to get to the station, but I always try to leave my place at least six minutes early, to be safe.

보통은 역까지 2~3분밖에 안 걸리는데, 항상 최소 6분은 일찍 집을 나섭니다. 혹시 모르니까 말이죠.

ex I heard it will snow in the morning. It might be better to take the subway rather than the bus, just to be safe.

아침에 눈이 온다더라. 혹시 모르니 버스보다는 지하철 타는 게 나을 것 같아.

ex I heard cilantro is around 5,000 won. I'll bring 10,000 won to be safe.

고수가 오천 원 정도 한다던데. 그래도 혹시 모르니 만 원 가져가 보려고.

to be safe의 경우 대부분 문장 끝에 위치한다는 점도 기억해 둡시다!

WORD BANK

- **color combination** : 색상의 조합
- **crave** : ~을 (몹시) 원하다
- **appropriate** : 적절한, 적당한
- **in my opinion** : 내 생각에는, 제 의견은요
- **it might be better to부정사** : ~하는 편이 더 좋겠다

전치사 for로 목적 나타내기

Let's go out for some fresh air.

나가서 바람이나 좀 쐬고 오자.

김재우 쌤의 "영어 관찰 일기"

학생들과 영어로 대화하다 보면 다음과 같이 표현하는 것을 볼 수 있습니다. **I went out and had dinner with Nick last night.**(어젯밤에 나가서 Nick이랑 저녁 먹었어요.) 물론 맞는 문장입니다. 그렇다면 다음 문장은 어떤 의미일까요? **I went out for dinner with Nick last night.** 네, 같은 의미입니다. 그런데 우리나라 학습자들은 목적을 나타내는 for의 활용에 익숙하지 않아서 이렇게 표현하지 못하는 경향이 있습니다. '목적'을 나타내는 **for**를 적극적으로 활용해야 원어민스러운 영어를 구사할 수 있습니다.

MODEL EXAMPLES

1 Can you stay for dinner?

2 I actually went shopping for furniture at IKEA.

3 Can I go out just a couple of minutes for some fresh air?

4 I'm afraid I'll have to leave early for an interview.

5 I have to fast, starting at 8 p.m., for my check-up tomorrow morning.

1 저녁 먹고 갈래?

2 저 사실 이케아에 가구 보러 다녀왔어요.

3 나가서 잠시 바람 좀 쐬어도 될까요?

4 나 면접이 있어서 먼저 일어나 봐야 할 것 같아.

5 내일 아침에 건강 검진이 있어서 저녁 8시부터 금식해야 해요.

1

I'm taking the IELTS this weekend, and I hope to get at least a 6.
나 이번 주말에 아이엘츠 시험 봐. 최소 6점은 받았으면 좋겠는데.

Oh, do you need that for a promotion?
아, 승진 때문에 그게 필요한 거야?

2

My father moved to America for a better life, but he ended up working in factories here, too.
저희 아버지는 더 나은 삶을 위해 미국으로 이주하셨지만, 결국 이곳 공장에서 일하게 되셨지요.

That happens way too often, especially with Southeast Asians.
대부분 그렇죠. 특히 동남아시아인들의 경우 말이죠.

3

I went shopping for G-Shock for my girlfriend.
여자 친구 주려고 카시오 시계 브랜드인 G-Shock 보고 왔어.

Is that really the kind of gift she enjoys?
여자 친구가 정말 좋아할 만한 선물일까?

우체국에서

I understand that you want your package to arrive this week, but I'm afraid the only other option is via airmail, and you would have to pay twice as much for expedited shipping. Are you sure you'd like to go ahead with that?

(우체국에서 빠른 배송을 원하는 고객에게 직원이 하는 말)
택배가 이번 주에 도착하기를 원하는 것은 이해하지만 그러려면 항공 우편밖에 방법이 없습니다. 신속 배송을 하려면 요금을 두 배로 내셔야 하는데, 정말 그렇게 하시겠어요?

✅ 선택의 이유를 나타내는 for와 결과의 원인을 나타내는 for에 대해 살펴보겠습니다. 다음 예문을 먼저 보겠습니다.

ex **I chose the iPhone for its design.**

디자인 때문에 아이폰으로 선택했어요.

ex **Is she with him for his money?**

그 여자는 그 남자 돈 보고 만나는 거야?

위 두 문장의 공통점은 선택과 결정의 이유, 목적을 because가 아닌 for로 표현하고 있다는 점입니다. 이러한 전치사 for를 잘 쓰면 because의 남용을 줄일 수 있습니다.

✅ 결과의 원인을 나타내는 for를 사용한 예문도 보겠습니다.

ex **He got told off for coming in late.**

그는 지각해서 혼났다.

ex **They are closed for remodeling.**

그 집 리모델링한다고 영업을 안 해.

첫 번째 문장의 for 뒤에는 지각을 한 이유가 왔지요. 즉, for가 어떤 행위 '때문에' 혹은 어떤 행위에 '대해서'의 의미로 쓰였습니다. 두 번째 문장은 for 뒤에 영업을 하지 않는 이유가 나왔는데요, for가 for reasons of(~라는 이유로)의 의미로 쓰인 경우입니다. 두 경우 모두 우리나라 학습자 대부분이 because를 써서 표현하려는 경향이 있습니다. 앞으로는 for를 잘 활용해 보세요.

WORD BANK

- **end up -ing** : 결국 ~하게 되다, ~으로 끝나다
- **via airmail** : 항공 우편으로
- **go ahead with** : ~을 추진하다
- **tell off** : 혼내다

What is this about? Is this about my test results?

무슨 일이신가요? 제 검사 결과 관련된 건가요?

 김재우 쌤의 "영어 관찰 일기"

일반적으로 **What is this about?**이라고 하면 "이것의 내용이 무엇인가?"라는 말입니다. 예를 들어, **What is the book about?**이라고 하면, "그 책 내용이 뭐야?"라는 말이 되지요. 하지만 오늘 소개하는 표현은 "무슨[어떤] 일 때문에 그러시죠?", "~ 때문인가요?", 즉 '~에 대한 이유나 용건'을 완곡하게 물을 때 사용하는 표현입니다. 같은 말이라도 따지듯이 말해야 할 때와 예의를 갖춰 에둘러 표현해야 할 때를 구분해서 말하는 실력을 길러야겠어요.

MODEL EXAMPLES

1 I'm happy to meet you for dinner, but you kind of called me out of the blue. What is this about?

2 Sally isn't responding to my texts. Do you know what that's about?

3 I see we have another meeting scheduled later. What is it about?

4 May I ask what this is about?

1 너 만나서 저녁 먹으니 좋긴 한데 너무 갑작스럽게 연락했네. 어떤 일 때문에 보자고 한 거니?

2 Sally가 문자에 답이 없네. 너 혹시 Sally가 왜 그러는지 아니?

3 보니까 우리 이따가 회의가 하나 더 잡혀 있군요. 어떤 내용일까요?

4 혹시 어떤 일 때문에 그러시는지 여쭤봐도 될까요?

1

I'd like to speak to Jeff please.

Jeff 씨와 통화할 수 있을까요?

May I ask what this is about?

어떤 일 때문이신지 여쭤봐도 될까요?

2

Please close the door behind you.

문 닫고 들어오실래요?

Oh, no. What is this about? Is this about me showing up late?

아, 무슨 일 때문에 그러시는데요? 제가 지각을 한 것 때문일까요?

3

My parents invited us to that French restaurant on Namsan for dinner this Friday.

부모님이 이번 금요일에 남산에 있는 그 프랑스 식당에서 저녁 먹자고 초대하셨어.

Oh, really? It's a little sudden. What is it about? Do they want to tell us something serious?

정말? 조금 갑작스럽네. 무슨 일이시래? 뭐 중요한 말씀 하실 거 있대?

CASES IN POINT 카카오톡 메시지

Hi Jeff, it was great seeing you in Seoul last week. I hope you had a nice visit, and actually, that's why I'm writing. You seemed a little bit uncomfortable, especially at our dinner with the clients. Can I ask what that was about? Were the representatives' questions perhaps too personal for you?

안녕, Jeff. 지난주에 서울에서 보게 돼서 좋았어. 기분 좋게 방문했기를 바라는데, 실은 그것 때문에 연락해 본 거야. 너 약간 불편해했던 것 같아서. 특히 고객사 사람들과 저녁 식사할 때 말이야. 혹시 뭐 때문에 그랬는지 물어봐도 될까? 그쪽 사람들 질문이 너무 사적인 것이었니?

✅ CASES IN POINT에서 소개한 문장인 It was great seeing you in Seoul last week.에 착안해 '동명사 도치구문'을 살펴보겠습니다. 동명사를 주어로 쓰는 경우 문장이 도치되는 경우가 제법 있는데요. 구어체 영어에서도 이런 현상은 빈번합니다. 다음 예문을 통해 확인해 보겠습니다.

ex It was tough working with James.

James랑 일하는 게 쉽지가 않더군요.

ex It was a great pleasure working with you. I wish you nothing but success in the future.

그동안 함께 일할 수 있어서 너무 좋았습니다. 앞으로 성공만이 깃들길 기원합니다.

ex I've always had trouble understanding Scottish people, so it was tough watching the movie with no subtitles.

스코틀랜드 사람들 말은 늘 이해하기 어려웠어. 그래서 자막 없이 이번 영화를 보는 게 너무 힘들더라.

ex It was a real struggle getting the dresser up all those stairs.

계단으로 드레서를 옮기는 게 진짜 힘들더군요.

WORD BANK

- **call 사람 out of the blue** : ~에게 갑자기 연락하다, 느닷없이 부르다
- **show up late** : 지각하다, 늦게 오다

That sounds like an even better plan to me.

그게 훨씬 더 낫겠다.

 김재우 쌤의 "영어 관찰 일기"

동사 **sound**는 다음 네 가지 형태로 사용된다는 점을 꼭 기억합시다.

① 사람/사물 sound 형용사　　　② 사람/사물 sound like 명사
③ 사람 sound like 주어 동사　　④ It sounds like 주어 동사

이 중 ③과 ④에 해당하는 예문을 보면 다음과 같습니다.

- ex **You sound like you are really busy these days.** 보니까 너 요즘 무지 바쁜가 보다.
- ex **It sounds like you are a big fan of Netflix.** 너 넷플릭스 광팬인가 보다.

MODEL EXAMPLES

1 She sounded like a Texan.

2 He sounds like a perfect boyfriend.

3 These reviews make it sound like a chill place to hang out after work.

4 You don't sound like you are really interested in joining us for camping.

5 It sounds like you haven't really tried authentic barbecue.

1 그 여자분 텍사스 사람 같더라.

2 들어 보니까 그 사람 최고의 남자 친구네.

3 이 후기들 보니까 퇴근 후에 가서 시간 보내기 좋은 곳인 듯.

4 말하는 거 들어 보니 우리랑 캠핑 갈 생각이 별로 없는 것 같군.

5 진짜 제대로 된 바비큐를 못 먹어 본 모양이군.

1

I'm thinking of visiting San Diego this winter. What do you think?

이번 겨울에 샌디에이고에 갈까 하는데. 어떻게 생각해?

I heard they have mild weather all year round, so that sounds like a perfect place for you.

일 년 내내 날씨가 온화하다고 하니 너에겐 딱 맞는 듯해.

2

Okay, I am willing to come with you to the workshop, if you think I should.

그래. 필요하면 내가 워크숍 따라갈게.

Haha, it sounds like you really don't want to go. I won't force you.

하하, 보니까 별로 안 가고 싶어 하는 것 같네. 강요는 안 해.

3

Randy was on the phone when I walked past his office, and he sounded like he was upset. Do you know what that was about?

사무실 지나가는데 Randy가 통화하고 있었고, 단단히 화가 난 것 같던데. 왜 그러는지 알아?

Yeah. I think headquarters wants to transfer him to China.

응. 본사에서 중국으로 발령 내고 싶어 해서.

뉴스 기사

Housing prices are falling in Korea's capital, leaving young people breathing sighs of relief. And while this may not sound like an issue, it could lead to other problems. Many current homeowners are in debt after buying during the bubble. They took out huge loans, and with interest rates rising, they are feeling the squeeze.

서울 주택 가격이 하락하면서 젊은이들은 안도의 한숨을 내쉬고 있습니다. 별일 아닌 듯 보일 수 있지만, 이는 다른 여러 문제로 이어질 수 있습니다. 많은 주택 보유자들이 버블 당시에 집을 구매해서 현재 많은 빚을 안고 있습니다. 대출을 많이 받은 것인데, 금리가 오르고 있기 때문에 상당한 부담을 느끼고 있습니다.

✓ '감각동사' look에 대해 살펴보도록 하겠는데요. sound와 마찬가지로 다음 네 가지 문형을 이룹니다.

1 사람/사물 look 형용사

2 사람/사물 look like 명사

3 사람 look like 주어 동사

4 It looks like 주어 동사

각각에 해당하는 예시들을 한번 볼까요?

ex **You look low on energy.**

너 힘이 없어 보인다.

ex **You shouldn't wear that shirt. It makes you look like a nerd.**

그 셔츠 입지 마. 범생 같아 보이잖아.

ex **She looks like she got some work done.**

보니까 저 여성분 성형한 듯.

ex **It looks like you are very particular about your hair. I wonder how long it takes you to fix it every morning.**

보니까 너 머리 엄청 신경 쓰나 보다. 아침마다 머리 만지는 데 얼마나 걸리는지 궁금하네.

WORD BANK

- **be in debt** : 빚을 지다
- **take out a loan** : 대출을 받다
- **feel the squeeze** : (재정적인) 압박을 느끼다
- **look like a nerd** : 범생처럼 보이다, 괴짜처럼 보이다

DAY 074 It's not like를 이용해 '그런 게 아니고'라고 말하기

It's not like we are in a serious relationship or anything.

저희가 뭐 진지하게 사귀고 그런 건 아니에요.

 김재우 쌤의 "영어 관찰 일기"

우리말의 '~한 건 아니고, ~인 것도 아닌데' 정도에 해당하는 영어 구문이 바로 **It's not like 주어 동사**인데요. 이성에게 퇴짜를 맞은 친구에게 위로의 말을 건넬 때 다음과 같이 말할 수 있습니다. **It's not like he is perfect.**(그 남자가 뭐 완벽한 것도 아니잖아.) 다른 나라로 떠나는 사람이 친구들에게 슬퍼하지 말라며 다음과 같은 말을 할 수도 있겠네요. **It's not like I'm leaving for good.**(내가 영원히 가는 것도 아닌데 뭘.)

MODEL EXAMPLES

1 It's not like I'm a bad driver or anything.

2 It's not like I eat fast food all the time.

3 Our gas bill was really high, but it's okay. It's not like we can't afford it.

4 It's not like you're losing your job. It's just a transfer.

5 It's not like I swore at you. What's the big deal?

1 제가 뭐 운전을 잘 못하는 것도 아닌데요.

2 내가 늘 패스트푸드를 먹는 것도 아닌데.

3 우리 가스 요금이 너무 많이 나왔더라, 근데 괜찮아. 감당하기 힘든 수준까지는 아니니.

4 직장을 잃는 게 아니잖아. 그냥 전근 가는 거잖아.

5 제가 무슨 욕을 했나요? 뭘 그걸 가지고 그러시죠?

1

I can't believe you and your wife each have sports cars. How can you afford them?

부인까지 두 분 다 스포츠카가 있다니 대단해요. 어떻게 감당하세요?

Well, it's not like I'm rich. It's just that we're both really into cars.

뭐, 제가 부자는 아니고요. 그냥 둘 다 차를 정말 좋아해서요.

2

Haven't I told you that cupbop is really unhealthy?

내가 컵밥은 몸에 별로 안 좋다고 하지 않았나?

I know, Mom. It's not like I eat fast food all the time. I was just too tired today to cook.

알아요, 엄마. 근데 제가 맨날 패스트푸드를 먹는 것도 아니잖아요. 오늘은 밥을 해 먹기에 너무
피곤하더라고요.

3

It seems like you don't really want Yejin to come to the party.

보니까 너 예진이가 파티 오는 거 싫은가 보다.

Yeah, I didn't invite her. But it's not like I have anything against her. She just has this bad habit of hitting on guys when she's drunk.

응, 안 불렀어. 뭐 안 좋은 감정이 있는 건 아니고. 술 취하면 남자들한테 집적대는 나쁜 버릇이 있어서.

CASES IN POINT · 유튜버 논평

I strongly recommend watching Netflix shows, but it's not like I'm a huge fan of *House of Cards* or *Suits*. I couldn't really get into them at first. Of course, it takes quite some time to make it a habit, but I can't think of a better language learning tool.

넷플릭스 드라마 시청을 강력 추천합니다. 그렇다고 제가 〈하우스 오브 카드〉나 〈슈츠〉를 엄청 좋아하는
것은 아닙니다. 처음에는 재미가 안 붙더군요. 당연히 습관이 되게 하려면 시간이 좀 걸리지만, 이보다 더
좋은 언어 학습 도구가 없지요.

✅ 남녀 관계에 대한 몇 가지 표현들을 공유해 보겠습니다. SMALL TALK 3번 대화에 등장한 hit on이라는 표현은 이성에게 '수작을 걸다, 집적대다'라는 뜻을 지닌 구동사입니다. 아는 사람이 이성에게 추근대는 상황을 우연히 목격했다면 다음과 같이 말할 수 있겠죠.

> ex I saw Minsu hitting on some American girl at a bar in Yeonnam-dong.
>
> 민수가 연남동에 있는 바에서 어떤 미국 여자에게 작업을 걸고 있는 걸 봤어.

✅ '한 명에게 집중을 못 하다'에 해당하는 영어 표현은 무엇일까요? 바로 have some commitment issues입니다. 다음 예문을 통해 확인해 볼까요?

> ex After my last three girlfriends broke up with me, I feel like I have some commitment issues.
>
> 지난 세 명의 여자 친구들과 헤어져서인지, 이제 한 명에게 집중을 못 할 것 같은 기분이 드네요.

✅ 진지한 만남이나 관계는 serious relationship, 가벼운 만남이나 관계는 casual relationship이라고 하며 각각의 예문은 다음과 같습니다.

> ex Tom and I are actually in a serious relationship.
>
> Tom이랑 저는 사실 진지하게 만나고 있습니다.

> ex It seems like he is just looking for a casual relationship.
>
> 보니까 그 친구 가볍게 만날 사람을 찾는 듯해.

WORD BANK

- **swear at** : ~에게 욕하다
- **have a bad habit of -ing** : ~하는 나쁜 버릇이 있다
- **it takes quite some time to부정사** : ~하는 데 다소 시간이 걸리다
- **break up with** : ~와 헤어지다

Are you sure you don't want to try my sushi? It's really good.

정말로 내 초밥 안 먹어 볼 거야? 진짜 맛있는데.

 김재우 쌤의 "영어 관찰 일기"

상대의 의사를 다시 한번, 최종적으로 확인할 때는 **Are you sure you don't want to부정사?** 또는 **Are you sure you are not going to부정사?** 구문을 사용하면 됩니다. 그동안 우리의 영어 학습은 기본에 충실하지 못한 측면이 있었다는 생각이 듭니다. 오늘 소개하는 표현과 같이 기본 패턴이지만 소홀히 하기 쉬운 부분들을 꼼꼼히 챙겨야 할 때입니다.

MODEL EXAMPLES

1 Thank you for dinner! Are you sure you don't want to come up for coffee?

2 Are you sure you're not going to join us for dinner? You turned down the boss last time, too!

3 Are you sure you don't want to go on a blind date with my girlfriend's friend?

4 Are you sure you don't want to open a savings account? We're offering higher interest rates than anyone else.

1 저녁 사 줘서 고마워! 근데 진짜 우리 집 가서 커피 안 하려고?

2 진짜 우리랑 같이 저녁 안 하려고? 지난번에도 사장님 제안 거절했잖아!

3 내 여자 친구의 친구랑 진짜 소개팅 안 할 거야?

4 진짜 적금 계좌 안 만드실 거예요? 시중 은행 중에 저희 금리가 제일 세거든요.

1

Are you sure you don't want to come with us to another bar?

진짜 우리랑 다른 바에 안 갈 거야?

Yeah. I have to give a presentation tomorrow at 9 a.m., so I should really get some sleep.

응. 내일 아침 9시에 발표가 있어서, 잠을 좀 자 둬야 해.

2

Are you sure you don't wanna try this raw fish?

진짜 이 회 안 먹을 거야?

For the last time, yes. I'd rather go hungry than eat anything raw.

마지막으로 말하는데, 안 먹는다고. 차라리 굶었으면 굶었지 안 익힌 건 안 먹어.

3

Here, I'm done trying this on, and I don't think it's really for me.

여기요. 다 입어 봤는데, 저한테는 잘 안 어울리는 것 같네요.

Okay, but are you sure you're not gonna buy it? It's 50% off only this week.

알겠습니다. 그런데 진짜 안 사시게요? 이번 주만 50% 할인해 드리는데요.

I am so thankful for your hard work over the past year, Jason. I don't think the project would have been successful without you. Now, are you sure you don't want to stay with the team for our upcoming project? I can guarantee that all members will get a fat bonus equal to at least one month's salary. You don't want to miss out on this career opportunity.

Jason 씨, 지난 한 해 노고에 진심으로 감사드립니다. 당신이 아니었으면 프로젝트가 성공하지 못했을 거예요. 그런데 저희 팀과 다음 프로젝트를 진짜로 같이 안 하실 건가요? 프로젝트 멤버 전원에게 한 달 치 급여와 맞먹는 두둑한 보너스를 보장하겠습니다. 이런 기회를 놓치고 싶지 않으실 것 같은데요.

✅ '세일, 할인'과 관련된 표현 몇 가지를 살펴보겠습니다. 무엇이 '30% 할인이다'라고 하려면 30% off로 간단하게 표현할 수 있습니다. 다음 예문을 보겠습니다.

ex **If you go to the store just before closing, you can get like 30% off on prepared food.**

마트 영업 끝나기 직전에 가면, 조리 식품을 30% 할인된 가격에 살 수 있어.

✅ 어떤 제품 등이 '다음 주에 할인에 들어간다'라고 할 때는 go on sale next week라고 하며 아래의 예문과 같이 쓸 수 있습니다.

ex **The new model goes on sale next week.**

새 모델이 다음 주에 할인에 들어갑니다.

✅ 재미난 표현으로 marked down이 있는데 직역하면 '낮춰서 표기해 두었다'라는 말이 겠죠. 예를 들어, 살 생각이 없던 초밥이 할인 판매되고 있어 구매하게 됐을 경우 아래와 같이 표현할 수 있습니다.

ex **I didn't plan on buying this sushi, but I saw it was marked down 60%.**

원래는 이 초밥 살 생각이 없었는데, 보니까 60% 세일을 하더라고.

WORD BANK

- **turn ~ down** : ~을 거절하다
- **go on a blind date with** : ~와 소개팅하다
- **would rather go hungry than** : ~하느니 차라리 굶겠다
- **get a fat bonus equal to** : ~에 상응하는 두둑한 보너스를 받다

Sorry about earlier. My phone died.

아까는 미안. 휴대폰 배터리가 나가서.

김재우 쌤의 "영어 관찰 일기"

구어체 영어의 특징 중 하나는 '자세히 기술하거나 상세히 설명하지 않는다'라고 요약할 수 있습니다. "어제 있었던 일 미안해."를 논리의 흐름에 따라 영작하면 **Sorry about what happened yesterday.**일 테지만, 구어체에서는 그냥 **Sorry about yesterday.**라고 표현하면 됩니다. "좀 전엔 미안해."는 **Sorry about earlier.**로 표현합니다.

MODEL EXAMPLES

1 Sorry about last night. I'll definitely pay you back, as soon as I find my wallet.

2 Sorry about yesterday. Please don't worry. I'm sure my insurance will cover everything.

3 Sorry about this morning. I should be more careful with my coffee.

4 Sorry about this morning. I forgot to set my alarm.

5 Sorry about yesterday. I'll take you shopping this weekend.

1 (지갑을 잃어 돈을 빌렸을 때) 어젯밤 일은 미안해. 내가 지갑 찾으면 바로 갚을게.

2 (접촉 사고를 낸 운전자가) 어제 일은 미안합니다. 걱정 마세요. 제 보험회사에서 모든 비용을 지불해 줄 겁니다.

3 (실수로 상대방에게 커피를 쏟았을 때) 오늘 아침 일은 미안해. 앞으로는 (커피) 좀 조심해야겠어.

4 (약속을 못 지켰을 때) 오늘 아침엔 죄송했어요. 알람 맞춰 놓는 걸 깜박했어요.

5 (아내 생일을 깜박한 남편이) 어제는 미안했어. 이번 주말에 뭐 사러 가자.

1

Sorry about last night. I shouldn't have acted like that with the waiter.

어젯밤엔 미안했어요. 제가 종업원한테 그렇게 행동하지 말았어야 했는데.

It's okay. I don't think it was really your fault.

괜찮아요. 당신 잘못도 아닌데요.

2

Sorry about earlier. My boss came in, and I'm not supposed to be on the phone during work.

아까는 미안했어. 사장님이 들어오셨는데, 근무 중에는 전화하면 안 되거든.

I'm still hurt. You don't have to cut me off like that.

나 아직 맘 상했다고! 그렇다고 전화를 그렇게 끊을 건 없잖아.

3

I'm glad I ran into you here. Sorry about this morning.

여기서 보게 되다니 다행이군요. 오늘 아침 일은 미안했어요.

It's okay. I know you've been under a lot of pressure to meet our deadline.

괜찮아요. 마감 시간 맞추느라 스트레스 많으신 거 알아요.

CASES IN POINT 카카오톡 메시지

Hi, Melinda. Sorry about this morning. I left in the middle of the meeting because I had to take a call from my sister. My uncle is in the hospital, and I thought she had an update on how he was doing. It turned out it was nothing serious, though.

안녕하세요, Melinda. 오늘 아침에는 미안했어요. 언니 전화라 받아야 해서 회의 중에 나갔습니다. 저희 삼촌이 병원에 입원 중인데, 삼촌 상태에 대해 저한테 알려 줄 게 있나 했거든요. 알고 보니 중요한 내용은 아니었습니다.

✅ 구어체 영어는 자세히 설명하지 않습니다. 우리말도 마찬가지죠. "너 왜 이렇게 늦었어?" 라는 말에 "차가 장난이 아니더라고."라고 하지, "도로에 차들이 너무 많아서 교통 체증이 심해."라고 표현하는 사람은 많지 않을 겁니다. 영어에서도 What kept you so long? (왜 이렇게 늦었어?)이라는 말에 Traffic was terrible. 또는 Traffic was so bad.라고 간단히 대답하는 것이 일상에서 마주하게 되는 원어민식 표현법입니다. I got stuck in a traffic jam on my way. 혹은 I got stuck in traffic on my way.(오는 길에 교통 체증에 갇혔었어.)와 같이 상세하게 이야기하면 오히려 더 어색하게 들린답니다.

✅ "서울은 물가가 비싸."라는 말 역시 Seoul is expensive.라고 표현하면 됩니다. "백화점 물건은 너무 비싸."라고 하는 경우에도 Department stores are super expensive. 라고 말하는 것을 볼 수 있지요. 언뜻 보면 너무 초보적인 문장이나 콩글리시 같지만, 그래서 오히려 자연스럽게 들리지 않나요? 짧고 간결하지만 원어민에게 익숙한 영어를 구사하기 위해 구태의연한 설명은 생략하는 연습을 꾸준히 해 보길 권합니다.

WORD BANK

- **as soon as** : ~하자마자
- **cut 사람 off** : ~와 전화를 끊어 버리다, 통화를 중단하다
- **run into** : ~와 우연히 만나다
- **be under pressure** : 압박을 받다
- **meet one's deadline** : ~의 마감을 지키다

We are not there yet.

도착하려면 아직 좀 남았어요.

 김재우 쌤의 "영어 관찰 일기"

캐나다 토론토에 거주하는 어떤 한국 분이 반자율 주행차를 운전하고 있는 현지 캐나다인에게 다음과 같이 물었다고 합니다. "자동 모드로 운전하면 신호등이 빨간색일 때 저절로 차가 멈추나요?" 그러자 이렇게 대답했다고 해요. "아직 기술이 거기까지 발전하지는 않은 것 같아요." 이에 해당하는 영어 문장을 논리적으로 구성해 보면 **The technology isn't sufficiently advanced.**이겠지만 실제로는 **We are not there yet.**(아직 거기까지는 아니에요.)이라고 말했다고 하네요.

MODEL EXAMPLES

1 I am not there yet. I am running 10 minutes late.

2 The rest area will have a bathroom, but we're not quite there yet.

3 Before lifting the mask mandate, cases should be at less than 5,000 a day. We are not there yet.

4 I like her, but we're not there yet. Maybe we can get married in a year or so.

5 The technology is advanced enough, but we are not there yet.

1 아직 좀 더 가야 해. 10분 늦어.

2 휴게소에 화장실이 있을 거야. 근데 아직 더 가야 해.

3 마스크 의무화를 해제하려면 일일 확진자 수가 오천 명 아래로 떨어져야 합니다. 아직은 그 정도가 아닙니다.

4 그 여자 좋긴 한데, 아직 결혼할 정돈 아니야. 한 1년쯤 후에나 결혼할 듯.

5 기술이 많이 발전하긴 했지만, 아직은 부족합니다.

1

Excuse me. I'm getting a bit hungry. Is it time for dinner?

죄송한데요. 배가 조금 고프네요. 저녁 시간인가요?

I'm sorry. We plan on starting the dinner service when we are two hours from our destination, and we're not there yet.

죄송합니다. 도착하기까지 2시간 남았을 때 석식 서비스가 시작될 예정이라 아직 좀 남았습니다.

2

Do you think it's time to raise interest rates?

금리를 올릴 시점이라고 생각하시는지요?

According to the consumer price index, we're not there yet. If inflation reaches 7% by our next meeting, we will consider it.

소비자 물가 지수를 보면 아직 그 정도는 아닙니다. 다음 회의 때까지 인플레이션이 7%까지 올라가면, 고려해 볼 생각입니다.

CASES IN POINT 사업 방향 공지

At Toyota, we are aware that consumers demand the latest technologies, and they are looking forward to the development of self-driving vehicles. Unfortunately, we are unable to announce when sales of our first such cars can begin, because the technology is simply not there yet. We remain committed to the safety of our customers and will continue testing.

저희 도요타는 소비자들이 최신 기술을 요구한다는 점, 그리고 자율 주행차 개발을 손꼽아 기다리고 있다는 점을 잘 알고 있습니다. 하지만 아직은 도요타 최초의 자율 주행차 판매 시점을 말씀드릴 수가 없으며, 아직 기술적으로 완성되지 않았기 때문입니다. 우리는 고객의 안전을 위해 최선을 다하고 있으며 테스트를 계속할 것입니다.

☑ 한국인이 구사하는 영어에는 system, condition 등과 같은 단어가 자주 등장하는 것을 볼 수 있습니다. 다음과 같이 말이죠.

> ex **The public transportation system in Seoul is really convenient.**
>
> 서울의 대중교통 체계는 정말 편리해.

물론 틀린 문장은 아니지만, 구어체 영어에서는 굳이 system과 같은 단어를 넣지 않고 다음과 같이 말합니다.

> ex **Seoul's public transportation is great.**
>
> 서울의 대중교통은 매우 훌륭하다.

☑ "한국의 경제 상황이 좋지 않다."라는 문장 역시 우리는 보통 The economic condition of Korea is so bad. 같은 식으로 condition을 넣어서 말하는 경향이 있습니다. 우리말을 글자 그대로 옮기다 보니 이런 문장이 만들어지는 것인데요. 원어민들은 이 문장을 다음과 같이 표현합니다.

> ex **The Korean economy is in bad shape.**
>
> 한국 경제가 좋지 않은 상황이다.

앞으로 영어 스피킹을 할 때는 예외적인 경우를 제외하고는 system, condition 등의 단어 사용을 자제할 필요가 있다는 점을 기억합시다.

WORD BANK

- **lift the mask mandate** : 마스크 의무화를 해제하다
- **raise interest rates** : 이자율을 올리다
- **remain committed to** : ~에 지속적으로 전념[헌신]하고 있다
- **in bad shape** : 불황인

I forgot my phone charger at work.

휴대폰 충전기를 회사에 놔두고 왔네.

 김재우 쌤의 "영어 관찰 일기"

오늘의 대표 문장인 **I forgot my phone charger at work.**는 DAY 076에서 설명했던 '구어체 영어는 자세히 표현하지 않는다'라는 공식이 적용되는 또 다른 예가 되겠습니다. 논리적으로 따지면 **forget to bring**(가져오는 것을 잊어버리다) 구문을 써야 할 것 같지만 다수의 원어민들은 그냥 **forget 명사**로 표현하는데요. 그렇다면 언제 **forget to부정사**를 써야 할까요? '행위'를 명시하지 않으면 의미가 전달되지 않을 때는 **forget 명사**가 아닌 **forget to부정사**를 써야 합니다. 다음과 같이 말이죠. **I forgot to book KTX tickets.**(KTX 표 예약하는 걸 깜박했네.)

MODEL EXAMPLES

1 I think I forgot my wallet. Could you take care of this?
2 I forgot my keys at home.
3 I forgot my phone. Do you think I have enough time to go back and get it?
4 We forgot Kevin!
5 I always forget to take my pills after lunch.

1 내가 지갑을 안 가지고 온 듯. 계산 좀 부탁해도 될까?
2 집에 열쇠를 두고 왔어.
3 휴대폰을 안 가지고 왔네. 다시 가서 가져올 시간 될까?
4 (영화 〈나 홀로 집에서〉 중에서) Kevin을 집에 두고 왔어요!
5 저는 점심 먹고 약 먹는 걸 항상 깜박해요.

1

I'll try and grab the next taxi that comes by.
다음에 오는 택시를 잡아 볼게요.

Oh, wait! I forgot Tom's birthday present. I'll go back in and grab it first.
잠시만요! Tom 생일 선물 사는 걸 깜박했어요. 다시 가게에 들어가서 선물부터 사 올게요.

2

Let's begin. Please take out your homework and hand it to me for grading.
시작합시다. 과제 꺼내서 채점을 위해 저에게 주세요.

Umm, Ms. Moore? I'm afraid I forgot my homework.
음, Moore 선생님? 죄송한데 과제를 안 가져왔어요.

3

I'm sorry, Sir, but I realize I forgot to put up your job opening.
죄송한데, 제가 구인 공고 올리는 걸 깜박했네요.

That's fine. When can I expect it to be posted?
괜찮아요. 언제쯤 올라간다고 보면 될까요?

CASES IN POINT 카카오톡 그룹 채팅

Please don't forget your neck gaiters. The weather isn't that bad now in the city, but it will be much colder on the mountain. Besides, the weather forecast says the temperatures might get down to minus 10 degrees. You might even want to bring crampons, just in case it snows.

목 토시 챙겨 오세요! 시내는 이제 날씨가 그렇게 춥지 않지만, 산에서는 훨씬 더 추울 겁니다. 게다가, 일기 예보에 따르면 기온이 영하 10도까지 내려갈 수도 있다고 합니다. 눈이 올 때를 대비해 등산용 아이젠을 챙겨 오셔도 됩니다.

✅ try라는 동사에 대해 살펴보겠는데요, 두 가지 용법으로 자주 쓰입니다. try 동명사(-ing)는 시험 삼아, 재미 삼아 그냥 시도해 보는 느낌이지만, try to부정사(to 동사원형)는 무언가를 이루기 위해 진지하게 의식적으로 노력하는 느낌을 줍니다. 다음 예문들을 보겠습니다.

ex **I tried learning French to impress women, but that didn't work.**

여자들한테 잘 보이려고 불어를 좀 배워 봤는데, 잘 안되더군요.

ex **I tried to learn French, but I couldn't even get the pronunciation right.**

제가 불어를 나름 열심히 배워 봤는데, 발음조차 제대로 할 수 없더라고요.

✅ 재미난 것은 try는 try and do ~ 모양으로도 자주 사용된다는 점입니다. "그냥 되든지 안 되든지, 한번 해 보지 뭐, 밑져 봐야 본전인데." 정도의 뉘앙스를 풍깁니다.

ex **I am low on gas, but I'm going to just try and make it all the way to Busan.**

연료가 간당간당한데, 그래도 뭐 부산까지 한번 달려 보지 뭐.

- **take pills** : 약을 먹다
- **put up a job opening** : 구인 공고를 올리다
- **just in case** : 만약을 위해서
- **low on gas** : 기름(연료)이 부족하다

I have never seen anything like this.

이런 경우는 또 처음 보네요.

 김재우 쌤의 "영어 관찰 일기"

'처음 보는 광경, 상황, 경험' 등을 표현할 때에는 **not/never ~ anything like this** 나 **not ~ any 명사 like this** 또는 **not ~ like this**와 같은 세 가지 패턴을 쓰면 되는데요. 하나 조심해야 할 것은 우리말로는 '~는 또 처음이네, 처음 겪네'라고 하다 보니 자신도 모르게 **the first time**으로 표현하는 것을 경계해야 한다는 점입니다. 집값이 폭락하는 것을 보고 **We have never seen anything like this.**(이 정도의 급락은 처음 보는군요.)라고 하면 멋진 원어민식 영어가 되는 것이죠.

MODEL EXAMPLES

1 It's super cold. I have never seen any weather like this.

2 Things aren't normally like this so early in the afternoon.

3 I've never seen a sleek design like this. This car looks like it came straight out of a sci-fi movie.

4 Things have never been like this.

5 I've never tasted any dessert like this. What did you call it?

1 너무 춥다. 이런 날씨는 또 처음이군.

2 이른 오후 시간에는 보통 (교통) 상황이 이렇지는 않은데.

3 이 정도로 유려한 디자인은 본 적이 없습니다. 공상 과학 영화에서 바로 나온 것 같은 차네요.

4 상황이 이런 적은 처음입니다.

5 이렇게 맛있는 디저트는 처음이야. 이게 이름이 뭐라고?

1

Do you know what happened? I got a thousand subscribers overnight. Things have never been like this.

무슨 일이 있었는지 알아? 하룻밤 사이 구독자가 천 명이나 늘었어. 이런 적은 처음이거든.

I think a comedian mentioned your channel on TV last night.

어젯밤에 어떤 코미디언이 TV에서 네 유튜브 채널에 대해 언급한 거 같은데.

2

What's going on at City Hall? I've never seen a crowd like this.

시청에 무슨 일이지? 사람이 저렇게 많이 모인 건 처음 보네.

Do you remember the mayor's scandal? I think they're trying to force her to step down.

시장 스캔들 기억하지? 그녀의 사임을 촉구하고 있는 것 같아.

3

What do you think about the drop in housing prices?

주택 가격이 급락하고 있는 점에 대해 어떻게 생각하나요?

I've been working as a realtor for over 20 years, and I've never seen anything like this.

제가 부동산 중개업을 20년 넘게 하고 있는데, 이런 일은 처음입니다.

Due to overwhelming demand, we're afraid that we have to close four hours before our normal closing time today. Our apologies. Even though we know our gelato is creamy and delicious, we've never seen demand like this. We will work on increasing our capacity for next week.

수요가 너무 많아서, 오늘은 정상 영업시간보다 4시간 일찍 문을 닫아야 할 것 같습니다. 사과 말씀드립니다. 저희 가게 젤라토가 부드럽고 맛있기는 하지만, 이 정도로 찾는 사람이 많은 건 처음입니다. 다음 주에는 물량을 늘리기 위해 노력하겠습니다.

SMALL TALK 1번 대화에 나온 mention이라는 동사는 독특한 뉘앙스를 지니고 있습니다. '지나가면서 살짝 (짧게) 언급하다, 말하다' 정도의 어감인데요. 다음 예문을 보겠습니다.

ex Did I mention that Sujin is getting married next month?

수진이가 다음 달에 결혼한다고 내가 말했던가?

ex Did I mention that I am moving?

내가 이사한다고 얘기했던가?

ex I forgot to mention last time that I won't be able to join you for dinner tonight.

지난번에 오늘 저녁 식사 같이 못 한다고 말한다는 걸 깜박했어.

어떤가요? say나 tell과는 조금 달리 '지나가는 말로 살짝 언급한다'는 뉘앙스가 느껴지시나요? 한편 동사 mention의 주어로 사물이 오는 경우도 있습니다.

ex The menu doesn't mention the tax isn't included.

메뉴에 세금이 포함되어 있지 않다고 나와 있지 않네요.

오늘 다룬 동사 mention과 같이 이미 잘 알고 있다고 생각하는 표현일지라도 다양한 예문을 통해 의미를 정확히 이해하는 것이 중요하다는 것을 꼭 기억하세요.

- **come straight out of** : ~에서 방금 나오다
- **force 사람 to step down** : ~의 사임을 촉구하다
- **overwhelming demand** : 압도적인 수요

'어디에서 무엇을 하는지'에 대해 정확하게 전달하기

I am at Hansot, picking up dinner.

나 저녁 사가려고 한솥도시락에 있어.

 김재우 쌤의 "영어 관찰 일기"

I am picking up dinner at Hansot.과 I am at Hansot, picking up dinner. 이 두 문장은 어떻게 다를까요? 첫 번째 문장에 대한 질문은 **What are you doing now?**인 반면 두 번째 문장에 대한 질문은 **Where are you now?**입니다. 즉, 질문에 따라 **I am -ing 목적어 at 장소.** 또는 **I am at 장소, -ing 목적어**로 어순을 달리해야 정확하게 의미가 전달되는 것이죠. 오늘은 두 번째 문형에 대해 연습해 보겠습니다.

MODEL EXAMPLES

1 I am at Starbucks, grabbing some coffee.

2 My boss is out, picking up the VP from the airport.

3 I was in the living room, watching *Emily in Paris* when you called.

4 We were at the bar, drinking some whisky when a fight broke out.

5 I was at the BMW dealership in Cheongdam, checking out the new SUV.

1 나 지금 스타벅스에서 커피 사고 있어.

2 제 상사께서 공항에 부사장님 마중 나가고 안 계십니다.

3 네가 전화했을 때, 거실에서 〈에밀리 파리에 가다〉를 보고 있었어.

4 저희가 술집에서 위스키를 마시고 있는데 싸움이 벌어졌어요.

5 저는 청담에 있는 BMW 전시장에서 SUV 신차를 보고 있었습니다.

1

Are you almost here? Dinner starts in 5 minutes.
거의 다 왔나요? 5분 후에 회식 시작해요.

I'm actually at Olive Young, looking for hand cream. I should be there in 10 minutes.
저 사실 올리브영에서 핸드크림 보고 있어요. 10분 후에 도착할 것 같습니다.

2

Sorry, I'm running a little late. Are you already at the movie theater?
미안, 나 조금 늦어. 벌써 영화관에 도착한 거야?

I'm at the cafe across the street, waiting for you.
건너편 카페에서 너 기다리고 있어.

3

Where were you when I tried calling you earlier?
아까 전화했는데 어디 있었어?

I was in the conference room, getting chewed out by my manager.
팀장한테 엄청 깨지면서 회의실에 있었지.

CASES IN POINT 블로그 포스팅

We were at a bakery in Mapo, picking up some bread when we ran into one of my favorite actors. He looked much better in person than he does on TV. But when I walked up to him and asked him for an autograph, he turned me down, saying he was in a rush! That's why I refuse to watch anything with him in it.

저희가 마포에 있는 빵집에서 빵을 사고 있는데 제가 가장 좋아하는 배우 중 한 명을 봤어요. TV에서보다 실물이 훨씬 잘생겼더군요. 다가가서 사인을 부탁했는데, 바쁘다며 거절을 하는 거예요! 그래서 그가 나오는 건 뭐든 안 봅니다.

✅ 공간을 나타내는 전치사 at의 경우 한 지점을 중심으로 그 부근(근처)을 나타냅니다. 예를 들어, 입구 쪽에서 보자는 말은 I will see you at the entrance.라고 합니다. '버스 정류장', '입구 쪽', '3번 출구 쪽' 등과 같이 경계(구분선)가 불분명한 공간의 경우 전치사 at을 써서 at the bus stop, at the entrance, at exit 3와 같이 표현하는 것이죠. 다음 예문으로 다시 한번 확인해 보세요.

> ex H Mart is located at the entrance of Koreatown.
>
> H 마트는 코리아타운 입구 쪽에 위치한다.

> ex How about we meet at Yeoksam Station, exit 3?
>
> 역삼역 3번 출구에서 보는 게 어때?

✅ "네가 하루 종일 책상에 앉아서 일을 하니까 허리가 아픈 걸 거야."라고 하는 경우 역시 전치사 at을 이용해서 Your back is probably sore from sitting at a desk all day. 라고 합니다. '책상에 앉아서 일한다'는 것은 책상을 중심으로 그 주변에 앉아서 일한다는 말 아니겠어요? 따라서 at a desk라고 하는 거지요.

WORD BANK

- **break out** : ~이 일어나다, 발생하다
- **get chewed out by** : ~에게 혼이 나다, 꾸중을 듣다
- **look much better in person than** : ~보다 실물이 훨씬 낫다
- **ask 사람 for an autograph** : ~에게 사인을 요청하다
- **in a rush** : 바쁘게, 황급히

CHAPTER 5

"드디어 마지막입니다.
DAY 100까지 꼭 완주하길 바랍니다!"

DAY 081 ~ DAY 100

☑ Check

- [ ] I thought maybe we could cancel the reservation and just stay at home.
- [ ] I took a painkiller, but that didn't relieve my migraine.
- [ ] I am not really interested in buying another insurance plan.
- [ ] Hey, have you got a minute? I'd like to show you the logo I've been working on.
- [ ] Are you familiar with Myungrang Hotdogs?
- [ ] I haven't been to Yongnidangil, either.
- [ ] I get a regular salary, unlike other salespeople.
- [ ] In America, hospital stays are unusually expensive.
- [ ] Please let me drive you home. I insist.
- [ ] I like what you have going on here in the living room.
- [ ] 10 million won is relatively cheap for a used car, but it's still expensive for me.
- [ ] I think I got this back pain from sitting at a desk all day.
- [ ] My hair gets really messy when it rains.
- [ ] We're planning on going to Busan this weekend for Christmas.
- [ ] I'm afraid the item you're looking for is out of stock.
- [ ] I don't drive nowadays unless I really have to.
- [ ] That is a great price. I'm afraid I already have a decent massage chair, though.
- [ ] Minsu said he spends 33,000 won on his haircuts. That doesn't make sense to me.
- [ ] I don't think things are gonna work out between them.
- [ ] I'm not quite sure if I am doing it right.

I thought maybe we could cancel the reservation and just stay at home.

그냥 식당 예약한 것 취소하고 집에 있으면 어떨까 하는데.

 김재우 쌤의 "영어 관찰 일기"

'~합시다', '~하자'와 같은 직설적 화법도 있지만, '~하는 게/~하면 어떨까요?' 정도로 조심스럽게 뉘앙스를 전할 수도 있습니다. 오늘 소개하는 **I thought maybe we [you] could 동사원형** 구문이 바로 그런 표현법인데요, 여기서 조금 응용한 표현으로 **I thought maybe it would[could] be 형용사 to부정사** 구문도 있습니다.

MODEL EXAMPLES

1 I thought maybe we could get our teacher these vitamins for her birthday.

2 I thought maybe we could have a Zoom meeting instead of one in person.

3 I thought maybe we could rent a bus for our trip, instead of buying a bunch of train tickets.

4 I thought maybe you could introduce the new hire to our major clients.

5 I thought maybe we could take the whole week off next week, so we could come back refreshed after New Year's.

1 선생님 생일 선물로 이 비타민을 해 드리면 어떨까 하는데.

2 직접 만나지 말고 줌으로 회의하면 어떨까 싶습니다.

3 이번 여행 때 기차표를 대량 구매하지 말고 버스 전세를 내면 어떨까 하는데요.

4 혹시 당신이 주요 고객사에 신입 사원을 소개해 주면 어떨까요?

5 다음 한 주는 온전히 쉬고, 새해 지나서 상쾌하게 다시 보는 게 어떨까요?

1

If you're not too busy, I thought maybe we could get a drink sometime.
너 그렇게 안 바쁘면, 언제 술 한잔하면 어떨까 하는데.

Sure. I was thinking the same thing.
좋지. 안 그래도 나도 그 생각 했는데.

2

Do you want to get together while I'm on my business trip?
제가 출장 와 있는 동안 한번 뵐까요?

Yeah, I thought maybe we could go out and get dinner on the last day you're here.
네, 여기 계시는 마지막 날 같이 나가서 저녁 하면 어떨까 합니다.

3

Sir, one of my students is looking for someone to help her edit her cover letter. I thought maybe you'd be interested.
선생님, 제 학생 중 한 명이 자기소개서를 첨삭해 줄 분을 구하고 있어요. 생각 있으실지 해서요.

Sure. I have some free time this week. Please feel free to give her my contact info.
당연하죠. 이번 주에 좀 한가합니다. 그분한테 제 연락처 주셔도 됩니다.

CASES IN POINT 카카오톡 그룹 채팅

Hey guys. I was looking at the weather forecast and thought maybe we could go hiking this weekend. I have a camping stove and everything, so you wouldn't need to bring any equipment. Just let me know. The fall colors aren't going to last much longer.

안녕, 얘들아. 일기 예보를 보다가 이번 주말에 등산 가면 어떨까 싶더라고. 나 캠핑용 난로 등등 다 있어서, 너희들은 아무 장비도 안 가져와도 돼. 편하게 알려줘. 단풍이 금방 질 거야.

✅ 직접적으로 말하지 않고 부드럽게 돌려서 말하는 방법인 완곡어법euphemism을 상황에 맞게 잘 사용하는 것은 매우 중요합니다. 예의를 갖춰서 문의하거나 상대방의 생각을 조심스럽게 떠볼 때 유용하게 사용할 수 있는 네 가지 완곡어법 패턴을 살펴보겠습니다.

1 I was wondering if 주어 동사

> ex I was wondering if you have these shoes in another size.
>
> 혹시 이 신발 다른 사이즈도 있을까요?

2 I was hoping that 주어 could 동사원형

> ex I was hoping that you could write a letter of recommendation for me.
>
> 혹시 추천서 좀 써 주실 수 있을까요?

3 I was hoping to부정사

> ex I was hoping to start our sessions in August. Would that work for you?
>
> 우리 수업을 8월에 시작했으면 어떨까 하는데, 그때 괜찮으신가요?

4 would it be alright if 주어 과거동사

> ex I know it's just after your hours, but would it be alright if I swung by the store at 8:15?
>
> 영업시간 이후라는 건 아는데, 혹시 8시 15분에 매장에 잠깐 들러도 괜찮을까요?

WORD BANK

- **in person** : 직접, 대면해서
- **new hire** : 신입 사원
- **swing by the store** : 매장에 들르다

I took a painkiller, but that didn't relieve my migraine.

진통제를 먹었는데도 두통이 가시질 않아.

 김재우 쌤의 "영어 관찰 일기"

"Samantha에게서 메시지를 받으면 기분이 너무 좋다."를 영어로 말해 보라고 하면, 학습자 대부분이 '기분이 너무 좋다'를 I feel really good 정도로 표현합니다. 우리는 '사람'을 주어로 한 문장에 익숙하기 때문인데요. 반면, 원어민들은 부사절 when을 it으로 받아서 It makes my day when I get a message from Samantha.라고 합니다. '지시대명사'를 주어로 활용하는 습관 역시 원어민식 영어 구사의 핵심이라는 점을 잊지 마세요.

MODEL EXAMPLES

1 We remodeled the whole interior, but that still didn't change the atmosphere.

2 Does it make me look skinnier when I tuck in my shirt?

3 It really hurts my feelings when you lie to me.

4 When someone is speaking in a Zoom meeting, it puts them on the big screen.

1 저희가 인테리어를 다 바꾸었는데도, 분위기가 그대로네요.

2 셔츠를 안에 넣어 입으면 내가 좀 날씬해 보이니?

3 당신이 나한테 거짓말하면 나 너무 속상해.

4 줌 회의에서는 누군가 말을 하면 그 사람이 큰 화면에 뜹니다.

1

You just got off a 14-hour flight from London. Will you be okay for the match tomorrow?

런던에서 14시간 비행기를 타고 방금 도착하셨어요. 내일 경기 괜찮겠어요?

I'm quite used to long-haul flights, but I admit that can hurt my performance to some degree.

장거리 비행에 꽤 익숙한 편이지만, 어느 정도는 제 경기력에 영향을 미칠 수 있긴 합니다.

2

It seems like the government has raised interest rates again.

정부가 또 금리를 올렸나 봐.

They have. But it hasn't actually helped to curb inflation.

그랬지. 근데 그래도 인플레이션을 완화하는 데 별 도움이 안 되는 듯해.

3

It really pisses me off when you leave dirty dishes and expect me to do them.

더러운 접시를 그냥 두고 나보고 설거지하라는 식으로 그러면 나 정말 화나거든.

I thought you enjoyed doing dishes.

난 당신이 설거지 좋아하는 줄 알았지.

CASES IN POINT   사내 메시지

We heard that another team has a plan to get rid of our morning menu. We want to speak out against the idea, because that would definitely push away some of our loyal customers. According to our research, 20% of surveyed customers come in at least once a week to eat breakfast. We don't want to risk losing them to competitors.

다른 팀에서 모닝 메뉴를 없앨 계획을 하고 있다고 들었습니다. 저희는 반대하는데 그렇게 되면 충성도 높은 고객들이 등을 돌릴 수 있기 때문입니다. 저희 조사에 따르면, 조사 대상 고객의 20%가 일주일에 최소 한 번은 아침을 먹기 위해 방문합니다. 경쟁사에 고객을 빼앗길 수 있는 위험을 감수하고 싶지 않습니다.

지시대명사를 주어로 활용한 문형은 크게 다음 세 종류로 나눌 수 있습니다.

1 앞 문장을 that 또는 it으로 받는 경우

2 when으로 시작하는 부사절을 that 또는 it으로 받는 경우

3 특정 단어나 한 문장이 아닌 앞서 언급된 포괄적인 정보를 this로 받는 경우

이 중 1번과 2번에 해당하는 예문을 살펴보겠습니다.

ex **Harry Kane scored 5 minutes into the first half and that put them ahead early on.**

Harry Kane 선수가 전반 5분 만에 득점함으로써 팀이 일찌감치 앞서 나가게 되었습니다.

ex **It really bothers me when people get in the elevator before I can get off.**

제가 내리기 전에 사람들이 엘리베이터에 타면 정말 짜증이 나요.

ex **It ruins my day when I wake up late.**

늦게 일어나면 하루가 엉망이 됩니다.

- **change the atmosphere** : 분위기를 바꾸다
- **tuck in one's shirt** : ~의 셔츠를 넣어 입다
- **be used to long-haul flights** : 장거리 비행에 익숙하다
- **curb inflation** : 인플레이션을 가라앉히다, 물가 상승을 억제하다
- **piss 사람 off** : ~를 열받게 하다
- **speak out against** : ~에 대해 반대 의견을 말하다

I am not really interested in buying another insurance plan.

추가로 보험 하나 더 가입할 생각은 없습니다.

 김재우 쌤의 "영어 관찰 일기"

I want to부정사를 대신할 수 있는 표현이 **be interested in**일 텐데요, 우리말의 '~할 생각이 있다', '~할 생각이 없다'를 가장 잘 전달하는 표현임에도 '~에 관심이 있다'라고만 외운 탓에 제대로 활용하지 못하는 듯합니다. 예를 들어, "혹시 이번 주말에 여수 여행 갈 생각 있어?"라고 한다면 **Would you be interested in going on a trip to Yeosu this weekend?**로 표현할 수 있습니다.

MODEL EXAMPLES

1 I thought you would be interested in taking a peek at our winter collection.

2 If you're interested in our classes, please visit www.englishnow.com.

3 I'm not really interested in getting another credit card.

4 Since you're always talking about AI, I thought you would be interested in this article.

5 If you're interested in the opening, feel free to contact me at any time.

1 저희 겨울 컬렉션 제품 보고 싶어 하실 듯해서요.

2 저희 수업에 관심 있으시면, englishnow.com을 방문해 주세요.

3 저 신용카드 하나 더 안 만들어도 되거든요.

4 너 항상 AI 이야기 하던데, 이 기사 관심 있을 것 같아서.

5 공석에 관심 있으시면, 언제든 제게 연락 주세요.

1

My husband seems interested in buying a new car. I don't really get why he is so crazy about them. He has two sports cars already.

제 남편이 새 차를 사고 싶어 하는 눈치예요. 왜 차에 환장을 하는지 이해가 안 가요. 이미 스포츠카 두 대가 있거든요.

I am envious of you, though. At least your husband can afford them.

근데 부러워요. 적어도 남편분은 능력이라도 되니.

2

Would you be interested in Hailey? Can I set you two up?

혹시 Hailey한테 관심 있을까? 너희 둘 자리 마련해 줄까?

Didn't I mention that I'm going out with Samantha?

내가 Samantha랑 만난다고 하지 않았었나?

3

Are you interested in taking on another project, Minsu?

다른 프로젝트 하나 더 맡을 생각 있나요, 민수 씨?

I'm afraid I already have too much on my plate.

죄송한데 이미 일이 너무 많아서요.

구인 공고

HR is looking for someone to fill a corporate trainer position at the Rio de Janeiro branch office. If you're interested in working and living abroad for two years, please send your résumé and a cover letter to hr@abccorporation.com. The position comes with all kinds of perks, like free housing, a company car, and Portuguese lessons.

인사과에서 리우데자네이루 지사의 기업 교육 담당자 자리에 지원할 사람을 구하고 있습니다. 2년간 해외 근무에 관심 있는 분은 hr@abccorporation.com으로 이력서와 자기소개서를 송부해 주시기를 바랍니다. 이 직책에는 무료 주택, 회사 차량, 포르투갈어 수업과 같은 모든 종류의 특전이 제공됩니다.

FURTHER STUDIES

SMALL TALK 3번 대화에 나온 take on이라는 구동사에 대해 공부해 보겠습니다. take on은 주로 다음 네 가지 의미로 사용됩니다. 예문을 통해 각각의 용례를 확인해 보세요.

1 ~와 상대하다, 제대로 한판 붙다

ex You think you could take me on?

네가 나에게 상대가 된다고 생각해?

2 추가적인, 더 많은 책임을 떠안다, 맡다

ex I will take on the project if you don't want to.

네가 원하지 않는다면 내가 그 프로젝트 맡을게.

3 (크리스마스 등) 성수기를 맞아 직원을 추가 채용하다

ex Shops often take on extra employees during the Christmas season.

상점들은 주로 크리스마스 시즌 동안 추가 직원을 채용한다.

4 어떠한 성질, 특징, 모양을 띠게 되다

ex She takes on a different personality when she is with her boyfriend.

그 여자는 남자 친구랑 같이 있으면 성격이 바뀐다.

이렇듯 대부분의 구동사는 여러 가지 의미와 용례로 사용되기 때문에, 잘 숙지해 두시면 다양한 상황에서 활용할 수 있습니다.

WORD BANK

- **take a peek (at)** : (~을) 살짝 보다, 엿보다
- **be envious of** : ~를 부러워하다
- **perks** : 혜택, 특전

시간이 있는지 자연스럽게 물어보기

Hey, have you got a minute? I'd like to show you the logo I've been working on.

너 잠깐 시간 되니? 내가 작업 중인 로고를 보여주고 싶어서.

 김재우 쌤의 "영어 관찰 일기"

"잠깐 시간 되세요?"라고 묻고 싶다면 **Have you got a minute?, Do you have a minute?**이나 **Have you got a moment?** 또는 **Have you got a second?** 와 같이 말해 보세요. 아주 친한 사이에서는 **Have you got a sec?**도 좋습니다. 그동안은 **Are you free now?** 또는 **Do you have time?** 정도의 표현에만 머물러 있었다면, 이제부터는 오늘 익힌 문장들을 적극적으로 사용해 보세요.

MODEL EXAMPLES

1 Have you got a minute? I need to talk to you about the upcoming workshop.

2 Have you got a minute? I have a quick question about my cover letter.

3 Do you have a minute? My heater isn't working and I don't know how to fix it.

4 Do you have a minute? I can't find the file you mentioned.

1 잠깐 시간 되세요? 곧 있을 워크숍 관련해서 이야기 좀 하려고요.

2 잠깐 시간 되세요? 제 자기소개서 관련해서 간단한 질문이 하나 있어서요.

3 잠깐 시간 되세요? 히터가 고장이 났는데 고치는 방법을 모르겠어요.

4 잠깐 시간 돼? 네가 말한 파일을 못 찾겠어.

1

Hi, Sally! Have you got a minute? By the way, you look a little low on energy today.

안녕, Sally! 잠깐 시간 돼? 그나저나 너 오늘 좀 힘이 없어 보인다.

Yeah, I stayed up late partying last night. What's up?

응, 어젯밤에 파티하느라 늦게까지 놀았거든. 근데 무슨 일?

2

Honey, have you got a second? I can't reach the wine glasses on the top shelf.

여보, 잠깐 시간 돼? 나 선반 꼭대기에 있는 와인 잔에 손이 안 닿아.

Sure. Here you go. It's a good thing you married such a tall guy, huh?

그래. 여기 있어. 나처럼 키 큰 남자랑 결혼해서 좋지, 응?

3

Have you got a moment? Can we meet in my office after lunch?

잠깐 시간 되나요? 점심시간 마치고 제 사무실에서 볼까요?

May I ask what this is about? If it's bad news, I'd like to know right away.

혹시 어떤 일 때문에 그러시는지 여쭤봐도 될까요? 안 좋은 소식이면, 지금 당장 알고 싶어서요.

CASES IN POINT 콜 센터 메시지

I'm glad we were able to solve your problem. If you have a minute, please stay on the line after the call. I'd appreciate you answering some questions about your customer service experience today.

저희가 문제를 해결해 드릴 수 있어서 다행입니다. 혹시 잠깐 시간 되시면, 통화 후에 전화 끊지 마세요. 오늘 고객 서비스 관련해서 몇 가지 질문에 답을 해 주시면 감사하겠습니다.

☑ '잠깐 시간이 되느냐'에 해당하는 몇 가지 다른 표현을 살펴보겠습니다. Do you have a minute에 to spare를 붙여서 Do you have a minute to spare?(잠깐 시간 좀 할애해 줄 수 있을까요?)라고 표현할 수도 있습니다. 참고로 동사 spare는 시간이나 돈 등을 '할애하다, 내어주다'라는 뜻을 가지고 있습니다. 약간 응용하여 Can you spare a minute?이라고 할 수도 있습니다. 이런 질문을 받았을 때 I've got only five minutes to spare. Can you make it quick?(5분밖에 시간이 안 되네요. 빨리 말씀해 주실 수 있을까요?)라고 하면 아주 훌륭한 대답이 되겠습니다.

☑ 조금 더 간절하고 급박한 톤으로 "딱 5분이면 됩니다." 정도의 뉘앙스로 말하려면 I just need five minutes of your time.으로 표현하면 됩니다. 그렇다면 "잠깐이면 됩니다." 는 어떻게 표현할 까요? This will only take a minute.이라고 하면 됩니다. "시간을 너무 많이 뺏어서 죄송합니다."는 Sorry for taking up so much of your time.과 같이 표현할 수 있답니다.

WORD BANK

- **look a little low on energy** : 조금 기운이 없어 보이다
- **Here you go.** : 여기 있어.
- **stay on the line** : 전화를 끊지 않고 기다리다

Are you familiar with Myungrang Hotdogs?

명랑 핫도그라고 들어 봤니?

 김재우 쌤의 "영어 관찰 일기"

familiar는 사람 is/are familiar with 또는 look[sound/seem] familiar (to 사람)의 형태로 쓰입니다. 전자는 '~을 잘 안다', '~을 능숙하게 사용한다'라는 의미이고, 후자는 시각, 청각 및 전체적인 느낌이 '익숙하다, 낯설지 않다'라는 의미입니다. 앞으로는 '~을 들어 봤니?'라고 하면 무조건 **Have you heard of ~?** 또는 **Do you know of ~?**만 쓸 것이 아니라 상황에 따라서는 **Are you familiar with ~?**라고 해 보세요.

MODEL EXAMPLES

1 You seem quite familiar with this neighborhood.

2 I am quite familiar with OPIc, having taught preparatory classes for years.

3 The bar didn't look familiar from the outside, but when I went in, I realized I had been there before.

4 I didn't think I'd hiked the north side of Namsan before, but now that I'm here, it seems familiar.

---

1 너 이 동네 잘 아는 듯하네.

2 저는 수년 동안 준비반을 가르쳤기 때문에 오픽에 대해 아주 잘 알고 있습니다.

3 그 술집이 밖에서 볼 때는 낯익지 않았는데, 안에 들어가 보니 예전에 한 번 왔었다 싶더군요.

4 남산 북쪽으로는 등산을 안 해 봤다고 생각했는데, 막상 와 보니 전에 와 본 걸 알겠네요.

1

Do I know you from somewhere? You look very familiar.
어디서 뵙지 않았나요? 매우 낯이 익은데요.

No, I don't think we've ever met.
아닌데요. 뵌 적 없는 듯합니다.

2

Are you familiar with BNPL?
BNPL이라고 들어 보셨나요?

No, I'm not. What does BNPL stand for, by the way?
아니요. 못 들어 봤어요. 그나저나 BNPL이 무엇의 약자인가요?

3

The music in this commercial sounds familiar. Do you know what it is?
이 광고 음악 어디서 들어 본 듯. 뭔지 아니?

Yeah, it's an old song by Shin Joong-hyun. What's the name? It's on the tip of my tongue.
응, 신중현 씨가 만든 예전 노래잖아. 노래 제목이 뭐더라? 생각이 날 듯 말 듯 하네.

CASES IN POINT　유튜버 논평

For those who may not be familiar with the "FIRE movement", it stands for "Financial Independence, Retire Early." It's all about saving money while you're young, so you can make your career as short as possible. These people don't find meaning in work and would rather spend their time and energy on other things, like family and travel.

'파이어 운동'이라는 말을 들어 보지 못한 분들을 위해 말씀드리자면, '경제적 독립 조기 은퇴'의 줄임말입니다. 젊었을 때 저축해서 최대한 빨리 은퇴를 하는 것이 핵심이죠. 이런 분들은 일에서 의미를 찾기보다 시간과 에너지를 가족, 여행 등에 쓰는 걸 중요하게 생각합니다.

✅ be familiar with와 be/get used to의 차이점에 관해 알아보겠습니다. be familiar with는 대부분 노력 여부와 상관없이 익숙해지는 경우에 쓰이는 반면, be/get used to는 노력이 개입되어야 익숙해지게 되는 상황에서 쓰입니다. 다음 예문을 보세요.

> ex I am quite familiar with this expression, but I still have trouble using it. I'm afraid it may take some time to get used to.
>
> 이 표현을 많이 본 것 같은데, 쓰기는 어렵네. 익숙해지려면 시간이 필요할 것 같아.

다음 대화문에서도 확인해 보실까요?

> ex A: It seems like you are still not used to seafood.
>
> 너 아직 해산물을 잘 못 먹는 듯하네.
>
> B: I can't get used to the flavor and the smell.
>
> 아무리 노력해도 향이나 냄새가 적응이 안 되네.

이제 두 표현의 미묘한 차이가 느껴지시나요?

- **stand for** : ~을 나타내다, 상징하다
- **BNPL** : 선구매 후결제(= Buy Now Pay Later)
- **be on the tip of one's tongue** : ~이 생각이 날 듯 말 듯 하다, 입에서 맴돌다

DAY
086

부정문에서 either 적극적으로 활용하기

I haven't been to Yongnidangil, either.

나도 용리단길 안 가 봤는데.

 김재우 쌤의 "영어 관찰 일기"

부정문에서 '역시'라고 할 때는 **too**가 아닌 **either**를 써야 하죠. "나도 그 음식 안 먹어 봤어."라는 말은 I haven't tried the food, either.로 표현할 수 있으며, 우리나라 회식 문화에 익숙하지 않은 미국인 친구에게 **You shouldn't be sober, but you can't get too drunk, either.**(술을 아예 안 마시면 안 되지만, 그렇다고 너무 취해서도 안 돼.)라고 조언할 수도 있습니다. 의외로 많은 학습자가 부정문에서 **either** 를 잘 활용하지 못하는데 꾸준히 연습해서 입에 붙도록 해야겠습니다.

MODEL EXAMPLES

1 I haven't tried malatang, and my girlfriend hasn't, either.
2 I'm not going to be able to make it, either.
3 I'm glad you never want to go back to Mongolia. I don't want to, either.
4 Apple isn't planning on releasing a new product, either.
5 I can't pull up the website on my phone, either.

1 저는 마라탕 안 먹어 봤고 제 여자 친구도 마찬가지예요.
2 저도 (회식에) 못 갈 것 같아요.
3 당신이 다시는 몽골에 안 가고 싶다니 다행이다. 나도 가고 싶지 않거든.
4 애플 역시 신제품 출시 계획이 없습니다.
5 내 전화기에서도 그 웹 사이트가 안 열리네.

1

I wanted to try Shake Shack's new burger, but they ran out the last time I was there.

쉐이크쉑에서 새로 나온 버거를 먹어 보고 싶었는데, 지난번에 갔을 땐 다 팔렸더라고.

My girlfriend is really curious about it, but she hasn't tried it, either.

내 여자 친구도 정말 궁금해하는데 아직 못 먹어 봤어.

2

I keep hearing lots of good things about *Squid Game*, but I haven't had time to watch it, yet.

〈오징어 게임〉에 대한 호평이 이어지네. 근데 난 아직 못 봤어.

Yeah, I haven't, either. I've watched some interviews with the actors and director, though.

응, 나도 역시야. 배우들이랑 감독 인터뷰는 좀 봤는데 말이야.

3

I'm interested in meeting your parents, so we can get their approval.

허락을 받을 수 있도록 자기 부모님 만나 보고 싶어.

Well, we can try, but they don't speak Japanese. Their English actually isn't very good, either.

음, 그럴 수는 있는데, 일본어를 못 하셔. 영어 실력도 좋지 않으시고.

CASES IN POINT 제품 리뷰

I don't recommend buying this couch. It was way too expensive for the quality of the materials, and it wasn't easy to set up, either. You'd be better off going to IKEA and getting a couch there. It'll be much cheaper, and probably last longer, too.

이 소파 구매는 추천하고 싶지 않습니다. 소재의 질에 비해 너무 비싸고, 설치도 쉽지 않았어요. 차라리 이케아에서 소파 사는 게 더 나을 듯합니다. 훨씬 저렴할 것이고 더 오래갈 거예요.

either는 부정문에서 '역시, 또한'이라는 의미로 쓰입니다. either의 용법 한 가지를 더 살펴보겠습니다. either A or B 구문인데요, 'A이거나 B이거나'라는 뜻입니다. 그런데 이 A와 B 자리에 문장이 오기도 합니다. 정리하면 다음과 같습니다.

• either **주어 동사** or **주어 동사**

다음 예문으로 확인하세요.

ex **Either you completely cut off your ex-girlfriend, or we're breaking up.**
전 여자 친구랑 완전히 연락을 끊든지, 아니면 우리 헤어져.

ex **Either we try and find a guesthouse, or we just sleep in the back of the car at a campsite.**
민박집을 찾아 보던지 아니면 캠핑장 자동차 뒤 칸에서 자야지 뭐.

ex **Either you show up on time, or you start looking for another job.**
정시 출근을 하든지, 아니면 다른 직장을 알아보게나.

위 예문들처럼 either와 or 다음에 각각 문장이 나오는 것은 많은 정보를 전달해야 하기 때문이랍니다.

• **pull up the website** : 웹 사이트를 열다
• **run out** : 다 떨어지다, 다 팔리다
• **be better off -ing** : ~하는 게 더 낫다

전치사 unlike를 이용해 대조 및 비교 나타내기

I get a regular salary, unlike other salespeople.

다른 영업직과는 달리, 저는 기본급이 있습니다.

 김재우 쌤의 "영어 관찰 일기"

서로 대조적인 내용을 얘기할 때 흔히들 접속사 **but**이나 **while**을 써서 표현하지요. 오늘 소개하는 **unlike** 역시 '비교' 또는 '대조' 상황에서 '~와는 달리'라는 뜻으로 잘 쓰이는 표현이지만, 제대로 활용하는 학습자들이 드뭅니다. 사실 **unlike**는 여러분의 영어 스피킹을 한결 수월하게 해 줄 가성비 만점의 어휘랍니다. 예를 들어, "미국인들과 달리 호주인들은 상당히 느긋하다."라고 한다면 **Australians tend to be laid-back, unlike Americans.**로 표현할 수 있겠네요.

MODEL EXAMPLES

1 Unlike other vacuum cleaners, the V4 can charge in a matter of minutes.

2 Unlike other big cities, Sejong is pretty clean. I think that's because it was planned out so well.

3 This YouTube channel goes pretty in-depth into financial topics, unlike other channels.

4 James gives me useful feedback, unlike my previous teachers.

1 다른 진공청소기와 달리, V4는 몇 분이면 충전할 수 있습니다.

2 다른 대도시와는 달리, 세종시는 매우 깨끗합니다. 잘 계획되어서 그런가 봅니다.

3 이 유튜브 채널은 다른 채널들과 달리, 경제에 관해 꽤 심도 있는 내용을 다뤄.

4 이전 선생님들과는 달리, James는 도움 되는 피드백을 주십니다.

1

Having worked with Americans for a couple of years, I think they're quite diligent, unlike Europeans.

미국인들과 몇 년간 일해 보니, 유럽인들과 달리 꽤 부지런한 것 같아요.

That's my experience, too. Europeans take a lot of days off. I envy their work-life balance, though.

저도 그렇게 느꼈어요. 유럽인들은 많이 쉬죠. 그래도 그들의 일과 삶의 균형이 부럽습니다.

2

I don't know why people are reluctant to switch to electric cars. They're really clean and quiet, unlike regular cars.

사람들이 왜 전기차로 갈아타는 걸 망설이는지 모르겠어. 일반 차량과 달리, 환경에도 좋고 조용한데.

That's actually one of the problems for me. They sound so quiet and weird.

실제로 나에겐 그게 문제 중 하나더라. 너무 이상하고 너무 조용해.

3

Want to come with me to Everland on Saturday?

토요일에 나랑 에버랜드 갈래?

Definitely! Everland's the best, and it's outside, unlike LotteWorld.

좋지! 에버랜드가 최고야. 롯데월드랑은 달리, 실외잖아.

CASES IN POINT 신발 브랜드 광고

Our policy is we never have sales, unlike every other shoe brand. That doesn't mean we inflate prices, though. On the contrary, we try our best to keep prices as low as possible by shopping around for materials.

여타의 다른 신발 브랜드와는 달리, 세일을 하지 않는 것이 저희의 정책입니다. 그렇다고 저희가 가격을 부풀려서 판매하는 것은 아닙니다. 오히려 더 저렴한 자재를 구하기 위해 노력함으로써 가격을 최대한 낮게 유지하기 위해 최선을 다하고 있습니다.

☑ unlike에 대해 좀 더 살펴보겠습니다. 일단, 다음 예문들을 통해 unlike의 쓰임을 다시 한번 확인해 보세요.

> ex He is unlike any other teacher I've had before.
>
> 그는 전에 내가 함께했던 어떤 선생님과도 다르다.

> ex Trump is unlike any other president we've had.
>
> 트럼프는 우리가 경험한 기존 대통령들과는 다르다.

> ex This is unlike anything you have ever seen before.
>
> 이것은 당신이 전에 본 어떤 현상과도 다르다.

위의 세 문장을 보면서 여러분들은 어떤 생각을 하셨는지요? 우리가 과연 unlike의 뜻을 몰라서 잘 쓰지 못하는 걸까요? 그보다는 '다르다'에 해당하는 영어 단어로는 거의 기계적으로 different를 떠올리기 때문이 아닐까요? 즉 '다르다'라는 한국어가 떠오르면 different만 생각나니까 unlike를 쓰지 못하는 겁니다. 이제부터는 보다 다양한 표현을 익히는 것과 더불어 사고의 폭도 넓혀야겠습니다.

WORD BANK

- **in a matter of minutes** : 몇 분 만에
- **plan ~ out** : ~에 대해 세심히 계획을 세우다
- **go in-depth into** : ~에 대해 심도 있게 접근하다
- **be reluctant to부정사** : ~하는 것을 꺼리다
- **inflate prices** : 가격을 인상하다

In America, hospital stays are unusually expensive.

미국은 병원 입원비가 너무 지나치게 비싸요.

김재우 쌤의 "영어 관찰 일기"

흔히들 '특이한, 일반적이지 않은'이라고만 알고 있는 **unusual(ly)**의 쓰임새는 그야말로 무궁무진합니다. 뭔가가 '지나치게, 터무니없이' 비싸다고 할 때 **~ is/are unusually expensive.**라고 표현하는가 하면, "겨우 9월인데 뭐 이렇게 추워."라고 하는 경우에도 이 단어를 써서 **It's unusually cold for September.**로 표현할 수 있습니다.

MODEL EXAMPLES

1 It's unusual that there aren't many people here. Department stores are usually super crowded on weekends.
2 There is nothing unusual about a guy getting his nails done.
3 Working overtime is not unusual in my job.
4 It's unusually cold for October.
5 New York City's 24-hour public transit system is unusual for an American city.

1 이상하게 사람이 그렇게 많지 않네. 보통 주말이면 백화점에 사람 엄청 많은데.
2 남자라고 손톱 다듬지 말라는 법은 없지.
3 제가 하는 업무의 경우 야근이 일상입니다.
4 10월치고는 너무 춥습니다.
5 뉴욕시의 24시간 대중교통 시스템은 미국 도시로서는 이례적입니다.

1

My job gives me such good perks on top of my regular salary.
내가 하는 일은 기본급에다 이런 좋은 혜택까지 있어.

You get a regular salary? That's pretty unusual for a salesperson.
기본급이 있다고? 영업직인데 꽤 특이하네.

2

My wife washes the car once a week, no matter what.
제 아내가 일주일에 한 번은 무조건 세차해요.

I remember you said that you do the cooking, right? You two have an unusual housework arrangement.
당신이 요리를 직접 한다고 하지 않았나요? 당신 부부는 일반적인 가사 분담과는 거리가 있군요.

3

It was unusually warm in November, so I was hoping winter wouldn't be so cold this year.
11월에 이상하게 따뜻해서, 올겨울 이렇게 춥지 않기를 바랐건만.

Me too. Instead, this winter feels even colder than last year.
나도. 오히려 올겨울은 작년보다 더 춥게 느껴져.

CASES IN POINT 뉴스 기사

Elon Musk now says he is going to step down after taking a Twitter poll on the topic. He has quite an unusual management style, following a favorite Latin expression of his that translates to "The voice of the people is the voice of God." He has asked Twitter users for input on other major decisions, too, like whether to allow Donald Trump back.

Elon Musk는 관련 주제에 관해 트위터 여론 조사를 실시한 후에 사임하겠다고 합니다. 그의 경영 스타일은 참 독특합니다. "백성들의 목소리가 하느님의 목소리이다."로 번역되는 자신이 가장 좋아하는 라틴어 표현을 따르는 것인데요. Donald Trump를 다시 트위터로 복귀시킬 것인가와 같은 주요한 결정에 트위터 사용자들의 의견을 묻기도 했죠.

☑ 몇 가지 브로큰잉글리시를 살펴보겠습니다. '회사의 복지'를 뜻하는 말이 welfare일까요? "저희 회사는 복지가 좋아요."라고 할 때 많은 학습자들이 welfare라는 단어를 쓰는 것을 볼 수 있습니다. 하지만 welfare의 경우 '국가적인 복지'를 가리키므로 회사에서 제공하는 복지는 benefits 또는 perks라고 해야 합니다. 그래서 My company offers nice benefits and perks.(저희 회사는 복지가 상당히 좋아요.)라고 말한답니다.

☑ SNS 역시 브로큰잉글리시의 대표적인 사례이며 올바른 영어 표현은 social media 입니다. 예문을 통해 확인해 보겠습니다.

> ex I'm thinking about quitting social media for good. I'm constantly comparing myself to others, and that's not healthy.
>
> 나 SNS 완전히 끊을까 해. 끊임없이 다른 사람이랑 비교하게 되니까 건강에 안 좋아.

☑ event도 잘못 사용하면 브로큰잉글리시가 됩니다. 흔히 '특별한 일'을 special event 로 표현하는 것을 볼 수 있는데요. 원어민들은 보통 special occasions라고 합니다. I only wear these glasses on special occasions.(저는 특별한 날에만 이 안경을 씁니다.)라고 말이죠.

WORD BANK

- **get one's nails done** : ~의 손톱을 다듬다
- **on top of** : ~ 이외에, ~뿐 아니라
- **step down** : 사직하다, 퇴진하다
- **take a poll** : 여론 조사를 하다

Please let me drive you home. I insist.

제가 차로 집까지 모셔다 드린다니까요. 그렇게 하시죠.

 김재우 쌤의 "영어 관찰 일기"

insist는 '고집하다, 주장하다'라는 의미인데요, 주로 다음 세 가지 형태로 쓰이니 잘 알아 두세요. ① 문장 끝에 사용되는 I insist ② insist on 명사/동명사 ③ 문장 끝에서 관용적으로 사용되는 if you insist. 물론 주어 insist that 주어 동사원형 구문도 빼놓을 수 없지만, 일상 회화에서는 앞서 소개한 세 문형이 훨씬 자주 쓰인답니다.

MODEL EXAMPLES

1 Let me treat you to lunch. I insist.

2 Take this money. I insist!

3 My wife insisted on white for the wall.

4 When it comes to accommodations, my husband always insists on the expensive option.

5 I don't really want to outstay my welcome, but we will stay one more day with you guys, if you insist.

1 점심 내가 살게. 그렇게 하자고.

2 (아빠가 자취하는 딸에게) 이 돈 받아. 그렇게 해!

3 제 아내가 벽지 색상으로 흰색을 고집하더군요.

4 숙박에 있어서 만큼은, 저희 남편은 늘 비싼 곳만 고집해요.

5 괜히 폐 끼치고 싶지는 않지만, 정 원한다면 너희들이랑 하루 더 있을게.

1

It's my treat.
내가 살게.

No. You paid last time. So it's on me, I insist.
아니야. 지난번에 네가 샀잖아. 오늘은 내가 낸다니까.

2

My girlfriend always insists on going to Starbucks after meals.
Is it the same in America?
제 여자 친구는 밥 먹고 나서 꼭 스타벅스에 가야 하는데, 미국도 그런가요?

Maybe 10 years ago. Not so much, now.
10년 전에는 그랬을 수 있지만 이젠 그만큼은 아니에요.

3

Jeff, how are you holding up? I was thinking of swinging by
sometime this afternoon.
Jeff, 몸은 좀 어때? 오늘 오후에 잠깐 들르려고 생각 중이야.

I'm starting to feel better now, so you really don't have to. But if
you insist, I won't refuse.
지금은 좀 나아지기 시작해서 정말 안 그래도 돼. 근데 굳이 오겠다면 안 말릴게.

We have been very disappointed with the quality and timeliness of
the products and services you have provided. Despite our repeated
attempts to resolve these issues, they have not been adequately
addressed. As a result, we must insist on switching to a different
vendor who can better meet our needs.

귀사에서 제공한 제품과 서비스의 품질 및 납기 시점에 대단히 실망했습니다. 여러 번에 걸쳐 문제 해결
시도를 했음에도, 제대로 처리되지 않았습니다. 따라서 저희 요구를 충족시킬 수 있는 다른 판매사로 업체를
바꿀 수밖에 없습니다.

✅ 동사 insist에 대해 좀 더 살펴보겠습니다. insist that 주어 동사 구문의 경우 다음과 같이 두 가지 다른 용법으로 쓰입니다.

1 that 이하의 사실이 '맞다 또는 아니다라고 주장하다'

> ex Jeff insists that they are just friends, but he doesn't let me see their text messages.
>
> Jeff는 둘이 그냥 친구라고 주장하지만, 그 둘의 문자 메시지는 나에게 보여 주려고 하지 않는다니까.

> ex He insists that he has no idea how the drugs got into his luggage.
>
> 그는 자신의 가방에 어떻게 마약이 들어갔는지 전혀 모르겠다고 주장한다.

2 that 이하의 내용, 행위 등이 '이루어져야 한다고 주장하다, 고집하다'

> ex We insist that the next payment be made on time.
>
> 다음 대금 결제는 꼭 늦지 않게 해 주시기 바랍니다.

> ex I think it's pretty clear by now that red meat isn't good for you, but my mom insists that we have some every time I come over.
>
> 육고기가 몸에 안 좋다는 건 이제는 거의 확실해진 것 같은데도, 우리 엄마는 내가 집에 갈 때마다 육고기를 먹으라고 한다.

insist가 두 번째 용법으로 쓰일 경우 that절의 동사는 예문에서처럼 동사원형이 되어야 한다는 점도 기억하세요.

WORD BANK

- **treat A to B** : A에게 B를 대접하다
- **when it comes to** : ~에 있어서, ~에 관하여
- **outstay one's welcome** : 너무 오래 머물러 미움을 사다
- **swing by** : 잠깐 들르다
- **adequately** : 충분히, 적절히

명사절을 이용해 자연스럽게 말하기

I like what you have going on here in the living room.

여기 거실에 해 두신 것이 마음에 듭니다.

김재우 쌤의 "영어 관찰 일기"

하나의 명사로 표현하기보다는 '명사절'로 풀어써야 자연스러운 영어 문장이 만들어지는 경우가 많습니다. 예를 들어, "연비가 좋다는 게 이 차의 장점이지."라는 말의 경우 **What's great about this car is it gets good gas mileage.**로 표현하는 것이 **the merit, upside**(장점) 등의 명사 하나로 표현하는 것보다 훨씬 자연스럽게 들립니다. 특히 구어체에서는 더욱 그렇습니다.

MODEL EXAMPLES

1 The bakery you mentioned is actually close to where I work.
2 I wish the audience could see what really went into this movie.
3 Do you want to know how much I make?
4 This coffee is so different from what you normally find in Seoul.
5 Jorge has explained it many times, but I'm still not really sure what he does for a living.

1 네가 말한 빵집이 사실 나 일하는 곳 근처에 있어.
2 이 영화에 많은 노력이 들어갔다는 점을 관객들이 알아줬으면 좋겠네요.
3 제 연봉이 궁금하세요?
4 이 커피는 서울에서 흔히 볼 수 있는 것과는 많이 달라.
5 Jorge가 몇 번이나 설명해 주긴 했는데도 그 친구 직업을 잘 모르겠어.

1

What's great about working from home is that you can run errands while getting things done.

업무를 하면서 볼일도 볼 수 있다는 점이 재택근무의 장점이지.

But there are a lot of distractions. Your TV and pets are right there.

근데 집중을 방해하는 것들이 너무 많잖아. TV도 있고 반려동물도 있잖아.

2

I'll tell you what you've got here. It's a simple case of the flu.

무슨 문제인지 말씀드릴게요. 그냥 단순 독감입니다.

That's a relief! I was worried I had COVID again.

다행이네요! 전 또 코로나 걸렸나 걱정했는데.

3

Could you explain what inflation does to the economy overall?

인플레이션이 경제 전반에 미치는 영향에 대해 설명해 주실 수 있을까요?

Inflation makes people cut down on spending, and investors start to pull their money out.

인플레이션은 소비를 위축시키며, 투자자들이 (투자한) 돈을 회수하게 만듭니다.

CASES IN POINT 커피 전문점 광고

We pride ourselves on offering the highest quality coffee beans, which are at least one grade above what you normally find in Seoul. Our baristas, who are passionate about their craft, will prepare your drink exactly to your specifications.

저희는 최고 수준의 원두를 제공하고 있다는 점에 대해 자부심을 느끼며, 서울의 다른 일반 커피보다 적어도 한 등급은 위에 있습니다. 자신들의 일에 열정 가득한 저희 바리스타들은 여러분의 요구에 딱 맞춘 음료를 준비해 드립니다.

SMALL TALK 1번 대화에 등장한 distractions는 동사 distract(집중이 되지 않게 하다, 산만하게 하다)에서 파생된 단어입니다. distract는 주로 다음 세 가지 형태로 변형되어 사용되는 것을 볼 수 있습니다.

- distracting(산만하게 하는, 산만하게 만드는), distracted(산만해진), distractions (집중을 방해하는 요소)

이 중에서 우리에게 가장 익숙하지 않은 형태는 바로 명사형 distractions가 아닐까 하는데요. 다음 예문을 통해 살펴보겠습니다.

ex I don't understand how people can get any work done at cafes. There are too many distractions.
사람들이 카페에서 일을 할 수 있다는 게 이해가 안 돼. 집중을 방해하는 게 너무 많잖아.

다음으로 distracted의 예를 보겠습니다.

ex I get distracted when my cat starts tearing things up.
우리 집 고양이가 뭘 찢기 시작하면 집중이 안 됩니다.

distracting이 사용된 문장도 한번 볼까요?

ex Can you please stop tapping your foot already? It's so distracting.
제발 다리 좀 떨지 말아 줄래? 집중이 안 돼.

WORD BANK

- **be different from** : ~과 다르다
- **pride oneself on** : ~을 자랑스럽게 여기다, 자랑하다
- **be passionate about** : ~에 열정적이다

10 million won is relatively cheap for a used car, but it's still expensive for me.

천만 원이면 중고차치고는 그나마 저렴한 편이긴 한데, 그래도 저한테는 비싸요.

 김재우 쌤의 "영어 관찰 일기"

'비교적, 상대적으로, 그나마'라는 의미의 부사 **relatively**는 적재적소에 쓰기만 한다면, 가성비 만점의 단어가 될 수 있습니다. 부사이기 때문에 형용사 앞에 와서 '상대적으로'라는 의미를 전달하는데요. 예를 들어, "다른 지역과 비교해 보면 저희 동네가 그래도 집값이 저렴한 편이에요."라고 한다면 **Housing is relatively inexpensive in my neighborhood.**라고 할 수 있겠습니다.

MODEL EXAMPLES

1 He has relatively wide shoulders for his height.

2 The mantis can live for three years, which is a relatively long time in the insect kingdom.

3 Some people still die from Omicron, but for most, symptoms are relatively mild.

4 $200 sounds like a lot of money to fix the water heater, but it's relatively small compared to the cost of buying a whole new one.

1 그 사람은 키에 비해 어깨가 넓은 편이야.

2 사마귀는 수명이 3년인데, 곤충 세계에서는 그나마 오래 사는 편이지.

3 오미크론으로 사망하는 사람이 있기는 해도, 대부분의 경우 증상이 그렇게 심하지는 않습니다.

4 온수기 고치는 데 이백 달러는 좀 비싸다 싶어. 그래도 새것 사는 비용에 비하면 저렴한 편이지.

1

While the neighborhood is quite old, this building is relatively new — only 15 years old.

동네는 꽤 오래되었지만, 이 건물은 상대적으로 새것이에요. 15년밖에 안 되었거든요.

Oh, that explains why it's more expensive than the other places.

아, 그래서 다른 건물보다 비싼 거군요.

2

I expected Garold to be good at basketball, since he's the tallest out of all my friends.

난 Garold가 농구 잘할 줄 알았는데. 우리 친구들 중에서 키가 제일 크니까.

He's relatively short for a Croatian guy, though. I heard they are 180 centimeters tall on average.

근데 크로아티아 사람치고는 작은 편이야. 그 나라 사람들 평균 신장이 180cm라더라.

3

The Chair is relatively short for a Netflix series. It only has six episodes.

〈더 체어〉는 넷플릭스 드라마치고는 짧은 편이지. 6화까지밖에 안 되거든.

I just can't seem to get into any show on Netflix, however short it is.

아무리 짧아도 넷플릭스 드라마에 좀처럼 재미가 안 붙어.

We are a relatively small company, but we believe we are capable of carrying out a construction project of this size. We've gained plenty of expertise and knowhow from overseas projects. I would really appreciate if you could consider us a possible vendor for your upcoming project.

저희가 비교적 작은 회사이지만, 이 정도 규모의 공사를 할 수 있는 역량을 갖고 있다고 생각합니다. 해외 프로젝트를 통해 충분한 전문성과 노하우를 쌓았습니다. 곧 있을 귀사 프로젝트에 저희를 가망 공급 업체로 고려해 주시면 감사하겠습니다.

☑ 여러분들은 CASES IN POINT에 나온 동사 gain과 유의어인 obtain의 정확한 용법 차이를 아시나요? gain은 어떤 행위를 하는 과정 속에서 자연스럽게 얻게 된 '지식, 경험, 기술' 등에 어울리는 동사인데 반해, obtain은 '자격증, 허가, 학위' 등과 같이 제공하는 대상이 분명할 때 쓰는 동사입니다.

☑ gain 다음에는 주로 weight(체중), confidence(자신감), experience(경험), skills (기술), knowledge(지식), access(접근), a reputation(명성) 등의 명사가 옵니다.

> ex I gained too much weight after the New Year's holiday.
>
> 새해 연휴 이후에 체중이 너무 많이 늘었다.

> ex If there is a good way to gain confidence, please let me know.
>
> 자신감을 얻을 수 있는 좋은 방법이 있다면 알려 주세요.

☑ obtain 다음에는 consent(동의), approval(승인), a patent(특허), permission (허가), a permit(허가증), citizenship(시민권), a license(자격증), a degree(학위), a visa(비자) 등의 단어가 오게 됩니다.

> ex The band didn't obtain a permit to do their busking.
>
> 그 밴드는 버스킹 허가증을 받지 못했다.

> ex I obtained a degree from Cornell.
>
> 나는 코넬 대학에서 학위를 받았다.

WORD BANK

- **compared to** : ~과 비교해서
- **on average** : 평균적으로
- **be capable of -ing** : ~을 할 수 있다, ~할 능력이 있다

전치사 from을 이용해 원인 나타내기

I think I got this back pain from sitting at a desk all day.

하루 종일 책상에 앉아 있어서 허리 통증이 생긴 것 같아.

 김재우 쌤의 "영어 관찰 일기"

'원인'이나 '이유' 하면 한국인들은 거의 대부분 **because**를 떠올립니다. 이제부터는 전치사 **from**을 사용할 줄도 알아야겠습니다. 우리가 이유나 원인을 나타낼 때 **from** 을 쓰는 데 익숙하지 않은 것은 '**from = ~로부터**'라고 마치 공식처럼 암기했기 때문 이기도 하지요. 하지만 다양한 상황에서 이유나 원인을 나타낼 때 전치사 **from**이 쓰인답니다. 물론 **from**은 '출처'를 나타내기도 합니다.

MODEL EXAMPLES

1 I have a terrible hangover from drinking too much last night.

2 I think I got this muscle tightness from working out every day last week.

3 I didn't get this scar from anything exciting. I just tripped on the TV's power cord.

4 I think I got this bruise from playing soccer.

5 I got this migraine from staring at my computer screen too long.

1 어젯밤에 너무 마셨더니 숙취가 너무 심하네.

2 지난주에 매일 운동을 해서 그런지 근육이 당기는 것 같아.

3 뭐 대단한 거 하다가 상처가 생긴 게 아니고요. TV 전선 줄에 걸려 넘어졌어요.

4 축구하다가 멍이 든 것 같아요.

5 너무 오래 컴퓨터 화면을 봤더니 편두통이 생겼어.

1

How did your car get so damaged?

차가 어쩌다가 이렇게 망가진 거야?

I think a lot of these dents are from parking on the street.

길거리에 주차해 둬서 흠집이 많이 생긴 듯해.

2

I'm never satisfied with the croissants I find in Seoul.

서울에서 파는 크루아상은 전혀 만족스럽지가 않네.

I guess you are spoiled from living in France all those years.

네가 프랑스에 너무 오래 살아서 입이 고급이 되어서 그런 걸 거야.

3

You're the first person I've heard use the word "clicks" for "kilometers".

'킬로미터'가 아닌 '클릭'이라는 단어를 쓰는 사람은 네가 처음이야.

Yeah, I think I picked up that expression from the Canadians in my office.

응. 사무실 캐나다 동료들 때문에 그 표현을 배운 것 같아.

CASES IN POINT 쿠션 광고

Our cushion is designed to alleviate pressure and discomfort from sitting at your desk all day. Its ergonomic design supports your natural posture and promotes proper spinal alignment. Say goodbye to back pain and hello to comfortable, healthy sitting with our cushion. Get yours today and feel the difference!

저희 쿠션은 하루 종일 책상에 앉아 있음으로써 생기는 허리 눌림과 불편함을 완화해 주도록 설계되었습니다. 인체공학적 디자인은 자연스러운 자세를 잡는 데 도움이 되며 척추를 바르게 세워 줍니다. 이제 허리 통증과는 작별하시고 저희 쿠션으로 편안하고 건강한 착석감을 맛보시기 바랍니다. 오늘 구매하시어 그 차이점을 느껴 보세요!

✅ SMALL TALK 1번 대화에서는 우리가 주로 명사로 사용하는 damage라는 단어가 동사로 사용되어 get damaged로 쓰였습니다. 이처럼 영어에는 같은 단어가 여러 품사로 사용되는 경우가 많습니다.

✅ 우리에게 명사로 익숙한 email과 party 역시 동사로도 쓰입니다. 다음 예문을 보세요.

> ex **I will email you the documents.**
> 제가 서류를 이메일로 보내겠습니다.

> ex **I was out partying last night.**
> 어젯밤에 밖에서 파티하고 놀았어.

✅ 명사로 익숙한 schedule은 '일정을 잡다'라는 뜻의 동사로도 쓰이므로 '~와 회의를 잡고 싶다'라고 할 때 I'd like to schedule a meeting with 사람.이라고 합니다. 또한 주로 형용사로 알고 있는 perfect를 동사로 써서 perfect one's recipe(요리법을 완성하다)라고 할 수도 있지요. 이외에도 '소매'라는 의미의 명사 retail을 동사로 쓰면 '소매하다, (특정 가격에) 팔리다'라는 의미입니다. 다음 예문으로 확인해 보세요.

> ex **I finally perfected my recipe for chocolate chip cookies.**
> 드디어 초콜릿 칩 쿠키 레시피를 완성했어.

> ex **The new product retails for 15,000 won.**
> 그 신제품은 소매가가 만 오천 원이다.

WORD BANK

- **get muscle tightness** : 근육이 당기다
- **trip on** : ~에 걸려 넘어지다
- **get a bruise** : 멍이 들다, 타박상을 입다
- **alleviate** : ~을 완화시키다, 경감하다
- **spinal alignment** : 척추 정렬

접속사 when을 이용해 조건과 상황 나타내기

My hair gets really messy when it rains.

비가 오면 머리가 엉망이 돼요.

 김재우 쌤의 "영어 관찰 일기"

오늘의 대표 문장에서 **when**은 어떤 '상황'을 나타냅니다. 이 경우 **if**로 바꿔 쓸 수도 있지만, **when**을 쓰면 빈번하게 발생하는 상황이거나 기정사실이라는 느낌을 줍니다. 예를 들어, **Please contact me when you visit Paris.**(파리에 방문하면 저에게 연락해 주세요.)는 파리에 오는 것을 전제로 하는 말이지만, **Please contact me if you visit Paris.**는 '혹시라도 오게 되면'의 뉘앙스입니다.

MODEL EXAMPLES

1 She gets irritable when she feels pressed for time.

2 Parties become more interesting when Tom arrives.

3 I want to make fewer mistakes, but it's hard when I am under pressure to speak quickly.

4 I try to be a good listener for my friends, but it seems like no one is willing to listen to me when I have problems.

1 그녀는 시간에 쫓기면 예민해져.

2 Tom이 도착하면 파티가 재미있어져.

3 저도 실수를 덜 하고 싶은데, 말을 빨리해야 한다는 압박감이 들면 그게 어려워요.

4 저는 제 친구들의 말을 잘 들어 주려고 노력합니다. 근데 제가 어려움이 있을 때는 아무도 제 말을 귀담아들으려 하는 것 같지가 않아요.

1

I'm trying not to see him.
나 그 사람 될 수 있으면 안 보려고.

That's impossible when you live in the same neighborhood.
같은 동네 사는데 그게 되겠어.

2

Why would I need an expensive bed when I can make do with this mattress?
이 매트리스면 충분한데 왜 굳이 비싼 침대를 사야 하는 거지?

It is not quite the same. And the room doesn't look quite right without a bed.
매트리스랑 침대는 다르지. 게다가 방에 침대가 없으니 뭔가 허전해 보여.

3

Housing prices tend to rise when the government tries to step in.
정부가 개입하려 하면 집값이 오르는 경향이 있어.

But do you really think they are not supposed to try anything?
그럼 정부가 손 놓고 있어야 한다고 생각하는 거니?

CASES IN POINT 뉴스 기사

Tesla has been doing great. They sold more vehicles than they ever have. The latest model, the Model Y, is selling like hotcakes. And this is particularly impressive right now, when carmakers are struggling with a shortage of chips and other parts. Most of them have had to cut production.

테슬라가 잘나가고 있습니다. 지금까지 가장 많은 차를 판매했습니다. 최신 모델인 '모델 Y'는 그야말로 불티나게 팔리고 있습니다. 다른 자동차 회사들이 칩과 부품 부족으로 고전하고 있다는 점을 생각하면 대단한 일입니다. 대부분 회사들은 생산을 줄일 수밖에 없는 상황인데 말이죠.

SMALL TALK 2번 대화에 등장한 형용사 right는 그야말로 활용도 높은 단어입니다. 특히, 감각동사인 look, feel, sound, taste와 함께 부정문으로 쓰면, '어색하게 보이다', '불편하게 느껴지다', '소리가 이상하다', '맛이 뭔가 아쉽다' 등의 뜻으로 사용됩니다. 다음 예문들에서 확인해 보겠습니다.

ex Your dog doesn't look right with short fur.

> 털을 짧게 깎아 놓으니 네 개가 뭔가 어색해 보인다.

ex Something about these shoes doesn't feel right.

> 이 신발 뭔가 불편해.

ex Something must be wrong with the air conditioner. It doesn't sound right, and it's only blowing warm air.

> 에어컨에 뭔가 문제가 있는 것이 틀림없어. 소리가 이상해. 따뜻한 바람만 나오고.

ex I tried to cook an omelette just like Gordon Ramsay did in the video, but it didn't taste quite right.

> 고든 램지가 영상에서 한 것처럼 오믈렛을 만들어 보려 했지만, 맛이 뭔가 이상했다.

WORD BANK

- **get irritable** : 예민해지다
- **step in** : 나서다, 간섭하다
- **sell like hotcakes** : 불티나게 팔리다

We're planning on going to Busan this weekend for Christmas.

크리스마스를 맞아 이번 주말에 부산에 가려고 해요.

 김재우 쌤의 "영어 관찰 일기"

'~할 생각이다/계획이다'라는 뜻인 **plan on 동명사**는 **plan to부정사** 또는 **have a plan to부정사**와 비교해 좀 더 캐주얼한 표현 방식입니다. 100% 확정적이라기보다 '거의 그럴 것 같다' 정도의 뉘앙스로, 구어체에서 상대적으로 더 많이 사용됩니다. 예를 들어 "Jeremy를 위해 파티를 해 줄까 해."라고 한다면 **I'm planning on throwing a party for Jeremy.**라고 하면 됩니다. 확실성의 정도를 기준으로 보면 **be planning to** > **be planning on** > **be동사 과거형 thinking of**의 순서입니다.

MODEL EXAMPLES

1 I'm planning on going hiking this weekend.
2 I'm planning on going to Gyeongju for the holiday.
3 Are you planning on seeing your girlfriend tomorrow?
4 Today, at the pool, I'm planning on working on my backstroke.
5 Samsung is planning on building a factory in Tyler, Texas.

1 이번 주말에 등산 갈 생각이에요.
2 연휴 때 경주 갈까 해.
3 너 내일 여자 친구 만날 거야?
4 오늘 수영장에서 배영을 연습할 생각이야.
5 삼성이 텍사스 타일러에 공장을 세울 계획입니다.

1

Have you decided where to go yet for your vacation?

휴가 때 어디 갈지 결정은 한 거야?

I'm planning on going to Hawaii. I've always wanted to visit the islands.

하와이 가려고 생각 중이야. 늘 그 섬에 가 보고 싶었거든.

2

What are you doing this weekend?

이번 주말에 뭐 해?

I was planning on going hiking, but I'm not sure if the weather will cooperate.

원래는 등산을 갈까 했는데 날씨가 따라 줄지 모르겠네.

3

Do you think now is a good time? Car sales in January are usually low.

지금이 적기라고 생각하세요? 1월에는 보통 자동차 판매가 부진하잖아요.

Definitely. I heard that none of our competitors are planning on releasing anything until February.

당연하죠. 경쟁사들의 경우 2월까지는 신차 발표 계획이 없다고 들었거든요.

CASES IN POINT 뉴스 기사

Smart phone sales are not as strong as they used to be. The market has become saturated, and with new phones offering only slight improvements, customers are waiting longer than two years on average to upgrade. Experts say that phone manufacturers are likely planning on coming out with new models less often.

스마트폰 매출이 예전 같지 않습니다. 시장이 포화 상태가 되었고, 신규 폰이 크게 나아진 것이 없어서인지 고객들의 교체 주기가 2년이 넘습니다. 전문가들에 따르면 제조사들이 신모델 출시 횟수를 줄일 것이라고 합니다.

✓ 영어 공부를 할 때 전치사만큼 우리를 괴롭히는 것이 또 있을까요? MODEL EXAMPLES 의 예문 중 하나였던 다음 문장에도 전치사 for가 등장하는데요. 여기서 for는 어떤 용법으로 쓰인 걸까요?

> ex I'm planning on going to Gyeongju for the holiday.
>
> 연휴 때 경주 갈까 해.

이때의 for는 '~을 맞아서'라는 의미입니다. 가령 '크리스마스를 맞아'라고 한다면 for Christmas가 되는 것이죠. '생일을 맞아서' 역시 for one's birthday라고 하므로 What did you get your wife for her birthday?(부인 생일 선물을 뭐 해줬어?)라고 할 수 있습니다. for를 이용해서 다음과 같은 문장을 만들 수도 있겠네요.

> ex Do you have any plans for the weekend?
>
> 주말을 맞아 무슨 계획 있어?

✓ 이에 반해 on Christmas라고 하면 '크리스마스 날에'라는 의미가 됩니다.

> ex Do we have to do something special on Christmas?
>
> 크리스마스에 꼭 뭔가 특별한 걸 해야 해?

한편, over를 사용해서 over the weekend라고 하면 '주말 동안, 주말에 걸쳐'라는 뜻이 된답니다.

WORD BANK

- **backstroke** : (수영 영법) 배영
- **saturated** : (시장이) 공급 과잉인, 포화 상태인
- **come out with** : 출시하다

I'm afraid를 이용해 미안함 전달하기

I'm afraid the item you're looking for is out of stock.

죄송한데 찾으시는 제품이 재고가 없습니다.

김재우 쌤의 "영어 관찰 일기"

뭔가 부정적인 말이나 미안한 말을 꺼낼 때는 **I'm afraid**로 문장을 시작함으로써 어느 정도 예의를 갖출 수 있습니다. 약속에 늦는다거나, 사려는 물건이 너무 비싸다고 하거나, 상대의 의견에 반대하거나, 일찍 자리를 떠야 하는 상황 모두에서 이 구문을 쓸 수 있습니다. 예를 들어, **I'm afraid I can't make it today.**(미안한데 오늘 못 갈 것 같아.)로 표현하면 원어민처럼 자연스럽게 미안함을 전달할 수 있답니다.

MODEL EXAMPLES

1 I am afraid I am running 20 minutes late.

2 I'm afraid this price is a bit beyond my budget.

3 I'm afraid I already have plans tonight.

4 I'm afraid I have to disagree with you on that.

5 I'm afraid I may have to leave the meeting early. I'm expecting an urgent call from our legal team.

1 미안한데 나 20분 늦어.

2 이 가격이 제 예산 범위를 조금 초과하네요.

3 죄송한데 오늘 밤에는 선약이 있어요.

4 죄송한데 그 점은 동의하기 힘듭니다.

5 (회의에서) 죄송한데 조금 일찍 일어나 볼게요. 법무팀에서 급한 전화가 오기로 되어 있어서요.

1

Could I get another beer, please?
맥주 한 잔 더 주실래요?

I'm afraid we are closing shortly.
죄송한데 마감 시간이 거의 다 되었습니다.

2

Ideally, I'd like to have lessons on Wednesdays at 2 p.m.
가능하면, 수요일 낮 2시에 수업을 받고 싶습니다.

I'm afraid I'm not available on weekday afternoons. Can I maybe call you to work out a time?
죄송한데 주중 오후에는 제가 시간이 안 됩니다. 혹시 시간 조율을 위해 전화드려도 될까요?

3

$200 seems pretty steep for such a small repair.
이 정도 수리하는 데 200달러는 너무 심한 듯하네요.

That's the going rate, I'm afraid.
죄송하지만 시세가 그렇습니다.

CASES IN POINT 비즈니스 이메일

I'm afraid you don't have the experience we're looking for. We appreciate your interest in the role and the time you took to apply, but unfortunately, we will not be able to move forward with your application at this time. We wish you the best of luck in your job search.

(채용에 탈락한 지원자에게 보내는 불합격 통보 메일)
유감스럽게도 저희가 찾고 있는 경력이 없으신 듯합니다. 저희 업무에 관심을 가져 주시고 시간을 할애해 지원해 주셔서 감사합니다. 하지만 안타깝게도 현재로서는 채용을 진행할 수 없습니다. 구직 활동에 행운이 있기를 바랍니다.

'곧, 금방'의 의미를 지닌 세 가지 단어를 공부해 보겠습니다. soon은 가장 넓은 의미에서의 '곧'을 의미하며, any minute는 대략 '5분 내로' 정도의 뉘앙스를 지니고 있습니다. shortly의 경우 any minute보다는 조금 더 걸리는 느낌이며, 격식체에서 주로 사용되는 부사입니다. '5분'이라는 수치는 경험에 기반해 임의로 제시한 것이니 대략 그 정도의 느낌 정도로 이해하시면 좋겠습니다. 다음 예문을 통해 각각의 차이를 이해해 볼까요?

ex **I will find out the baby's gender soon.**

나 아기 성별을 곧 알게 될 것 같아.

위 문장에서의 soon은 2주가 될 수도 있고, 다음 주가 될 수도 있습니다.

ex **I'm almost to the cafe. I'll be there any minute.**

카페에 거의 다 왔어. 곧 도착해.

여기서는 any minute을 써서 '5분 내'로 도착한다는 정도의 뉘앙스를 전달하고 있습니다.

ex **Please fasten your seat belts. The plane will be taking off shortly.**

안전벨트를 착용해 주십시오. 곧 이륙할 예정입니다.

이때의 shortly는 '5분'보다 조금 긴 시간이나 상황에 따라서는 그보다 더 오래 걸릴 수도 있다는 느낌을 줍니다.

WORD BANK

- **beyond one's budget** : ~의 예산을 초과한
- **seem steep for** : ~에 있어 심해 보이다, 가혹해 보이다
- **That's the going rate.** : 시세가 그렇습니다.

접속사 unless를 이용해 조건 나타내기

I don't drive nowadays unless I really have to.

요즘은 꼭 필요한 경우가 아니면 차 안 가지고 다녀요.

 김재우 쌤의 "영어 관찰 일기"

'~하지 않으면, ~한 경우가 아니라면, ~한 경우를 제외하면'이라는 의미로 쓰이는 접속사가 바로 **unless**입니다. 예를 들어 "마음에도 없는 말은 하면 안 돼."라고 한다면 **Don't say it unless you mean it.**이라고 할 수 있겠죠. 하나 주의할 것은 **unless**가 이미 부정의 의미를 포함하고 있기 때문에, 뒤에 부정문이 오면 오히려 긍정의 의미가 된다는 점입니다. **unless**는 주로 문어체에서 사용된다는 생각 역시 오해이며 구어체에서도 자주 사용됩니다.

MODEL EXAMPLES

1 I don't wash my car unless I have a date coming up.
2 I tend to mess around unless I have a deadline.
3 I can't talk to strangers unless I'm a little tipsy.
4 You can't go into stores unless you wear a mask.
5 Unless you're committed, you won't make real progress.

1 저는 데이트가 없으면 세차를 안 해요.
2 저는 마감 기한이 없으면 빈둥거리게 됩니다.
3 저는 술기운이 좀 알딸딸하게 올라와야 모르는 사람에게 말을 걸 수 있어요.
4 마스크 안 쓰면 가게에 못 들어갑니다.
5 전념하지 않으면, 가시적인 성과를 낼 수 없어요.

1

I'd like to have three days off.
저 3일간 휴가를 내고 싶습니다.

That shouldn't be a problem unless there is some kind of emergency.
아주 급한 일만 없으면 문제가 되진 않을 것 같군요.

2

Do you always get off work at 5?
항상 5시에 퇴근하니?

Pretty much. I try not to work overtime unless I really have to.
대부분 그래. 꼭 필요한 경우가 아니면 야근은 안 하려고 하거든.

3

I've kind of lost my motivation to do my project.
제 프로젝트를 해낼 의욕을 잃은 것 같아요.

Well, motivation comes and goes. Unless you're committed, you won't get good results.
음, 의욕이라는 건 왔다 갔다 해. 전념하지 않으면, 좋은 결과를 얻지 못해.

CASES IN POINT 일기

I don't drive unless I have to. I prefer to walk, bike, or take public transportation when I can. I only get behind the wheel when it's absolutely necessary, because I find driving to be stressful, expensive, and even dangerous.

난 꼭 필요한 경우가 아니면 차를 가지고 다니지 않는다. 가능하면 걸어 다니거나, 자전거를 타거나 대중교통을 이용하려고 한다. 어쩔 수 없는 경우에만 운전을 한다. 운전하는 건 스트레스이며, 돈도 많이 들고 심지어 위험하기까지 하기 때문이다.

SMALL TALK 1번 대화에서 That shouldn't be a problem.(문제가 되진 않을 것 같군요.)이라는 표현을 볼 수 있는데요. 이때의 should는 '예측 또는 예상'을 나타내는 의미로 쓰인 것입니다. 그런데 '예상'을 나타내는 조동사로는 will도 쓸 수 있습니다. 차이점은 will은 거의 90% 확신할 때 쓰는 데 반해, should는 75% 정도의 확신을 가지고 말하는 느낌이라는 점입니다. 예를 들어, 택배사에 전화해서 When will my package arrive?(제 택배 언제 도착할까요?)라고 질문한다고 생각해 봅시다. It should probably arrive sometime tomorrow.(아마 내일쯤 도착할 것 같습니다.)와 같은 답변을 들을 수 있을 겁니다. 택배사 입장에서는 will로 대답하면 약속한 내일까지 도착하지 않을 경우 문제가 될 수 있으므로 75% 정도의 확률을 가진 should가 좀 더 안전한 표현이 되는 것입니다.

또 다른 예를 하나 더 공유하겠습니다. 만약 Dinner will be ready in 20 minutes.(저녁 식사가 20분 뒤면 준비될 거예요.)라고 하면 음식을 많이 조리해 본 사람이 확신을 가지고 하는 말일 것입니다. 반면, Dinner should be ready in 20 minutes.라고 하면 "20분 후면 준비되겠죠." 정도의 느낌입니다.

WORD BANK

- **tend to mess around** : 빈둥거리는 경향이 있다
- **lose one's motivation** : ~의 의욕을 잃다, 동기부여가 되지 않다
- **get behind the wheel** : 운전하다, 운전대를 잡다

That is a great price. I'm afraid I already have a decent massage chair, though.

가격은 너무 좋네요. 근데 제가 이미 괜찮은 마사지 의자가 있거든요.

 김재우 쌤의 "영어 관찰 일기"

'역접'을 나타내는 대표적인 접속사는 but입니다. 하지만 구어체에서는 문장의 마지막에 though를 붙여 '근데, 하지만'의 의미를 살려 반대 의견을 나타낼 수 있습니다. 주의할 점은 앞에 but을 쓰고 또 though를 쓰면 안 된다는 것인데요. 말이 쉽지, 웬만큼 연습해서는 though라는 녀석을 입에 붙이기 쉽지 않습니다. 되도록 많은 예문을 눈으로 익히고 입으로 말하는 연습이 필요한 표현이라 하겠습니다.

MODEL EXAMPLES

1 I'm really tired today, though.
2 I'm not sure if I can make it to the gym tonight, though.
3 I'm not particularly hungry, though.
4 I'm not feeling well, though.
5 I'm not in the mood to go out, though.

1 근데 오늘 너무 피곤하네.
2 그런데 오늘 밤엔 헬스장 갈 수 있을지 모르겠네요.
3 근데 나 그렇게 배고프지는 않아.
4 그런데 몸이 좀 안 좋아요.
5 근데 나가고 싶은 마음이 안 생겨.

1

I know how much you love pork belly. How about we have some after work?

너 삼겹살 진짜 좋아하잖아. 퇴근하고 삼겹살 먹을까?

Normally, I'd say yes. I had some pork belly for dinner last night, though. How about sushi, instead?

평소 같으면 좋다고 했겠지. 그런데 어제저녁에 삼겹살 먹었어. 대신에 초밥은 어때?

2

I think I will have to cancel our training appointment next week.

다음 주 운동 일정을 취소해야 할 것 같아요.

That's a shame. Thank you for letting me know well in advance, though.

아쉽네요. 그래도 미리 알려 줘서 고마워요.

3

What should we watch this weekend? I've been wanting to check out *Parasite* for a long time.

이번 주말에는 뭐 보지? 오랫동안 〈기생충〉 한번 보고 싶었는데.

I'm not really into Korean movies, though.

근데 나 한국 영화는 별로인데.

I just came across your photos by chance, and I wanted to ask if you'd like to work with me. I'm a photographer too, as you can see from my profile, and I'm working on a series of photos highlighting new architecture in Seoul. Feel free to disregard if you're not interested in this kind of work, though.

우연히 그쪽 (인스타) 사진을 보게 되었는데요. 저랑 협업을 할 수 있을까 해서 연락드렸습니다. 프로필에서 보시다시피 저도 사진작가입니다. 서울의 신규 건축물을 보여 주는 여러 가지 사진 작업을 하고 있습니다. 하지만 관심이 없다면 부담 갖지 마시고 신경 쓰지 않으셔도 됩니다.

CASES IN POINT에서 소개된 구동사 come across는 '우연히 무엇을 보게 되다, 발견하다'는 의미인데요. 목적어 자리에는 거의 대부분 사람이 아닌 사물이 오게 됩니다. 다음 예시에서 이를 확인할 수 있습니다. 세 번째 예시에서의 barber는 문맥상 의미가 '이발소'이므로 come across와 잘 어울린다는 점도 유념합시다.

ex Here, take a plum! I came across a plum tree on my way.

여기 자두 받으렴! 오다가 자두 나무를 봤거든.

ex I just came across this news article, and it seemed like something you'd be interested in.

방금 이 뉴스 기사를 발견했어. 보니까 네가 관심 있을 만한 내용이네.

ex I came across this great barber in Mapo, and I'm recommending him to all my friends.

마포에서 멋진 이발소를 찾았어. 내 친구들 모두에게 추천해주고 있어.

WORD BANK

- **make it to the gym** : (운동하러) 체육관에 가다
- **be not in the mood to부정사** : ~할 기분이 아니다
- **by chance** : 우연히
- **disregard** : 무시하다, 신경 쓰지 않다

Minsu said he spends 33,000 won on his haircuts. That doesn't make sense to me.

민수는 머리를 삼만 삼천 원 주고 자른대. 난 도저히 이해가 안 가.

 김재우 쌤의 "영어 관찰 일기"

논리적으로 또는 상식적으로 '이해된다/이해가 되지 않는다'고 할 때는 구동사 **make sense**로 표현하며, 주로 다음 두 문형으로 씁니다. ① ~ **make sense**. ② **It makes sense to부정사.** 이 밖에 **make sense of**도 자주 쓰는 응용 표현인데요. **I can't make sense of your handwriting.**(네 손 글씨는 도저히 못 알아보겠어.) 이라고 말할 수 있습니다.

MODEL EXAMPLES

1 How can weight lifting be a hobby? That's never made sense to me.

2 Now it makes sense. The main character has actually been an assassin the whole time.

3 It makes better sense for him to rent a car, since he's just here on a six-month contract.

4 No matter how many times you try to explain inflation to me, it never makes sense.

1 역기 들기가 어떻게 취미가 되니? 도저히 이해가 안 돼.

2 이제야 스토리가 이해되네. 주인공이 처음부터 암살자였던 거네.

3 그 친구는 여기 6개월 계약으로 있는 거니까, 차를 빌리는 게 더 낫겠다.

4 네가 아무리 나한테 인플레이션의 개념을 설명하려고 해도, 전혀 이해가 안 돼.

1

When I asked Sally if she wanted to go on a blind date, she said no.
Sally한테 소개팅할 거냐고 했더니 안 한다네.

Yeah, that makes sense. She only broke up with her ex three days ago.
응. 그럴 만도 하지. 전 남자 친구랑 헤어진 지 3일밖에 안 됐으니.

2

It doesn't make sense. I thought companies could save a lot of money by not renting physical office space.
이해가 안 돼. 회사 입장에서는 물리적 사무실 공간을 임대 안 하면 많은 돈을 절약할 수 있다고 생각했어.

I think managers don't really trust us to get work done without direct supervision.
관리자들은 직접적인 감독 없이 우리가 일하는 걸 별로 신뢰하지 않는 것 같아.

3

Why did they build a botanical garden indoors?
왜 식물원을 실내에 지었대?

No, it makes sense. A lot of the plants come from the Mediterranean and they would die outdoors in the winter.
아니, 난 이해되는데. 대부분 식물이 지중해에서 왔으니까 겨울에 실외에 놔두면 죽잖아.

As a freelance English teacher, I often have to work out times and locations for lessons with my Korean students. One Konglish expression that often comes up is, "I have no schedule.", and this doesn't make sense.

프리랜서 영어 강사로 일하면서 한국 학생들과 수업 시간과 장소를 조율해야 하는 경우가 많습니다. 이때 자주 등장하는 콩글리시 표현이 바로 "I have no schedule."인데요, 이해가 안 가는 말입니다.

CASES IN POINT에 소개된 come up이라는 구동사는 제법 활용도가 높은 표현이니 잘 익혀 두시기 바랍니다. 주로 다음의 세 가지 용법으로 쓰입니다.

1 대화나 회의 등에서 언급이 되다

ex Every time I talk to my father-in-law, politics comes up and we get into a fight.

장인어른과 대화할 때마다 늘 정치 이야기가 나와서 싸우게 됩니다.

2 메시지 등이 뜨다, 지도 등에 나타나다, 보이다

ex This error message sometimes comes up when I try to connect to my Bluetooth speaker.

블루투스 스피커에 연결하려고 하면 가끔 이런 에러 메시지가 뜹니다.

3 갑작스럽게 일이 생기다

ex Something important just came up. I'm afraid I can't make it to class today.

갑자기 중요한 일이 생겨서요. 오늘 수업은 못 갈 것 같습니다.

활용도 만점의 표현인 만큼 반복적으로 연습하고 내재화해서 자연스럽게 구사할 수 있어야겠습니다.

WORD BANK

- **go on a blind date** : 소개팅을 하다
- **get into a fight** : 싸움하게 되다

I don't think things are gonna work out between them.

그 둘은 결국 잘 안 될 거야.

 김재우 쌤의 "영어 관찰 일기"

I don't think that 주어 동사 구문은 완곡한 표현법의 하나입니다. "나 못 가거든."이 아닌 "아무래도 못 갈 거 같아."(**I don't think I can make it.**)로 톤 다운된 표현법인 것이죠. '~은 좋은 생각이 아닌 듯' 정도의 어감을 줄 때도 **I don't think ~ is a good idea.**로 표현하면 예의를 차려서 말하는 느낌을 줄 수 있습니다.

MODEL EXAMPLES

1 I don't think we have time to swing by the department store.
  The concert starts in 45 minutes.

2 I don't think they would be quite right for each other.

3 I don't think there's any way we can make it on time, even if
  we take a taxi.

4 I don't think that table would fit in our living room.

5 I don't think we can complete the project on such a tight budget.

1 백화점 들를 시간은 안 될 것 같아. 콘서트가 45분 후에 시작하잖아.

2 그 둘은 썩 잘 어울리지는 않을 듯해.

3 택시를 타도 제시간에 도착하는 건 힘들 것 같아요.

4 그 테이블이 우리 집 거실에는 안 맞지 싶은데.

5 그렇게 빠듯한 예산으로 프로젝트를 완료하기는 어려울 듯해요.

1

Why don't we get on the highway?
고속도로 타는 게 어떨까?

I don't think the highway will be any faster. There's always construction going on. Let's stick to these smaller roads.
고속도로 타도 더 빠르지는 않을 듯. 늘 공사를 하더라고. 그냥 계속 국도로 가자.

2

After shopping around, this Mexus car looked like a good option. What do you think, though?
여기저기 알아봤는데, 이 Mexus 차가 좋은 선택일 듯해. 어떻게 생각해?

I don't think it's the best choice. It doesn't have very good fuel efficiency.
최선은 아닐 것 같은데. 연비가 아주 좋은 것도 아니잖아.

3

I thought maybe we could get rid of our physical stores and move online.
그냥 오프라인 매장 없애고 완전히 온라인으로 가면 어떨까 하는데요.

I don't think that's such a good idea. About 20% of consumers still do all their shopping offline.
별로 좋은 생각 같지는 않은데요. 고객의 20% 정도가 여전히 오프라인 쇼핑을 하거든요.

카카오톡 메시지

I know this isn't easy, and I'm sorry if it hurts, but I don't think we should see each other anymore. I still care about you, and you didn't do anything wrong. I just think it's best to move on.

쉽지 않은 거 알아. 상처가 된다면 미안해. 근데 우리 아무래도 그만 만나야 할 것 같아. 아직 너를 사랑해. 네가 잘못한 건 없어. 그냥 서로의 길을 가는 게 최선인 것 같아.

CASES IN POINT에 나온 move on이라는 구동사에 대해 조금 더 알아보도록 하겠습니다. move on은 주로 다음 두 가지 상황에서 자주 사용되는데요, 각각의 예문과 함께 살펴보도록 하겠습니다.

1 (순서상) 다음으로 넘어가다

ex I think we're ready to move on, so I'll just pull up the next slide.

이제 다음으로 넘어가도 될 것 같으니 다음 슬라이드를 띄울게요.

ex When you don't know the answer to a question, move on and then try again after finishing the easier ones.

질문에 대한 답을 모르겠으면, 넘어가고 쉬운 문제들부터 풀고 난 다음 다시 풀어 봐.

2 이전의 연인이나 부부 관계를 잊고 새 출발 하다

ex Are you still upset about Sarah? It's been four months already. It's time to move on.

너 아직 Sarah에 대한 감정이 남아있는 거야? 벌써 4개월이나 됐잖아. 이젠 잊고 새 출발 해야지.

WORD BANK

- **fit in** : ~에 잘 맞다, 어울리다
- **let's stick to** : 계속 ~을 하자, ~을 유지하자
- **fuel efficiency** : (자동차의) 연비
- **get rid of** : ~을 제거하다, 없애다
- **pull up the next slide** : 다음 슬라이드를 띄우다

I'm not quite sure if I am doing it right.

내가 제대로 하고 있는 건지 잘 모르겠어.

 김재우 쌤의 "영어 관찰 일기"

I'm not sure에 **quite**를 붙여서 **I'm not quite sure**라고 하면 '확실히 (잘은) 모르 겠어' 정도의 어감입니다. '파티에 갈 수 있을지 100% 확실하지가 않다', '내가 쓰는 영어 표현이 맞는지 확실하지 않다', '아내가 왜 화가 났는지 정확히 이유를 알 수 없다' 와 같이 아예 모르는 건 아니지만 '확실치가 않다'라는 뉘앙스를 줄 때 이 표현을 쓰면 되겠습니다.

MODEL EXAMPLES

1 I'm not quite sure if he is interested in me.
2 I'm not quite sure if I can join you for dinner.
3 I'm not quite sure how to say that in English.
4 I'm not quite sure why she is mad at me.
5 I'm not quite sure when I can get off work.

1 그 사람이 나한테 관심이 있는 건지 잘 모르겠어.
2 오늘 너희들이랑 저녁 식사 같이 할 수 있을지 잘 모르겠어.
3 그걸 영어로 어떻게 표현하는지 잘 모르겠어요.
4 그녀가 왜 나한테 화가 난 건지 잘 모르겠어.
5 몇 시에 퇴근할 수 있을지 잘 모르겠어.

1

I was really looking forward to buying those shoes. When will you have them back in stock?

이 신발 꼭 사고 싶었거든요. 언제 재입고되나요?

Oh, I'm not quite sure when the next shipment is coming in.

아, 다음 입고가 언제일지 저희도 확실히는 모릅니다.

2

I know the deadline is coming soon, so I'm not quite sure if we can be done by then.

마감일이 얼마 남지 않았다는 거 아는데, 저희가 그때까지 다 할 수 있을지 잘 모르겠습니다.

The deadline has already been delayed twice. We can't do it a third time.

마감일을 이미 두 번이나 미뤘잖아요. 세 번은 안 됩니다.

3

I need my car this weekend. How soon can you finish the repairs?

이번 주말에 차가 필요해요. 수리가 얼마나 빨리 끝날까요?

We need to order a part, so I'm not quite sure if we can finish it by then.

부품 주문을 해야 하는데, 그때까지 수리를 마칠 수 있을지 확실하지가 않습니다.

I've been going to the gym for months now, but I'm not quite sure I'm doing it right. Even though I work out every day, I'm not seeing any changes. Maybe I should get personal training so I can make the most of my time.

몇 개월째 헬스장에 다니고 있는데 (운동을) 제대로 하고 있는 건지 잘 모르겠다. 매일 운동을 하는데도 변화가 안 보인다. 시간 낭비를 하지 않으려면 개인 수업을 받아야 하나 싶다.

✅ I'm not sure에 전치사 about을 붙여 I'm not sure about으로 쓰면 '~에 대해 잘 모르겠다, 확신이 없다'는 의미가 됩니다. 이 표현은 매일 쓸 수 있는 활용도 최고의 표현 중 하나입니다. 예를 들어, "그 집 영업시간을 모르겠네. 전화해서 물어보자."라고 한다면 I'm not sure about their hours, so let's call and ask.라고 할 수 있습니다. 부사 really를 넣어서 강조할 수도 있는데요, 이렇게 하면 I'm not quite sure 구문과 거의 비슷한 느낌을 줄 수 있습니다. 다음 예문을 보세요.

ex I am not really sure about the visa requirements.

나 비자 발급 요건을 정말 잘 모르겠어.

또한, Are you sure ~? 형태의 의문문으로 쓰면 확신하는지 묻는 표현이 됩니다.

ex Are you sure you can really trust him?

너 그 사람 진짜 믿을 수 있다고 확신해?

✅ 이보다 조금 격식을 갖춘 표현으로는 not certain이 있는데요. 다음 예문을 통해 확인해 보겠습니다.

ex We are not certain about the details.

저희가 세부적인 내용에 대해서는 잘 모릅니다.

ex We are not certain when the next model will come out.

다음 모델이 언제 출시될지는 잘 모르겠습니다.

WORD BANK

- **be mad at** : ~에게 화를 내다
- **get off work** : 퇴근하다
- **have ~ in stock** : ~의 재고가 있다
- **by then** : 그때까지

학습을 마친 DAY에
○ 표시하거나 날짜를 적어 보세요.

DAY 001	DAY 002	DAY 003	DAY 004	DAY 005
DAY 006	DAY 007	DAY 008	DAY 019	DAY 010
DAY 011	DAY 012	DAY 013	DAY 014	DAY 015
DAY 016	DAY 017	DAY 018	DAY 019	DAY 020

DAY 021	DAY 022	DAY 023	DAY 024	DAY 025
DAY 026	DAY 027	DAY 028	DAY 029	DAY 030
DAY 031	DAY 032	DAY 033	DAY 034	DAY 035
DAY 036	DAY 037	DAY 038	DAY 039	DAY 040

DAY 041	DAY 042	DAY 043	DAY 044	DAY 045
DAY 046	DAY 047	DAY 048	DAY 049	DAY 050

학습을 마친 DAY에
○ 표시하거나 날짜를 적어 보세요.

DAY 051	DAY 052	DAY 053	DAY 054	DAY 055
DAY 056	DAY 057	DAY 058	DAY 059	DAY 060
DAY 061	DAY 062	DAY 063	DAY 064	DAY 065
DAY 066	DAY 067	DAY 068	DAY 069	DAY 070
DAY 071	DAY 072	DAY 073	DAY 074	DAY 075
DAY 076	DAY 077	DAY 078	DAY 079	DAY 080
DAY 081	DAY 082	DAY 083	DAY 084	DAY 085
DAY 086	DAY 087	DAY 088	DAY 089	DAY 090
DAY 091	DAY 092	DAY 093	DAY 094	DAY 095
DAY 096	DAY 097	DAY 098	DAY 099	DAY 100

드디어 중반을
넘겼습니다!

드디어
마지막입니다!

상상스퀘어 출판사에서 출간하는
다양한 영어 학습서를 〈스터디언 클래스〉에서
더 깊고 재미있게 공부해 보세요!

김재우의 기초 영어회화 100

《김재우의 기초 영어회화 100》은 영어권에서 바로 사용할 수 있는 현실적이고 간결한 표현들로 구성되어, 기초와 초급자에게 특히 적합한 책입니다. 강의에서는 김재우 선생님이 책에 있는 모든 예문을 하나하나 꼼꼼하게 설명하고, 책에 없는 추가 설명까지 더해 학습 효과를 3배 이상 높여 드립니다. 복잡한 이디엄이나 어려운 표현 없이 실생활에서 바로 사용할 수 있는 실용적인 회화를 배우고 싶은 분들에게 최적의 강의입니다.

김재우의 구동사 100

원어민이 밥 먹듯 자주 쓰는 핵심 구동사를 모아 100일 동안 학습 효과를 극대화할 수 있도록 구성된 책입니다. 강의에서는 김재우 선생님이 책에 나온 모든 구동사와 예문들을 하나하나 깊이 있게 설명하고, 책에 없는 추가 예문과 활용법까지 더해 학습 효과를 극대화합니다. 구동사의 의미와 용례를 명확하게 이해하고 자연스럽게 구사해서 원어민스러운 영어로 자신의 영어 실력을 퀀텀 점프할 수 있습니다.

영어독립 인생 명언 200

《영어독립 인생 명언 200》은 위대한 철학자, 꿈을 이룬 위인, 우리 시대의 유명 인사들이 남긴 주옥같은 명언을 모은 책입니다. 책과 함께 강의를 통해 영어 실력은 물론 삶의 깊이까지 더할 수 있습니다. 주지훈 선생님이 각 명언을 단어부터 문장 구조, 구문, 문법에 이르기까지 마치 1 대 1 과외처럼 꼼꼼하게 해석해 주시기 때문에 강의를 통해 기본 문법 학습까지 자연스럽게 병행할 수 있습니다. 명언 속 지혜와 통찰을 체득하면서 영어 실력과 문법 기초를 다질 수 있습니다.

이와 함께 〈스터디언 클래스〉에서는 상상스퀘어에서 제작한 다양한 콘텐츠를 새롭게 큐레이션하였습니다. 〈캘리의 1분 리얼 잉글리시〉, 〈영어동요 '싱싱플레이'〉, 〈이솝우화로 배우는 영문법〉 등 다양한 고퀄리티 영상을 무료로 시청하실 수 있습니다.

유료로 강의를 들으시는 분들은 '단톡방'에 참여하실 수 있습니다. '단톡방'에서는 단순한 인풋식 학습을 뛰어 넘어 꾸준한 공부 습관을 기르고, 원하는 목표까지 도달하는 동기 부여를 제공해 드립니다.

STUDIAN CLASS
www.studianclass.com

김재우의
영어회화
100

미니북

상상스퀘어

김재우의
영어회화
100

미니북

언제까지 기초에 머물러 있을 것인가?

나 _____ 은(는)

100일 후면 중급 실력자가 되어 있을 것이다!

〈김재우의 영어회화 100 미니북〉을 이렇게 활용해 보세요!

 1. 본책 학습 후 복습으로 활용합니다.

 2. DAY별 대표 표현과 MODEL EXAMPLES 예문만 따로 집중적으로 연습합니다.

 3. 먼저 우리말을 보고 영어로 말해본 후, 영어 문장을 확인하며 영작 연습을 합니다.

 4. 유튜브 〈영어독립〉 채널이나 mp3 파일로 원어민의 음성을 듣습니다. 가능하다면 책을 보지 않고 소리에만 의존해서 따라 해보도록 합니다.

 5. 들고 다니며 다양한 장소에서 반복 학습합니다. 툭 치면 문장이 바로 나올 수 있도록 암기해 봅니다.

Working from home isn't for me.

재택근무는 저랑 안 맞아요.

1 저는 재택근무 체질이 아니에요.
늘 딴짓하게 되거든요.

2 소개팅은 저랑 안 맞아요.

3 노트북은 저랑 좀 안 맞아요.
키보드가 뭔가 엄청 불편하거든요.

4 전기차는 좀 별로예요. 충전소는 요즘
늘었지만, 여전히 엄청 귀찮게 느껴져요.

5 그 사람 직업이 좋은 건 아는데,
그런 남자는 나는 별로야.

1 Working from home isn't for me.
I always get distracted.

2 Going on blind dates isn't for me.

3 Laptops aren't really for me.
Something about the keyboards is
super uncomfortable.

4 Electric cars aren't for me. We have
more charging stations around now,
but it still feels like too much of
a hassle.

5 I know he has a decent job, but
guys like him aren't really for me.

I can't wait to move into the new house.

하루빨리 새 집으로 이사 가고 싶어요.

1 다음 에피소드는 어떤 내용일지 궁금해
미치겠어.

2 아내가 제 선물을 개봉할 때 어떤 표정일지
궁금해 죽겠습니다.

3 이 프로젝트가 빨리 끝났으면 좋겠어요.
너무 오래 걸립니다.

4 여보, 저녁 식사가 너무 맛있는 냄새가 나네.
어서 먹고 싶어.

5 〈베이비 드라이버〉가 미국에서는 몇 달
전에 개봉했어. 이곳에서도 어서 개봉했으면
좋겠다.

1 I can't wait to see what the next
episode will bring.

2 I can't wait to see the look on my
wife's face when she opens my gift.

3 I can't wait to be done with this
project. It's taking forever.

4 That dinner smells delicious, honey.
I can't wait.

5 *Baby Driver* was released months
ago in the United States. I can't wait
for it to come out here.

Do you mind keeping it a bit short?

(사내 발표 상황) 죄송한데 조금 짧게 해 주시겠어요?

1 제가 마지막 남은 피자 한 조각 먹어도 될까요?

1 Do you mind if I finish off the last piece of pizza?

2 미안한데, 오는 길에 커피 좀 사다 줄 수 있나요?

2 Do you mind grabbing me some coffee on your way?

3 제가 여유 시간이 겨우 5분 있어요. 짧게 해 주실 수 있을까요?

3 I've got only five minutes to spare. Do you mind keeping it short?

4 에어컨을 좀 줄이면 안 될까요? 좀 추워서요.

4 Do you mind turning down the air-conditioning? I feel a bit cold.

5 개인적인 질문 하나 해도 될까요?

5 Do you mind if I ask you a personal question?

Everything is getting super expensive.

물가가 올라도 너무 올라요.

1 그 여자분 키 엄청 커요.

1 She is super tall.

2 그 사람이 무지 바쁘거나, 아니면 저에 대한 관심이 식고 있는 거겠죠.

2 Either he has been super busy, or he is losing interest in me.

3 제가 요즘 이사 준비 때문에 엄청 바빴어요.

3 I've been super busy with my upcoming move.

4 우와. 연세 있으신 분치고는 몸매가 너무 좋으시네요.

4 Wow. You're in super good shape for an old guy.

5 서울은 어디라도 다 너무 비싸. 근데 후암동은 상대적으로 저렴한 편이지.

5 All the neighborhoods in Seoul are super expensive, but Huam-dong is relatively cheap.

DAY 005

How do you feel about buying something second-hand, like a used car?

중고차 같은 중고 물품 사는 거 어떻게 생각하세요?

1 중매업체에 등록해 보는 게 어때요?

1 How do you feel about signing up for a matchmaking service?

2 교회에 가 보는 게 어때요?

2 How do you feel about going to church?

3 등산 모임에 가입해 보는 게 어떨까요?

3 How do you feel about joining a hiking club?

4 성형 수술 하는 거 어떻게 생각하세요?

4 How do you feel about plastic surgery?

DAY 006

There is nothing like camping to recharge your batteries.

재충전에는 캠핑만 한 게 없죠.

1 안 좋았던 한 주를 날려 버리려면 친구들과 맛있는 식사를 하는 게 최고지.

1 There's nothing like a nice meal with friends to turn a bad week around.

2 주말 내내 넷플릭스 드라마 보는 게 최고야.

2 There's nothing like binging a show on Netflix all weekend.

3 크리스마스에는 칠면조 저녁 식사와 풍미 좋은 와인만 한 게 없지.

3 There is nothing like a turkey dinner and spiced wine for Christmas.

4 다시 콘서트에 갈 수 있어서 너무 좋아. 가장 좋아하는 밴드의 라이브 공연을 보는 것만큼 좋은 것은 없지.

4 I'm so glad we can go to concerts again. There's nothing like seeing your favorite band live.

5 팬케이크에는 진짜 메이플 시럽을 얹어 먹어야 제맛이야.

5 There's nothing like real maple syrup on pancakes.

I am up for anything, as long as it's not too spicy.

너무 매운 것만 아니면 뭐든 다 좋아요.

1 미슐랭 스타를 받은 음식이라면 뭐든 좋아.

2 뭐 하고 싶어? 난 뭐든 다 좋아.

3 나 비어 퐁 파트너 찾고 있는데. 관심 있어?

4 나 프라이드치킨이 무지 먹고 싶어.
오늘 밤에 같이 먹을 사람?

5 토요일 아침에 북한산 등산 갈까 하는데
같이 갈 사람이 필요해. 관심 있을까?

1 I'm up for anything with a Michelin star.

2 What do you feel like doing?
I'd be up for just about anything.

3 I'm looking for a beer pong partner.
Are you down?

4 I've been craving fried chicken.
Is anyone down for some tonight?

5 I was thinking of hiking Bukhan Mountain on Saturday morning, and I need a buddy. Do you think you'd be down?

I don't feel quite right today.

오늘 몸이 좀 안 좋아요.

1 나도 가고는 싶은데, 오늘 몸이 좀 안 좋아.

2 저녁을 같이 못 할 것 같습니다.
오늘 몸이 좀 안 좋네요.

3 여보, 나 오늘 몸이 좀 안 좋아.
수진이 학교에서 좀 데려와 줄래?

4 오늘은 저녁 안 먹을래.
오늘 속이 좀 안 좋아서.

5 너희 딸 파티에 나는 안 가는 게 좋을 것
같아. 오늘 몸이 좀 안 좋네.

1 I wish I could come, but I don't feel quite right today.

2 I'm afraid I can't join you for dinner.
I don't feel quite right today.

3 Honey, I don't feel quite right today.
Can you pick up Sujin from school?

4 I think I'll skip dinner. My stomach doesn't feel quite right today.

5 I don't think it's a good idea for me to come to your daughter's party.
I don't feel quite right today.

Would you like me to grab you some coffee while I'm at Starbucks?

저 지금 스타벅스인데 커피 사다 드릴까요?

1 제가 첫 번째 문장을 읽을까요?

1 **Would you like me to read** the first sentence?

2 제가 일어난 김에 물 좀 가져다드릴까요?

2 **Would you like me to get** you some water while I'm up?

3 수정본 보내드릴까요?

3 **Would you like me to send** you the revised version?

4 내가 따라가 줄까?

4 **Do you want me to come** along with you?

5 내가 너희 둘 자리 마련해 줄까?

5 **Do you want me to set** you two up on a date?

What price range do you have in mind?

가격대는 어느 정도 생각하세요?

1 주연 배우로 생각하고 있는 분 있으신가요?

1 Do you **have** any actor **in mind** for the lead role?

2 괜찮은 소고깃집 생각해 둔 데 있어?

2 Do you **have** any good beef place **in mind**?

3 딱히 염두에 둔 차는 없습니다.
상태만 좋으면 뭐라도 사겠습니다.

3 I don't really **have** any car **in mind**.
I will go with pretty much anything as long as it's in good shape.

4 특별히 염두에 둔 건 없습니다.

4 I **have** nothing particular **in mind**.

5 다른 안이 없으시면 제가 제안을 하고 싶습니다.

5 I'd like to make a suggestion, unless you **have** something **in mind**.

8

DAY 011

I was thinking of going to translation grad school.

통번역대학원 진학을 고민하고 있어요.

---

1 연휴 때 호주로 여행을 갈까 생각 중입니다.

2 오늘 저녁 약속 있어? 동료가 추천해 준 피자 가게 가 볼까 하는데.

3 다음 여행은 몽골을 생각 중이었는데, 안 가기로 했습니다.

4 제가 생각하던 가격대보다 조금 비싸네요. 게다가 저는 좀 더 기본형인 것을 생각하고 있었거든요.

1 I was thinking of traveling to Australia for the holiday.

2 Do you already have dinner plans? I was thinking of trying a pizza place that my coworker recommended.

3 I was thinking of Mongolia for my next trip, but I decided not to go there.

4 It's a little out of my price range. Besides, I was thinking of going with something more basic.

DAY 012

I wish I had that much money.

나도 그렇게 돈이 많으면 좋으련만.

---

1 너의 자신감이 참 부럽다.

2 저도 같이 가고 싶긴 한데, 시간이 안 나네요.

3 제가 해산물을 못 먹어서 너무 아쉽네요.

4 항상 가족들이랑 시간을 좀 더 많이 보내고 싶은데 그러질 못하네요.

5 내가 한 말을 주워 담을 수도 없고.

1 I wish I had your confidence.

2 I wish I could go with you, but I can't find the time.

3 I wish I could eat seafood.

4 I always wish I could spend more time with my family.

5 I wish I could take back what I said.

9

DAY 013

How does 2:30 sound?

2시 30분 어때요?

1 요리하고 싶지 않아. 프라이드치킨 먹는 건 어때?

2 오늘 저녁에는 인도 음식 먹을까 싶은데, 어때?

3 월요일 월차 못 내면 그냥 경기도 가서 휴가 보내야 할 듯해. 어때?

4 다음 주는 줌에서 만나면 어떨까 하는데요. 어떠세요?

5 다음 주 크리스마스 때는 가게 문 닫을까 하는 데. 당신 생각은 어때?

1 I don't feel like cooking. How does fried chicken sound?

2 I was thinking about having Indian food tonight. How does that sound?

3 If I can't take Monday off, maybe we could just vacation in Gyeonggi-do. How does that sound?

4 I thought maybe we could meet on Zoom next week. How does that sound?

5 I was thinking of closing the store next week for Christmas. How does that sound to you?

DAY 014

There is something different about BTS.

BTS는 뭔가 좀 달라.

1 이번에 면접 봤는데 뭔가 이상했어요.

2 이 브랜드에 사람들이 열광하는 이유가 있지.

3 그 사람에게는 뭔가 끌리는 점이 있어요.

4 유재석은 뭔가 사람을 편하게 해 주는 게 있어.

5 그 코치에게는 선수들의 잠재력을 이끌어내는 뭔가가 있어.

1 There was something weird about the interview.

2 There is something about this brand people are crazy about.

3 There is something about him that I am attracted to.

4 There is something about Yu Jae-seok that puts people at ease.

5 There is something about the coach that brings out the best in players.

DAY 015

Are you done with your plate?

다 먹은 거니?

1 이 스쿼 기구 다 쓰신 거죠?
  제가 써도 될까요?

2 샌드위치 그만 먹을래. 너무 커.

3 제가 빌려준 책 다 읽은 거죠?
  그럼 돌려주세요.

4 차량 점검 마쳤습니다.
  어디가 고장인지 말씀드릴게요.

5 들어오지 마! 나 아직 옷 덜 갈아입었다고.

1 **Are you done with** this squat rack?
  Is it alright if I use it?

2 I think **I'm done with** my sandwich.
  It's just way too big.

3 **Are you done with** the book I lent
  you? I'd like to have it back.

4 **I'm done taking** a look at your car.
  I'll tell you what you've got here.

5 Don't come in! **I'm not done
  changing.**

DAY 016

This t-shirt looks good on you.

이 티셔츠 너한테 잘 어울려.

1 이 옷 너한테 잘 어울린다.

2 제가 목이 짧아서 터틀넥은 저한테
  안 어울려요.

3 안경이 비싸다고 잘 어울리는 건 아닙니다.

4 처음 이 모자를 봤을 때 남자 친구가 쓰면
  잘 어울리겠다고 생각했어요.

5 저 여자는 어떻게 저 옷을 소화할까?
  저걸 내가 입으면 어울릴까?

1 This outfit **looks good on you.**

2 Turtlenecks never **look good on me**
  because my neck is too short.

3 Just because glasses are expensive,
  that doesn't mean they would **look
  good on you.**

4 When I first looked at this hat,
  I thought 'That would **look good on
  my boyfriend.**'

5 How does she pull that off? Would it
  look good on me?

11

Does Tuesday work for you?

화요일 시간 괜찮으세요?

1 사실 화요일이 더 좋습니다.

2 수요일 괜찮은가요?

3 제안 주신 날짜가 저희랑은 하나도
안 맞습니다.

4 1시 이후에는 다 좋습니다.

5 일요일은 안 되지만, 토요일은 하루 종일
가능합니다.

1 Tuesday works better for me,
actually.

2 Does Wed work for you?

3 None of the dates you proposed
work for us.

4 Anytime after 1 would work for me.

5 Sunday doesn't work for me, but
I am available all day Saturday.

Speaking of which, what happened with you and Nicole last night?

말이 나왔으니 말인데, 어젯밤에 너랑 Nicole 사이에 무슨 일이 있었던 거야?

1 돈 이야기가 나왔으니 말인데, 너한테
십만 원 갚을 거 있어.

2 날씨 이야기가 나왔으니 말인데, 이번
가을은 유난히 따뜻했어. 그렇지?

3 장보는 이야기가 나왔으니 말인데, 신촌역
부근에 대형 마트가 생겼다는 거 들었어요?

4 아, Teri 이야기가 나왔으니 말인데, 어떻게
지냈대? 새 아파트는 구했대?

1 Speaking of money, I owe you
100,000 won.

2 Speaking of the weather, this
autumn was unusually warm,
wasn't it?

3 Speaking of grocery shopping,
did you hear that there's this new
megastore near Shinchon Station?

4 Oh, speaking of Teri, how has
she been? Has she found a new
apartment?

I'm taking tomorrow off.

나 내일 쉬어.

1 너 진짜 당분간 일 좀 쉬어야 해.

2 John, 제가 오후 반차를 좀 내도 될까요? 편두통이 오는 것 같아서요.

3 너 올해는 단 하루도 안 쉬었구나.

4 Shawna가 다음 주 초에는 출근을 안 합니다. 간단한 수술 후에 3일 휴가를 쓸 예정이라서요.

5 아산까지 가서 면접을 봅니다. 오후를 통째로 휴가를 내야 할 것 같아요.

1 I think you really need to take some time off from work.

2 John, do you mind if I take the afternoon off? I think I'm getting a migraine.

3 You haven't even taken a single day off this year.

4 Shawna won't be here at the beginning of next week. She's taking three days off to recover after minor surgery.

5 The interview is all the way in Asan. I'll have to take the whole afternoon off.

I'm busy working on my dissertation.

제가 논문 쓰느라 바쁩니다.

1 워크숍 준비하느라 바쁩니다.

2 공부하느라 요새 무척 바쁩니다.

3 제가 곧 이사해서 요즘 엄청 바쁩니다.

4 나 행정 업무 하느라 무지 바빠!

5 학교 다닐 때 과제다, 학원이다, 방과 후 활동이다 해서 잠시도 저희를 가만두지 않았죠.

1 I am busy getting ready for the workshop.

2 I've been busy with my studies.

3 I've been super busy with my upcoming move.

4 I am busy with all this admin work!

5 When I was in school, they would always keep us busy with homework, academies, and after-school activities.

DAY 021

I don't see it that way.

제 생각은 좀 다릅니다.

1 그 친구는 저희가 진지하게 사귀는
관계인 줄 아는데, 저는 안 그렇거든요.

2 이 케이크 너무 달다고 그랬나?
안 그런 것 같은데.

3 많은 사람들이 부동산 가격이 계속 하락할
거라고 생각하지만 제 생각은 다릅니다.

4 일부 언론에서는 Elon Musk가
트위터를 망치고 있다고 하는데,
제 생각은 다릅니다.

5 좋은 예문이긴 한데 출판사 생각은
다를 거라는 게 문제죠.

1 She thinks we're in a serious relationship,
but I don't see it that way.

2 You said the cake is too sweet?
I don't see it that way.

3 Many people believe real estate prices will
keep falling, but I don't see it that way.

4 Some news agencies claim that
Elon Musk is ruining Twitter, but
I don't see it that way.

5 I think that's a great example, but the
thing is, I don't think the publisher is
going to see it that way.

DAY 022

It was something I could barely afford.

저한테는 좀 부담스러운 금액이었어요.

1 제 월급으로 그 차를 살 수 있을지
모르겠네요.

2 TV 큰 걸로 하자. 감당할 수 있어.

3 외식할 형편이 안 됩니다.

4 강남에 살 형편이 안 됩니다.

5 저희가 귀사의 서비스료를 감당하기
힘들 것 같습니다.

1 I'm not sure if I can afford that car on
my salary.

2 Let's go with the bigger TV. We can
afford it.

3 We can't afford to eat out.

4 I just can't afford to live in Gangnam.

5 I'm afraid we can't afford your fees.

DAY 023

This is all out of my price range.

제가 생각했던 것보다 비싸네요.

1 전부 제가 생각하고 있는 예산 밖이군요.
  이십만 원 미만은 없을까요?

2 제일 저렴한 것도 제 예산 밖이더라고요.

3 추천해 주신 나무 테이블이 제 예산을
  훨씬 초과하네요.

4 제철이 아닌 과일이나 채소는 늘 너무
  비싸요.

5 우리 아파트 근처에 있는 쉐보레 매장에
  가 봤는데, 내가 생각하는 가격대의 차는
  없었어요.

1 This is all out of my price range. Don't
  you have anything under 200,000 won?

2 Even the cheapest one was out of my
  price range.

3 I'm afraid the wooden table you
  recommended is way out of my price
  range.

4 Out-of-season fruit and vegetables are
  always out of my price range.

5 I checked out the Chevrolet dealership
  near my apartment, but they didn't
  have anything in my price range.

DAY 024

You get what you pay for.

싼 게 다 그렇지 뭐.

1 소파가 일 년밖에 안 됐는데 너덜너덜하네.
  싼 게 비지떡이지 뭐.

2 4천 원도 안 되니 양질의 햄버거는
  기대 안 해. 그래도 먹을 만은 해.
  딱 그 가격인 듯.

3 왠지 너무 싸다 싶었어요.
  싼 게 비지떡이죠.

4 싼 게 비지떡이라는 점 꼭 기억하렴.

5 (고가의 외제차 주인이 하는 말) 일억
  주고 산 게 이 모양이네.

1 The couch is falling apart after only
  a year. We got what we paid for.

2 I don't expect a quality fast food
  hamburger for less than 4,000 won,
  so it's okay. I get what I pay for.

3 I should have known it was too
  good to be true. You get what you
  pay for.

4 Just keep in mind, you get what you
  pay for.

5 This is what I get for 100 million won.

DAY 025

I'm glad you found a babysitter.

베이비시터 구했다니 다행입니다.

1 마음에 들었다니 다행이네요.

2 (파티에서 친구에게) 재미있다니 다행이네.

3 오늘 아침 발표를 잘했다니 다행입니다.

4 (늦게까지 술을 마시는 상황) 내일 일찍
  안 일어나도 돼서 얼마나 다행인지.

5 제 말에 공감해 줘서 다행이네요.

1 I'm glad you liked it.

2 I'm glad you are enjoying it.

3 I'm glad your presentation went
  well this morning.

4 I'm glad I don't have to wake up
  early tomorrow.

5 I'm glad you can relate.

DAY 026

Please feel free to contact me any time between 9 and 6 on weekdays.

평일 오전 9시에서 오후 6시 사이에 언제라도 편하게 연락 주시기 바랍니다.

1 안 되면 부담 없이 알려 주세요.

2 이번 주말에 부모님이 서울에 오신다면서요.
  필요하면 부담 갖지 말고 금요일은 쉬세요.

3 제 에세이 보시고 피드백 좀 주실 수
  있을까요? 바쁘시면 부담 갖지 말고
  안 된다고 하시고요.

4 편하게 제 비서에게 연락해서 회의 잡으시면
  됩니다.

5 뭐든 골라 봐. 내가 사 줄게.

1 Feel free to say no.

2 I heard you have your parents
  coming into Seoul this weekend. Feel
  free to take Friday off if you need to.

3 Can I get your opinion on my essay?
  Feel free to say no if you don't have
  the time.

4 Feel free to call my secretary to
  arrange a meeting.

5 Feel free to pick what you want,
  and I'll pay for it.

Are you drinking coffee at this hour?

시간이 몇 신데 커피를 마셔?

1 시간이 몇 신데 안 자고 뭐해?

2 이 늦은 시간에 누가 문을 두드리는 거지?

3 대도시에 사는 건 처음이야. 지금 이 시간에 음식 배달이 된다는 게 말이 돼?

4 내일 배송받고 싶은데요. 지금 이 시간에 주문해도 가능할까요?

5 늦은 시간에 연락드려 죄송해요.

1 What are you doing up at this hour?

2 Who could possibly be knocking on our door at this hour?

3 This is my first time in a big city. It's amazing that we can still have food delivered at this hour.

4 I'd like to have it delivered by tomorrow. Is it possible at this hour?

5 Sorry to contact you at this hour.

You wanna grab some breakfast?

간단하게 아침 식사 하실래요?

1 집에 오는 길에 밀가루 좀 사 올 수 있어? 밀가루가 다 떨어졌어.

2 다시 사무실 들어가기 전에 커피 한 잔 사서 들어갈까 했더니, 안 되겠다. 저기 사람들 줄 좀 봐.

3 우리 몇 명이서 워크숍 마치고 한잔하려고 하는데. 너도 같이 한잔?

4 나 써브웨이인데. 너도 샌드위치 좀 사다 줄까?

5 집에 오는 길에 붕어빵 좀 사다 줘.

1 Can you grab some flour on your way home? We just ran out.

2 I wanted to grab a coffee before heading back to work, but I don't think I can. Look at that line.

3 A couple of us are going to grab some drinks after the workshop. You down?

4 I'm at Subway. Want me to grab you a sandwich, too, while I'm here?

5 I want you to grab me some fish-shaped pastries on your way home.

DAY 029

I can't really get used to the smell.

냄새가 적응이 안 되네요.

1 저는 처음 보는 사람들 옆에 있으면
   불편해요.

2 저는 삼합은 별로예요. 냄새가 적응이
   안 됩니다.

3 재택근무에 적응이 안 되네요.
   계속 딴짓을 하게 됩니다.

4 이 갤럭시 폰에 적응하는 데 한참 걸렸어요.

5 아침에 일찍 일어나는 게 쉽지가 않군요.

1 I am not used to being around
   new people.

2 I am not really into fermented skate.
   I can't get used to how it smells.

3 I can't get used to working from
   home. I always get distracted.

4 It took me a while to get used to
   this Galaxy phone.

5 I can't get used to waking up early
   in the morning.

DAY 030

I wasn't expecting you until tomorrow.

내일이나 올 줄 알았더니.

1 그곳은 11시나 돼야 열어.
   11시 20분에 보자.

2 저는 열두 살이 되어서야 처음 비행기를
   타 봤어요.

3 지금은 제가 골초지만, 스물다섯 살이
   되어서야 처음으로 담배를 피워 봤답니다.

4 전 서른여덟이 되어서야 처음으로
   해외여행을 했답니다.

5 죄송한데 9시 반은 되어야 회사에 도착할 수
   있을 것 같습니다. 저 없이 회의 시작하시죠.

1 They don't open until 11. See you
   there at 11:20.

2 I didn't get on a plane until I was 12.

3 I'm a big smoker now, but I didn't try
   my first cigarette until I was 25.

4 I didn't travel outside of Korea until
   I was 38.

5 I'm afraid I won't be able to get to
   the office until 9:30. Feel free to
   start the meeting without me.

Think of it as a compliment.

칭찬으로 생각하렴.

---

1 Samantha는 저를 성가신 존재로 여깁니다.

2 저는 늘 고객들에게 커피를 삽니다.
투자라고 생각하기 때문이지요.

3 (감독이 선수들에게) 우리가 다음 라운드
진출에는 실패했지만, 이번 패배를 성장할
수 있는 기회로 생각하길 바랍니다.

4 운동을 귀찮은 일로 생각하지 말고 하루
일과로 생각해!

5 자가 격리해야 해서 안됐다. 그냥 그동안
못했던 비디오 게임을 하고, 좋아하는
TV 프로를 볼 수 있는 기회라고 생각해.

1 Samantha thinks of me as a nuisance.

2 I always buy my clients coffee because
I think of it as an investment.

3 Even though we couldn't make it to the
next round, I want you to think of this
loss as an opportunity for growth.

4 Don't think of exercise as a chore;
think of it as part of your daily routine!

5 I'm sorry you have to quarantine. Just
think of it as a chance to get caught
up on video games and your favorite
TV shows.

That explains why you have a southern accent.

아, 그래서 남부 억양이 있는 거구나.

---

1 그래서 네가 늘 힘이 넘치는구나.

2 그래서 자네가 항상 회사에 지각을
하는 거군.

3 그래서 마지막 순간에 디자인이 바뀐
거군요.

4 그래서 샌디에이고 날씨가 그렇게 좋은
거구나.

5 그래서 네가 어젯밤에 팀 회식에 못 온
거구나.

1 That explains why you are always
so energetic.

2 That explains why you are always
late to work.

3 That explains why the design was
changed at the last minute.

4 That explains why San Diego has
such nice weather.

5 That explains why you couldn't
make it to the team dinner last night.

DAY 033

I just wanted to make sure we are still on for tonight.

오늘 밤 약속 유효한지 확인차 연락드려요.

1 이사하기 전에 이삿짐 싸는 거 도와줘서
고맙다는 말 하려고 연락했어요.

2 우리가 금요일에 보는 거 유효한지 확인차
연락드려요.

3 오늘 밤에 올 수 있는지 확인차 연락했어.

4 타이어에 바람이 빠졌다는 거 알려
드리려고요.

5 파란색 쉐보레 볼트 차주 되시죠?
혹시 차 좀 빼 주실 수 있는지 여쭤보려고
연락드립니다.

1 I just wanted to thank you for helping
me pack my stuff before the move.

2 I just wanted to make sure we are
still on for Friday.

3 I just wanted to check if you can
still make it tonight.

4 I just wanted to let you know that
your tire looks low.

5 Are you the owner of the blue
Chevy Volt? I just wanted to ask
if you could move your car.

DAY 034

I look forward to hearing from you.

연락 기다리겠습니다.

1 피드백 기다리겠습니다.

2 연락 기다리겠습니다.

3 귀사에서 일할 수 있는 기회가 꼭 주어졌으
면 합니다.

4 드디어 날씨가 조금 선선해지고 있네.
어서 가을이 왔으면.

5 곧 얼굴 뵙기를 기대합니다.

1 I look forward to your feedback.

2 We look forward to hearing from
you.

3 I am looking forward to getting
the opportunity to work with you.

4 It's finally starting to cool down.
I'm really looking forward to fall.

5 I look forward to seeing you in
person.

DAY 035

What is it like working as an Analytical Lead at Google?

구글에서 분석 전문가로 일해 보니 어때요?

---

1 워킹맘으로 살아간다는 건 어떤 느낌인가요?

2 유치원에서 영어 선생님으로 일하니 어떤가요?

3 압박감이 심한 분야에서 근무하시는 게 어떤 느낌인가요?

4 스포트라이트를 받는 유명인으로 살아간다는 게 어떤 기분인가요?

5 사랑하는 사람을 잃는다는 게 어떤 건지 잘 압니다.

1 What is it like being a working mom?

2 What is it like to work as an English kindergarten teacher?

3 What is it like to work in such a high-pressure field?

4 What is it like to be a celebrity, living in the spotlight?

5 I know what it's like to lose a loved one.

DAY 036

I'd like to get this steak cooked a little more.

스테이크 조금만 더 익혀 주세요.

---

1 스테이크 조금 더 익혀 주실 수 있을까요? 덜 익은 걸로 보이는데, 미디엄으로 원했거든요.

2 남은 음식은 싸 주시겠어요?

3 이 근처에 코트 수선할 데 있을까요?

4 (미용실에서) 윗머리를 1센티미터만 더 잘라 주실 수 있을까요?

5 제 계정과 프로필 삭제를 원합니다.

1 Could I get this steak cooked a little more? It looks rare, and I wanted it medium.

2 I'd like to get these leftovers wrapped up.

3 Is there any place nearby where I can get my coat fixed?

4 Could I have maybe a centimeter more taken off the top?

5 I'd like to have my account and profile deleted.

What are you up to tomorrow night?

내일 밤에 뭐 해요?

1 오늘 퇴근하고 뭐 하세요?

2 얘들아, 이번 주말에 뭐 해?

3 이번 주 금요일에 뭐 하니?
나가서 저녁이나 할까 싶어서.

4 오늘 밤에 뭐 해? 영화나 볼까?

5 내일 나가서 저녁이나 먹을까 하는데,
너 특별한 일 없으면 말이야.

1 What are you up to after work
today?

2 Guys, what are you up to this
weekend?

3 Are you up to anything this Friday?
I was thinking of going out for dinner.

4 Are you up to anything tonight?
Do you want to catch a movie?

5 Maybe we could go out for dinner
tomorrow if you're not already
up to anything.

You caught me just in time.

딱 맞게 전화했네.

1 너 자기 전에 내가 딱 맞게 전화를 잘했네.

2 안녕, Andy. 나가려던 참인데 딱 맞게
전화했네. 짧게 부탁해.

3 비행기가 막 이륙하려는 참인데.
아슬아슬하게 전화했구나.

4 Alex, 샤워하려던 참인데 네가 딱 전화를
했네. 무슨 일이야?

5 너 퇴근하기 전에 연락을 해야 할 것 같아서.

1 I'm glad I could catch you before
you went to bed.

2 Hi, Andy. You caught me on my
way out. Please make it quick!

3 We're about to take off.
You caught me just in time.

4 Alex, you caught me just before
I got into the shower. What's up?

5 I was hoping to catch you before
you left the office.

DAY 039

Is that for here or to go?

매장 내에서 드실 거예요, 아님 가져가세요?

1 이 커피 테이크아웃해서 가자.

2 저녁 9시가 넘으면 식당 안에서는 드실 수 없지만, 포장은 가능합니다.

3 지금은 디저트를 못 먹을 거 같아서요. 포장해 주실 수 있을까요?

4 (식당 주인이 직원들에게 하는 말) 건설 현장 사람들이 오전 11시쯤에 픽업 음식을 대량으로 주문합니다.

5 (식당에 대해 하는 말) 포장용 그릇을 가져가면 짜장면을 더 줘.

1 Let's get these coffees to go.

2 You can't go and sit inside restaurants after 9 p.m., but it's still possible to get food to go.

3 I don't think we can eat dessert now. Could we get it to go?

4 People from construction sites often call in big to-go orders around 11.

5 If you bring your own to-go container, they always give you extra black bean noodles.

DAY 040

How about we meet at Sookmyung Women's University Station?

숙대입구역에서 만나는 게 어떨까요?

1 우리 화요일 6시에 만나는 거 어때요?

2 길 건너 피자 가게에서 간단하게 점심 먹으면 어떨까요?

3 전원을 껐다가 다시 켜면 어떨까?

4 그 친구 Melinda랑 자리 마련해 주면 어떨까?

5 가격 인상을 조금만 보류하면 어떨까요?

1 How about we meet at 6 on Tuesday?

2 How about we grab lunch at that pizza place across the street?

3 How about turning it off and on again?

4 How about setting him up with Melinda?

5 How about we hold off on raising the prices?

I got you a coffee!

커피 사 왔어요!

1 일어난 김에 물 한 잔 가져다줄래요?

2 멋진 핸드크림 선물로 주셔서 감사해요!
  그러지 않으셔도 되는데.

3 학생들에게 크리스마스 선물로 스킨로션을
  해 줄까 생각 중입니다.

4 아내분 생일 선물을 뭐 해 주셨어요?

5 제가 계산하는 동안에 나가서 택시 좀 불러
  주실 수 있을까요?

1 Could you get me a glass of
  water while you're up?

2 Thanks for getting me such nice
  hand cream! You didn't have to.

3 I'm thinking about getting
  my students some skin lotion
  for Christmas.

4 What did you get your wife for
  her birthday?

5 Do you mind going out and
  getting us a taxi while I pay?

I'm good.

저는 괜찮습니다.

1 고맙지만 저는 괜찮아요.

2 A: 케이크 한 조각 더 드실래요?
  B: 아니요, 정말 괜찮아요.

3 A: Kelly, 더 줄까요?
  B: 아니요, 괜찮아요.

4 (상대방이 음식이나 술을 더 시킬지
  물었을 때) 지금 이것만으로도 충분해요.

5 편의점에서 뭐 사다 줄까, 아님 괜찮아?

1 I'm good, thanks.

2 A: Would you like another piece
     of cake?
  B: No thanks, I'm totally good.

3 A: You need any more, Kelly?
  B: No thanks, I'm good.

4 I'm good with what I already have.

5 Do you want anything from the
  convenience store, or are you good?

You figured that out right away.

눈치가 빠르시네요.

1 나는 에어컨 도저히 못 고치겠다.
  기술자 불러야겠어.

2 숙제를 이리 가져와 보렴. 같이 풀어 보자.

3 외국인들한테는 서울 지하철이 좀 헷갈릴
  수도 있을 거예요.

4 지금 다섯 달째 쉬고 있습니다.
  다음에 뭘 해야 할지 막막합니다.

5 옷장을 다 뒤져 봤는데도 뭘 입어야 할지
  모르겠네.

1 I can't figure out how to fix my a/c.
  I need to call a technician.

2 Bring your homework over here.
  We can figure it out together.

3 Seoul's subway system might be a
  bit hard for foreigners to figure out.

4 I've been out of work for five months
  now. I can't figure out what to do
  next.

5 I've gone through my whole closet,
  and I still can't figure out what to
  wear.

I could really use a cup of coffee.

커피 한 잔 마시면 좋겠네요.

1 이 책상 옮기는 거 좀 도와줬으면 좋겠는데.

2 보니까 너 당분간 좀 쉬어야겠다.

3 지금 마케팅 전략으로는 안 됩니다.

4 미안한데 내가 월세 낼 돈이 오십 달러
  부족한데 네가 좀 도와주면 좋을 텐데.

5 어젯밤에 거의 못 잤어. 커피가 필요해.

1 I could use your help moving
  this desk.

2 You look like you could really use
  some time off.

3 We could use a better marketing
  strategy.

4 Sorry, I'm $50 short on rent and
  could use some help.

5 I hardly slept last night. I could
  really use a coffee.

DAY 045

It's nice of you to say so.

그렇게 말씀해 주셔서 너무 고맙습니다.

1 정말 그렇게 생각하세요?
말씀 너무 고맙습니다.

2 말씀 정말 고마워요!

3 그렇게 말씀해 주시다니 너무 고맙네요.

4 (머리가 잘 됐다는 상대의 말에) 농담이죠?
말씀 감사한데, 저는 그렇게 만족스럽지는
않네요.

5 (이사하는 걸 도와주겠다는 친구에게)
제안은 너무 고맙지만, 지금은 더 이상의
도움은 필요 없어서 말이야.

1 You think so? That's so nice of
you to say.

2 How nice of you to say so!

3 That's so sweet of you to say
something like that.

4 You're kidding, right? Thank you
for saying so, but I'm still not quite
happy with it.

5 It's nice of you to offer, but I don't
really need any more help.

DAY 046

I can't complain at all.

나쁘지 않아요.

1 (요즘 좋아 보인다는 말에 대해) 나쁘지
않아요. 일이 잘 풀리고 있어요.

2 (허리가 안 좋은 사람이) 최근에 몸이 살짝
불편하긴 한데, 그래도 나쁘지 않습니다.

3 (새로운 상사와 일하는 것이 어떠냐는
질문에) 나쁘지 않아요. 같이 일하기 편해요.

4 (서울에서 파는 타코를 먹어 본 외국인이)
한국 타코가 좀 덜 맵긴 해요. 그래도
나쁘진 않아요.

5 (신차 시승을 마친 고객이) 나쁘지 않아요.
핸들링도 꽤 괜찮았어요.

1 I can't complain. Things are going
pretty well.

2 I've been feeling a little out of sorts
lately, but I can't complain.

3 I can't complain. He is easy to work
with.

4 The tacos I've had in Korea are much
less spicy. I can't complain, though.

5 I can't complain at all. The handling
was pretty good.

DAY 047

You owe me five bucks.

너 나한테 5달러 줄 거 있어.

1 너 나한테 십만 원 갚을 거 있잖아.

2 카페에서 뭐 좀 사 갈까? 나 어차피
  너한테 점심 사야 돼.

3 이사하는 거 도와주셔서 제가 신세를
  졌네요.

4 (헬스 트레이너가 하는 말) 그럼 다음
  수업에서는 오늘 못 한 팔굽혀펴기
  스무 번 하셔야 합니다.

5 상사들이 널 그렇게 대하는데도 왜 받아
  주는 거야? 무슨 빚이라도 진 사람 같아.

1 You owe me 100,000 won.

2 Want me to grab you something
  from the coffee shop? I owe you
  lunch, anyway.

3 I owe you a favor for helping me
  move.

4 You owe me 20 push-ups in our
  next session.

5 Why do you accept such poor
  treatment from your supervisors? You
  act like you owe them something.

DAY 048

I feel the same way.

저도 같은 생각이에요.

1 당신도 그렇게 느꼈다니 다행이군.

2 그곳 서비스가 진짜 마음에 들었어?
  난 전혀 아닌데.

3 그 사람이랑 일하는 게 싫고, 그 사람도
  나에 대해 마찬가지일 거야.

4 언젠가 같이 다시 일했으면 좋겠네요.
  당신도 그렇길 바라요.

5 (카페 주인이 음악 소리가 너무 크지 않은지
  묻자) 그 이야기를 꺼내 주셔서 다행이네요.
  저도 그렇게 느꼈어요.

1 I'm glad you felt the same way.

2 Were you really happy with the
  service there? I certainly didn't
  feel the same way.

3 I don't like working with him, and
  I think he feels the same way
  towards me.

4 I want to work with you again
  someday, and I hope you feel the
  same way.

5 I'm glad you brought it up. I was
  feeling the same way.

Transferring twice feels like a huge hassle.

두 번 갈아타는 게 너무 귀찮게 느껴져요.

1 그건 저한테 엄청 귀찮게 느껴져요.

2 혼자 먹으려고 요리하는 게 엄청 귀찮게
느껴지시죠?

3 커피 원두를 쏟으면 주워 담는 게 일이지.

4 머리를 짧게 하면 아침에 시간도 아끼고,
번거롭지도 않아요.

5 Josh가 소파를 문 앞에 두고 갔어.
밖에 나갈 때마다 타 넘고 가는 게 몹시
번거로웠어.

1 That feels like a big hassle to me.

2 Does cooking for one feel like too
much of a hassle?

3 Coffee beans are a hassle to pick up
if you spill them.

4 Keeping my hair short saves me time
and hassle in the morning.

5 Josh left the sofa in front of the door.
It was such a hassle to get over it
every time I went outside.

That's just how things work here.

여기서는 원래 그래요.

1 (업무 방식에 대해 하는 말) "그렇지만 여기는
원래 그래요."라는 변명을 자주 듣게 될 겁니다.

2 자본주의 사회에서는 원래 그런 거죠.

3 처음에는 CEO의 딸이 저보다 먼저 승진해서
정말 화가 났습니다. 근데 가족 운영 기업에
서는 원래 그렇다는 걸 알게 되었지요.

4 워라밸이 보장되면 참 좋겠지만,
대부분 한국 기업은 그렇지가 않아요.

1 You'll often hear excuses like, "but
that's just how things work here."

2 That's just how things work in
capitalism.

3 At first, I was mad about the CEO's
daughter being promoted faster
than me. But then I realized that's
just how things work at a family-
owned company.

4 I wish I had a nice balance between
work and home life, but that's
not how it works in most Korean
companies.

DAY 051

I want to get better at golf.

골프를 더 잘 치고 싶어요.

---

1 뭐든 정말 더 잘하고 싶으면 올인을 해야 해.

1 If you really want to get better at anything, you should fully commit to it.

2 조금만 견디세요. 중급 레벨에 도달하면 실력이 느는 데 훨씬 더 오래 걸리거든요.

2 Hang in there. Once you reach the intermediate level, it takes way longer to get better.

3 무언가를 더 잘하려면 연습만이 답이다.

3 Practice is the only way to get better at something.

4 저는 뭐든 잘 늘지 않는 것 같아요.

4 I can't seem to get better at anything.

5 대학 때부터 직접 요리해 오고 있어요. 근데 여전히 더 잘하고 싶습니다. 파스타 하나 만드는 데 한 시간이나 걸리거든요.

5 I've been cooking for myself since university, but I still want to get better. It takes me like an hour to make pasta.

DAY 052

I can't seem to find (the) time to exercise.

바빠서 운동 할 짬이 안 나네요.

---

1 회사가 너무 바빠져서, 요즘 헬스장 갈 시간도 없었어요.

1 I've gotten super busy at work, so I haven't been able to make time to go to the gym.

2 관계에 있어서는 서로를 위해 시간을 내야 한다.

2 In a relationship, you have to make time for each other.

3 편할 때 들르세요. 언제든 시간 내겠습니다.

3 Please feel free to come visit me. I can always make time for you.

4 책을 쓰다 보니 너무 바쁘네요. 제대로 밥 챙겨 먹을 시간이 없을 때도 있습니다.

4 Writing these books has been keeping me super busy. Sometimes, I can't even find time to have a decent meal.

5 보통 2주에 한 번은 장 보러 가는데, 최근엔 두 달 동안 시간을 못 냈어요.

5 I normally go grocery shopping every other week, but I haven't been able to find the time for two months.

29

DAY 053

Daiso has pretty good products for its prices.

다이소는 가격을 생각하면 꽤 좋은 물건들을 판다.

1 그 사람은 농구 선수치고는 키가 좀 작다.

1 He's kind of short for a basketball player.

2 해가 쨍쨍한 것치고는 상당히 춥다. 그렇지?

2 It's rather cold for such a sunny day, isn't it?

3 그 여자분은 아시아인치고는 키가 상당히 크다.

3 She is rather tall for an Asian girl.

4 집 크기를 생각하면 내 월세가 정말 싼 편이다.

4 The rent is really low for how big my place is.

5 학교 가는 날인 점을 생각하면 놀이동산에 놀랍게 사람이 많더라고요.

5 The amusement park was surprisingly crowded for a school day.

DAY 054

Let's catch up over lunch.

점심 먹으면서 그동안 못했던 이야기하자.

1 그 이야기는 저녁 먹으면서 하면 어떨까요?

1 Maybe we could talk about that over dinner.

2 미안한데 지금 가 봐야 해. 나중에 다시 이야기하자. 커피 한잔하면서.

2 I'm sorry. I have to go now, but let's catch up later. Maybe over some coffee.

3 제 여자 친구가 친구들이랑 놀러 나갔어요. 술 마시면서 가십을 나누고 있는 게 틀림없어요.

3 My girlfriend's out with friends now. I'm sure they're sharing gossip over drinks.

4 한국인은 삼겹살과 소주를 하면서 친해지는 것을 좋아하는 것 같아.

4 Koreans seem to love bonding over pork belly and soju.

5 나 이성 관계 때문에 진지한 조언이 필요해. 커피 말고 술 한잔하면서 이야기하면 어떨까?

5 I need some serious relationship advice. Maybe we could meet over drinks instead of coffee.

DAY 055

Swing by my place for coffee before work.

출근 전에 잠깐 우리 집 들러서 커피 한잔하고 가.

1 Terry 선물 사는 거 깜박했다! 파티 가는 길에 빵집 있어? 잠깐 들러서 케이크 사갈까 싶은데.

2 이따 오후에 네 사무실에 잠깐 들러도 될까?

3 집에 오는 길에 그 술집 들르면 안 돼! 콘서트장에 늦지 않으려면 서둘러야 해.

4 집에 가기 전에 잠깐만 들러서 술 한잔만 더 하고 가자. 내가 살게!

1 I forgot to get Terry a gift! Is there a bakery on our way to the party? Maybe we can swing by and grab a cake.

2 Do you mind if I swing by your office later this afternoon?

3 Please don't swing by the bar on your way home! We need to rush a little to make it to the concert on time.

4 Let's swing by there and have just one more drink before you head home. My treat!

DAY 056

I'm afraid I already have plans.

죄송한데 선약이 있습니다.

1 미안한데 안 돼. 나 이미 약속이 있거든.

2 이번 주에 등산이나 하면 어떨까 하는데. 이번 일요일에 약속 있어?

3 금요일에 나랑 전시회 갈래? 선약이 없으면 말이야.

4 실은 대치동에서 부동산 중개업자 분과 약속이 있어요. 거기로 이사를 할까 해서요.

5 제가 매주 화요일에는 퇴근 후에 PT 스케줄이 있습니다.

1 I'm sorry, I can't. I already have plans.

2 I thought maybe we could go for a hike or something this week. Do you have any plans this Sunday?

3 Do you want to come with me to the exhibition on Friday? I mean, if you don't already have plans.

4 I actually have this appointment with a real estate agent in Daechi-dong. I'm thinking of moving there.

5 I have a personal training appointment every Tuesday after work.

Money is a bit tight right now.

요새 돈이 좀 궁해.

1 웬만하면 집에서 밥을 더 자주 해 먹어야 할 것 같아. 요즘 좀 빠듯해.

2 너 요새 금전적으로 어려우면 계산은 내가 해도 돼.

3 혹시 할부로 구매할 방법이 있을까요? 이 컴퓨터 너무 마음에 드는데 이번 달에 자금 사정이 좀 안 좋아서요.

4 이 웹사이트에는 적은 돈으로 요리할 수 있는 레시피가 굉장히 많아요.

5 제 조카가 캘리포니아로 유학을 가는데, 장학금을 못 받으면 굉장히 팍팍할 거예요.

1 I think we should try cooking at home more. Money is a bit tight right now.

2 I can take care of the check if you're tight on cash.

3 Is there any way I can pay for this in installments? I love the computer, but money's tight this month.

4 This website has a lot of recipes for cooking on a tight budget.

5 My nephew is going to California for university, but without any scholarships, his budget is going to be tight.

What are the hours like?

근무 시간은 어때?

1 근무 시간은 긴데, 그래도 급여는 평균 이상이야.

2 근무 시간은 나쁘지 않은데 출퇴근이 너무 오래 걸려.

3 근무 시간은 너무 좋아. 매일 저녁 애들이랑 시간을 보낼 수도 있고. 근데 급여가 조금 낮아.

4 근무 시간이 어떻게 되는지와 초과 근무가 의무인지 확인하고 싶습니다.

5 근무 시간이 너무 적어서 부업으로 과외를 할까 생각 중입니다. 돈이 정말 필요하거든요.

1 The hours are long, but at least the pay is above average.

2 The hours aren't bad, but my commute takes forever.

3 The hours are great. I get to spend every evening with my boys. Then again, the pay is a bit low.

4 I just wanted to know what the hours are like, and if any overtime is mandatory.

5 I'm not getting enough hours, so I'm thinking about doing some tutoring on the side, too. I could really use the money.

DAY 059

I have a lot on my plate at work, but it's nothing I can't handle.

회사에 일이 너무 많긴 한데, 그래도 감당하기 힘든 수준은 아닙니다.

1 매운 한국 음식은 도저히 감당이 안 돼요.

2 한국 여름은 살인적이에요. 제가 열이 많아서 더운 걸 못 견디거든요.

3 남자아이들로만 구성된 수업을 해야 하는 건 너무 싫어요. 십대 남자아이들 15명은 감당하기 힘듭니다.

4 추가로 더 온다는 사람 있으면 파티 음식은 외부에 맡기자. 10인분 요리하는 건 힘들어.

---

1 I can't handle spicy Korean food.

2 Summers in Korea are brutal. I'm hot-natured, which means I can't handle the heat.

3 I hate when I have to teach all-boys classes. 15 teenage boys are more than I can handle.

4 If anyone else says they are coming, let's get the party catered. Cooking for ten is more than I can handle.

DAY 060

That calls for a party!

이건 파티해야 돼!

1 이건 축하해야 할 일이네!

2 한잔 더 하러 가야 하겠어.

3 이건 올리브기름이 있어야 하거든. 옥수수기름으로 대체해도 될까?

4 이건 바닐라 추출물이 있어야 해. 아직 좀 남았나?

5 레시피 보니까 파스타에 치즈를 넣어야 하고, 그 위에다가 치즈 한 겹을 얹어야 한대.

---

1 This calls for a celebration!

2 This calls for another round.

3 It calls for olive oil. Do you think corn oil will work as a substitute?

4 It calls for vanilla extract. Do we still have any?

5 The recipe calls for some cheese in the pasta, but then a whole other layer of cheese on top of that.

I'm sorry. I didn't catch that.

죄송해요. 못 들었어요.

1 미안한데 잘 못 들었어요. 한 번만 더 이야기
　해 주시겠어요?

2 성함을 못 들은 것 같습니다.

3 (이사한다는 말을 듣고) 날짜를 잘 못
　들었어. 언제 이사 간다고? (다시 한번
　말해 줄래?)

4 (발표자가 청중에게) 혹시 놓친 부분이
　있을까요?

5 예산에 관해 이야기하실 때 제가 발표 내용
　일부를 놓쳤어요.

1 Oh, I'm sorry. I didn't catch that.
　Could you repeat it?

2 I'm afraid I didn't catch your name.

3 I didn't catch the date. When are
　you moving out again?

4 Is there anything you weren't able
　to catch?

5 I didn't catch the part of your
　presentation when you talked about
　the budget.

No wonder you look so refreshed.

어쩐지 기분이 상쾌해 보이더라.

1 당신 어제 새벽 3시나 되어서 집에 들어온
　데다, 술 냄새가 진동하더군. 오늘 아픈 게
　당연한 거야.

2 너희 동네에서 시위가 있었다고 뉴스에서
　들었어. 그래서 늦었구나.

3 그 사람은 패션 감각이 전혀 없어요.
　그러니까 여자 친구가 안 생기죠.

4 공급망 문제가 있으니, 가격이 올라가는 건
　당연하죠.

5 재료가 기본적으로 버터, 밀가루, 설탕이군.
　그래서 맛이 좋은 거구나.

1 You didn't get home until 3 a.m., and
　you reeked of alcohol. No wonder
　you feel sick today.

2 I heard on the news that there was
　a protest in your neighborhood.
　No wonder you're late.

3 He has zero fashion sense. No
　wonder he can't find a girlfriend.

4 There's a supply chain issue, so
　no wonder prices are rising.

5 The ingredients are basically just
　butter, flour, and sugar. No wonder
　it tastes good.

I can't think of the right thing to say.

이 말을 어떻게 꺼내야 할지.

1 제 상황에 해당하는 딱 맞는 단어가 생각이 안 납니다.

2 '화가 나'보다 내 감정을 더 잘 표현할 수 있는 단어는 없는 듯해.

3 전시회 너무 멋졌어. 오후 시간을 이보다 더 잘 보낼 수가 있을까?

4 남은 치즈를 어디에다 써야 할지 모르겠네.

5 듀얼 모니터 쓰면 너무 편리해. 동시에 여러 가지 작업을 하거나 작업을 바꿔 가며 하는 게 가능하거든. 단점은 찾을 수가 없어.

1 I can't think of the right word for my situation.

2 I can't think of a better word to describe how I feel than 'angry'.

3 What a nice exhibition! I can't think of a better way to spend my afternoon off.

4 I can't think of a use for all this leftover cheese.

5 Using dual monitors is really convenient. I can multitask or switch between tasks. I can't think of any downside.

New Year's is just around the corner. Are you going to your parent's house, by the way?

새해가 코앞이네. 그나저나 너 부모님 댁에 갈 거야?

1 그래서 내가 다른 재즈 페스티벌에 안 가는 거야. 그나저나 넌 재즈 좋아해?

2 이 방에는 두 개의 트윈 침대가 구비되어 있습니다. 참고로 해변도 너무 잘 보입니다.

3 제 친구가 트레이너를 구하고 있어요. 참고로 제 친구는 싱글이에요.

4 Mark랑 Mindy 먹을 음식도 주문해야 해. 그나저나 그 친구들은 언제 도착한대?

1 That's why I'll never go to another Jazz Festival. Do you like jazz, by the way?

2 The room comes with two twin beds. You'll also have a great view of the beach, by the way.

3 I have a friend who's looking for a trainer. He's single, by the way.

4 We'll just have to order something for Mark and Mindy. When are they coming, by the way?

DAY 065

I wasn't aware of the time.
시간 가는 줄도 몰랐네.

---

1 너 남대문 열린 거 아니?

2 너 이에 뭐 낀 거 알아?

3 이 좌석이 예약석인 줄 몰랐습니다.

4 너 아는지 모르겠는데, 화장실 세면대 막혔어.

5 네가 아는지 모르겠지만, 수지 동생이 많이 아파.

1 Are you aware your zipper is down?

2 Are you aware there is something in your teeth?

3 I wasn't aware that this table was reserved.

4 I don't know if you're aware of this, but the bathroom sink is clogged.

5 I don't know if you're aware of it, but Suzie's brother has been seriously ill.

DAY 066

I think I will have to let you go.
이제 그만 들어가 보렴.

---

1 (그룹 콜(단체 통화) 상황에서) 이제 전화를 끊어야 할 듯하네요.

2 벌써 밤 11시네. 전화 끊어야겠다.

3 전화 끊어야 할 듯해. 나 버스 타거든.

4 전화 끊어야겠다. 다른 전화가 들어와서.

5 (줌 회의 중에) 이 회의 바로 다음에 다른 회의가 잡혀 있어서, 죄송하지만 여기서 마쳐야 할 것 같습니다.

1 I'm afraid we'll have to let you go.

2 It's already 11 p.m. I think I will have to let you go.

3 I think I will have to let you go. I'm getting on the bus.

4 I'll have to let you go. I'm getting another call.

5 I have another meeting scheduled right after this, so I'm afraid I'll have to let you go.

DAY 067

Lunar New Year is less than a week away.

설이 일주일도 채 안 남았네.

---

1 한 정거장만 더 가면 돼. 곧 도착해!

2 주말이 이틀밖에 안 남았는데, 아직 계획이 없어. 나랑 서울 숲 근처에서 뭐 할래?

3 여자 친구 생일이 일주일밖에 안 남았다니. 뭘 해 줘야 할지 모르겠어.

4 밸런타인데이가 며칠 안 남았네. 아내를 놀라게 해 주고 싶은데, 뭐가 제일 좋을지 고민이야.

1 I'm only one stop away. I'll be there soon!

2 The weekend is only two days away, but I don't have any plans yet. Do you want to do something with me around Seoul Forest?

3 I can't believe my girlfriend's birthday is only a week away. I still don't know what to get her.

4 Valentine's Day is only a few days away. I want to surprise my wife, but I still can't figure out what would be best.

DAY 068

I don't have time to grab lunch. I'm behind on work.

일이 밀려서 점심 먹을 시간도 없어.

---

1 (공사가 지연되는 상황에서) 3개월 지연되고 있는 상태입니다.

2 〈이상한 변호사 우영우〉 보고 있는데 한 3, 4화 정도 밀렸거든. 그러니까 줄거리 미리 말해서 초 치지 마.

3 공과금이 한 번 밀리기 시작하면, 계속 밀리게 돼.

4 나 숙제가 좀 밀렸어. 주말 내내 못 한 숙제를 해야 해.

1 I'm afraid we are three months behind schedule.

2 I've been watching *Extraordinary Attorney Woo*, but I'm, like, three or four episodes behind. Please don't spoil anything.

3 Once you get behind on your bills, it can be difficult to catch up.

4 I'm pretty behind on homework. I'll have to spend all weekend catching up.

DAY 069

That's for sure.

누가 아니래.

1 A: 매출이 살아나고 있습니다.
B: 확실히 말이죠.

2 A: 정치인들은 다 거짓말쟁이야.
B: 그건 확실해.

3 A: 우리는 이와 같은 무역 전쟁을 계속해서
는 안 됩니다. B: 그 점은 분명합니다.

4 A: 제 남편이 바람을 피울 사람은 아니에요.
B: 그건 확실해요.

5 A: Jonathan은 그 정도 스펙이면
다른 직장 구하는 데 문제 없을 거야.
B: 내 말이.

1 A: Sales are picking up.
B: That's for sure.

2 A: Politicians are all liars.
B: That's for sure.

3 A: We can't afford to continue this
trade war.   B: That's for sure.

4 A: My husband is not the kind of guy
who would ever cheat.
B: That's for sure.

5 A: Jonathan won't have any trouble
getting another job with his
qualifications.   B: That's for sure.

DAY 070

You can't go wrong with black.

검은색이 진리지.

1 블랙과 화이트의 컬러 조합은 잘못될 수가
없습니다.

2 어두운 회색 슈트는 언제나 옳지.

3 날씨 좋은 곳 원하면, 무조건 샌디에이고가
답이다.

4 감자와 치즈는 언제나 옳다.

5 BMW는 언제나 옳은 선택이지.

1 You can't go wrong with the color
combination of black and white.

2 You can't go wrong with a dark
gray suit.

3 If you want good weather, you can't
go wrong with San Diego.

4 Potatoes and cheese. You can't go
wrong with them.

5 You can never go wrong with BMW.

DAY 071 Let's go out for some fresh air.

나가서 바람이나 좀 쐬고 오자.

1 저녁 먹고 갈래?

2 저 사실 이케아에 가구 보러 다녀왔어요.

3 나가서 잠시 바람 좀 쐬어도 될까요?

4 나 면접이 있어서 먼저 일어나 봐야 할 것 같아.

5 내일 아침에 건강 검진이 있어서 저녁 8시부터 금식해야 해요.

---

1 Can you stay for dinner?

2 I actually went shopping for furniture at IKEA.

3 Can I go out just a couple of minutes for some fresh air?

4 I'm afraid I'll have to leave early for an interview.

5 I have to fast, starting at 8 p.m., for my check-up tomorrow morning.

DAY 072 What is this about? Is this about my test results?

무슨 일이신가요? 제 검사 결과 관련된 건가요?

1 너 만나서 저녁 먹으니 좋긴 한데 너무 갑작스럽게 연락했네. 어떤 일 때문에 보자고 한 거니?

2 Sally가 문자에 답이 없네. 너 혹시 Sally가 왜 그러는지 아니?

3 보니까 우리 이따가 회의가 하나 더 잡혀 있군요. 어떤 내용일까요?

4 혹시 어떤 일 때문에 그러시는지 여쭤봐도 될까요?

---

1 I'm happy to meet you for dinner, but you kind of called me out of the blue. What is this about?

2 Sally isn't responding to my texts. Do you know what that's about?

3 I see we have another meeting scheduled later. What is it about?

4 May I ask what this is about?

DAY 073

That sounds like an even better plan to me.

그게 훨씬 더 낫겠다.

1 그 여자분 텍사스 사람 같더라.

2 들어 보니까 그 사람 최고의 남자 친구네.

3 이 후기들 보니까 퇴근 후에 가서 시간 보내기 좋은 곳인 듯.

4 말하는 거 들어 보니 우리랑 캠핑 갈 생각이 별로 없는 것 같군.

5 진짜 제대로 된 바비큐를 못 먹어 본 모양이군.

1 She sounded like a Texan.

2 He sounds like a perfect boyfriend.

3 These reviews make it sound like a chill place to hang out after work.

4 You don't sound like you are really interested in joining us for camping.

5 It sounds like you haven't really tried authentic barbecue.

DAY 074

It's not like we are in a serious relationship or anything.

저희가 뭐 진지하게 사귀고 그런 건 아니에요.

1 제가 뭐 운전을 잘 못하는 것도 아닌데요.

2 내가 늘 패스트푸드를 먹는 것도 아닌데.

3 우리 가스 요금이 너무 많이 나왔더라, 근데 괜찮아. 감당하기 힘든 수준까지는 아니니.

4 직장을 잃는 게 아니잖아. 그냥 전근 가는 거잖아.

5 제가 무슨 욕을 했나요? 뭘 그걸 가지고 그러시죠?

1 It's not like I'm a bad driver or anything.

2 It's not like I eat fast food all the time.

3 Our gas bill was really high, but it's okay. It's not like we can't afford it.

4 It's not like you're losing your job. It's just a transfer.

5 It's not like I swore at you. What's the big deal?

DAY 075

Are you sure you don't want to try my sushi? It's really good.

정말로 내 초밥 안 먹어 볼 거야? 진짜 맛있는데.

1 저녁 사 줘서 고마워! 근데 진짜 우리 집 가서 커피 안 하려고?

2 진짜 우리랑 같이 저녁 안 하려고? 지난번에도 사장님 제안 거절했잖아!

3 내 여자 친구의 친구랑 진짜 소개팅 안 할 거야?

4 진짜 적금 계좌 안 만드실 거예요? 시중 은행 중에 저희 금리가 제일 세거든요.

1 Thank you for dinner! Are you sure you don't want to come up for coffee?

2 Are you sure you're not going to join us for dinner? You turned down the boss last time, too!

3 Are you sure you don't want to go on a blind date with my girlfriend's friend?

4 Are you sure you don't want to open a savings account? We're offering higher interest rates than anyone else.

DAY 076

Sorry about earlier. My phone died.

아까는 미안. 휴대폰 배터리가 나가서.

1 (지갑을 잃어 돈을 빌렸을 때) 어젯밤 일은 미안해. 내가 지갑 찾으면 바로 갚을게.

2 (접촉 사고를 낸 운전자가) 어제 일은 미안 합니다. 걱정 마세요. 제 보험회사에서 모든 비용을 지불해 줄 겁니다.

3 (실수로 상대방에게 커피를 쏟았을 때) 오늘 아침 일은 미안해. 앞으로는 (커피) 좀 조심해야겠어.

4 (약속을 못 지켰을 때) 오늘 아침엔 죄송했어요. 알람 맞춰 놓는 걸 깜박했어요.

5 (아내 생일을 깜박한 남편이) 어제는 미안했어. 이번 주말에 뭐 사러 가자.

1 Sorry about last night. I'll definitely pay you back, as soon as I find my wallet.

2 Sorry about yesterday. Please don't worry. I'm sure my insurance will cover everything.

3 Sorry about this morning. I should be more careful with my coffee.

4 Sorry about this morning. I forgot to set my alarm.

5 Sorry about yesterday. I'll take you shopping this weekend.

We are not there yet.

도착하려면 아직 좀 남았어요.

1 아직 좀 더 가야 해. 10분 늦어.

2 휴게소에 화장실이 있을 거야. 근데 아직 더 가야 해.

3 마스크 의무화를 해제하려면 일일 확진자 수가 오천 명 아래로 떨어져야 합니다. 아직은 그 정도가 아닙니다.

4 그 여자 좋긴 한데, 아직 결혼할 정돈 아니야. 한 1년쯤 후에나 결혼할 듯.

5 기술이 많이 발전하긴 했지만, 아직은 부족합니다.

1 I am not there yet. I am running 10 minutes late.

2 The rest area will have a bathroom, but we're not quite there yet.

3 Before lifting the mask mandate, cases should be at less than 5,000 a day. We are not there yet.

4 I like her, but we're not there yet. Maybe we can get married in a year or so.

5 The technology is advanced enough, but we are not there yet.

I forgot my phone charger at work.

휴대폰 충전기를 회사에 놔두고 왔네.

1 내가 지갑을 안 가지고 온 듯. 계산 좀 부탁해도 될까?

2 집에 열쇠를 두고 왔어.

3 휴대폰을 안 가지고 왔네. 다시 가서 가져올 시간 될까?

4 (영화 〈나 홀로 집에서〉 중에서) Kevin을 집에 두고 왔어요!

5 저는 점심 먹고 약 먹는 걸 항상 깜박해요.

1 I think I forgot my wallet. Could you take care of this?

2 I forgot my keys at home.

3 I forgot my phone. Do you think I have enough time to go back and get it?

4 We forgot Kevin!

5 I always forget to take my pills after lunch.

I have never seen anything like this.

이런 경우는 또 처음 보네요.

1 너무 춥다. 이런 날씨는 또 처음이군.

2 이른 오후 시간에는 보통 (교통) 상황이
  이렇지는 않은데.

3 이 정도로 유려한 디자인은 본 적이
  없습니다. 공상 과학 영화에서 바로 나온 것
  같은 차네요.

4 상황이 이런 적은 처음입니다.

5 이렇게 맛있는 디저트는 처음이야.
  이게 이름이 뭐라고?

1 It's super cold. I have never seen
  any weather like this.

2 Things aren't normally like this so
  early in the afternoon.

3 I've never seen a sleek design like
  this. This car looks like it came
  straight out of a sci-fi movie.

4 Things have never been like this.

5 I've never tasted any dessert like
  this. What did you call it?

I am at Hansot, picking up dinner.

나 저녁 사가려고 한솔도시락에 있어.

1 나 지금 스타벅스에서 커피 사고 있어.

2 제 상사께서 공항에 부사장님 마중 나가고
  안 계십니다.

3 네가 전화했을 때, 거실에서 〈에밀리 파리에
  가다〉를 보고 있었어.

4 저희가 술집에서 위스키를 마시고 있는데
  싸움이 벌어졌어요.

5 저는 청담에 있는 BMW 전시장에서
  SUV 신차를 보고 있었습니다.

1 I am at Starbucks, grabbing some
  coffee.

2 My boss is out, picking up the VP
  from the airport.

3 I was in the living room, watching
  Emily in Paris when you called.

4 We were at the bar, drinking some
  whisky when a fight broke out.

5 I was at the BMW dealership in
  Cheongdam, checking out the
  new SUV.

DAY 081

I thought maybe we could cancel the reservation and just stay at home.

그냥 식당 예약한 것 취소하고 집에 있으면 어떨까 하는데.

1 선생님 생일 선물로 이 비타민을 해 드리면 어떨까 하는데.

1 I thought maybe we could get our teacher these vitamins for her birthday.

2 직접 만나지 말고 줌으로 회의하면 어떨까 싶습니다.

2 I thought maybe we could have a Zoom meeting instead of one in person.

3 이번 여행 때 기차표를 대량 구매하지 말고 버스 전세를 내면 어떨까 하는데요.

3 I thought maybe we could rent a bus for our trip, instead of buying a bunch of train tickets.

4 혹시 당신이 주요 고객사에 신입 사원을 소개해 주면 어떨까요?

4 I thought maybe you could introduce the new hire to our major clients.

5 다음 한 주는 온전히 쉬고, 새해 지나서 상쾌하게 다시 보는 게 어떨까요?

5 I thought maybe we could take the whole week off next week, so we could come back refreshed after New Year's.

DAY 082

I took a painkiller, but that didn't relieve my migraine.

진통제를 먹었는데도 두통이 가시질 않아.

1 저희가 인테리어를 다 바꾸었는데도, 분위기가 그대로네요.

1 We remodeled the whole interior, but that still didn't change the atmosphere.

2 셔츠를 안에 넣어 입으면 내가 좀 날씬해 보이니?

2 Does it make me look skinnier when I tuck in my shirt?

3 당신이 나한테 거짓말하면 나 너무 속상해.

3 It really hurts my feelings when you lie to me.

4 줌 회의에서는 누군가 말을 하면 그 사람이 큰 화면에 뜹니다.

4 When someone is speaking in a Zoom meeting, it puts them on the big screen.

I am not really interested in buying another insurance plan.

추가로 보험 하나 더 가입할 생각은 없습니다.

1 저희 겨울 컬렉션 제품 보고 싶어 하실 듯해서요.

1 I thought you would be interested in taking a peek at our winter collection.

2 저희 수업에 관심 있으시면, englishnow.com을 방문해 주세요.

2 If you're interested in our classes, please visit www.englishnow.com.

3 저 신용카드 하나 더 안 만들어도 되거든요.

3 I'm not really interested in getting another credit card.

4 너 항상 AI 이야기 하던데, 이 기사 관심 있을 것 같아서.

4 Since you're always talking about AI, I thought you would be interested in this article.

5 공석에 관심 있으시면, 언제든 제게 연락 주세요.

5 If you're interested in the opening, feel free to contact me at any time.

Hey, have you got a minute? I'd like to show you the logo I've been working on.

너 잠깐 시간 되니? 내가 작업 중인 로고를 보여주고 싶어서.

1 잠깐 시간 되세요? 곧 있을 워크숍 관련해서 이야기 좀 하려고요.

1 Have you got a minute? I need to talk to you about the upcoming workshop.

2 잠깐 시간 되세요? 제 자기소개서 관련해서 간단한 질문이 하나 있어서요.

2 Have you got a minute? I have a quick question about my cover letter.

3 잠깐 시간 되세요? 히터가 고장이 났는데 고치는 방법을 모르겠어요.

3 Do you have a minute? My heater isn't working and I don't know how to fix it.

4 잠깐 시간 돼? 네가 말한 파일을 못 찾겠어.

4 Do you have a minute? I can't find the file you mentioned.

Are you familiar with Myungrang Hotdogs?

명랑 핫도그라고 들어 봤니?

1 너 이 동네 잘 아는 듯하네.

2 저는 수년 동안 준비반을 가르쳤기 때문에 오픽에 대해 아주 잘 알고 있습니다.

3 그 술집이 밖에서 볼 때는 낯익지 않았는데, 안에 들어가 보니 예전에 한 번 왔었다 싶더군요.

4 남산 북쪽으로는 등산을 안 해 봤다고 생각했는데, 막상 와 보니 전에 와 본 걸 알겠네요.

1 You seem quite familiar with this neighborhood.

2 I am quite familiar with OPIc, having taught preparatory classes for years.

3 The bar didn't look familiar from the outside, but when I went in, I realized I had been there before.

4 I didn't think I'd hiked the north side of Namsan before, but now that I'm here, it seems familiar.

I haven't been to Yongnidangil, either.

나도 용리단길 안 가 봤는데.

1 저는 마라탕 안 먹어 봤고 제 여자 친구도 마찬가지예요.

2 저도 (회식에) 못 갈 것 같아요.

3 당신이 다시는 몽골에 안 가고 싶다니 다행이다. 나도 가고 싶지 않거든.

4 애플 역시 신제품 출시 계획이 없습니다.

5 내 전화기에서도 그 웹 사이트가 안 열리네.

1 I haven't tried malatang, and my girlfriend hasn't, either.

2 I'm not going to be able to make it, either.

3 I'm glad you never want to go back to Mongolia. I don't want to, either.

4 Apple isn't planning on releasing a new product, either.

5 I can't pull up the website on my phone, either.

I get a regular salary, unlike other salespeople.

다른 영업직과는 달리, 저는 기본급이 있습니다.

1 다른 진공청소기와 달리, V4는 몇 분이면 충전할 수 있습니다.

1 Unlike other vacuum cleaners, the V4 can charge in a matter of minutes.

2 다른 대도시와는 달리, 세종시는 매우 깨끗합니다. 잘 계획되어서 그런가 봅니다.

2 Unlike other big cities, Sejong is pretty clean. I think that's because it was planned out so well.

3 이 유튜브 채널은 다른 채널들과 달리, 경제에 관해 꽤 심도 있는 내용을 다뤄.

3 This YouTube channel goes pretty in-depth into financial topics, unlike other channels.

4 이전 선생님들과는 달리, James는 도움 되는 피드백을 주십니다.

4 James gives me useful feedback, unlike my previous teachers.

In America, hospital stays are unusually expensive.

미국은 병원 입원비가 너무 지나치게 비싸요.

1 이상하게 사람이 그렇게 많지 않네. 보통 주말이면 백화점에 사람 엄청 많은데.

1 It's unusual that there aren't many people here. Department stores are usually super crowded on weekends.

2 남자라고 손톱 다듬지 말라는 법은 없지.

2 There is nothing unusual about a guy getting his nails done.

3 제가 하는 업무의 경우 야근이 일상입니다.

3 Working overtime is not unusual in my job.

4 10월치고는 너무 춥습니다.

4 It's unusually cold for October.

5 뉴욕시의 24시간 대중교통 시스템은 미국 도시로서는 이례적입니다.

5 New York City's 24-hour public transit system is unusual for an American city.

DAY 089

Please let me drive you home.
I insist.

제가 차로 집까지 모셔다 드린다니까요. 그렇게 하시죠.

1 점심 내가 살게. 그렇게 하자고.

2 (아빠가 자취하는 딸에게) 이 돈 받아.
  그렇게 해!

3 제 아내가 벽지 색상으로 흰색을 고집하더
  군요.

4 숙박에 있어서 만큼은, 저희 남편은 늘 비싼
  곳만 고집해요.

5 괜히 폐 끼치고 싶지는 않지만, 정 원한다면
  너희들이랑 하루 더 있을게.

1 Let me treat you to lunch. I insist.

2 Take this money. I insist!

3 My wife insisted on white for
  the wall.

4 When it comes to accommodations,
  my husband always insists on the
  expensive option.

5 I don't really want to outstay my
  welcome, but we will stay one more
  day with you guys, if you insist.

DAY 090

I like what you have going on here
in the living room.

여기 거실에 해 두신 것이 마음에 듭니다.

1 네가 말한 빵집이 사실 나 일하는 곳 근처에
  있어.

2 이 영화에 많은 노력이 들어갔다는 점을
  관객들이 알아줬으면 좋겠네요.

3 제 연봉이 궁금하세요?

4 이 커피는 서울에서 흔히 볼 수 있는 것과는
  많이 달라.

5 Jorge가 몇 번이나 설명해 준 했는데도
  그 친구 직업을 잘 모르겠어.

1 The bakery you mentioned is
  actually close to where I work.

2 I wish the audience could see
  what really went into this movie.

3 Do you want to know how much
  I make?

4 This coffee is so different from
  what you normally find in Seoul.

5 Jorge has explained it many times,
  but I'm still not really sure what he
  does for a living.

10 million won is relatively cheap for a used car, but it's still expensive for me.

천만 원이면 중고차치고는 그나마 저렴한 편이긴 한데, 그래도 저한테는 비싸요.

1 그 사람은 키에 비해 어깨가 넓은 편이야.

1 He has relatively wide shoulders for his height.

2 사마귀가 수명이 3년인데, 곤충 세계에서는 그나마 오래 사는 편이지.

2 The mantis can live for three years, which is a relatively long time in the insect kingdom.

3 오미크론으로 사망하는 사람이 있기는 해도, 대부분의 경우 증상이 그렇게 심하지는 않습니다.

3 Some people still die from Omicron, but for most, symptoms are relatively mild.

4 온수기 고치는 데 이백 달러는 좀 비싸다 싶어. 그래도 새것 사는 비용에 비하면 저렴한 편이지.

4 $200 sounds like a lot of money to fix the water heater, but it's relatively small compared to the cost of buying a whole new one.

I think I got this back pain from sitting at a desk all day.

하루 종일 책상에 앉아 있어서 허리 통증이 생긴 것 같아.

1 어젯밤에 너무 마셨더니 숙취가 너무 심하네.

1 I have a terrible hangover from drinking too much last night.

2 지난주에 매일 운동을 해서 그런지 근육이 당기는 것 같아.

2 I think I got this muscle tightness from working out every day last week.

3 뭐 대단한 거 하다가 상처가 생긴 게 아니고요. TV 전선 줄에 걸려 넘어졌어요.

3 I didn't get this scar from anything exciting. I just tripped on the TV's power cord.

4 축구하다가 멍이 든 것 같아요.

4 I think I got this bruise from playing soccer.

5 너무 오래 컴퓨터 화면을 봤더니 편두통이 생겼어.

5 I got this migraine from staring at my computer screen too long.

DAY 093

My hair gets really messy when it rains.

비가 오면 머리가 엉망이 돼요.

1 그녀는 시간에 쫓기면 예민해져.

1 She gets irritable when she feels pressed for time.

2 Tom이 도착하면 파티가 재미있어져.

2 Parties become more interesting when Tom arrives.

3 저도 실수를 덜 하고 싶은데, 말을 빨리해야 한다는 압박감이 들면 그게 어려워요.

3 I want to make fewer mistakes, but it's hard when I am under pressure to speak quickly.

4 저는 제 친구들의 말을 잘 들어 주려고 노력 합니다. 근데 제가 어려움이 있을 때는 아무 도 제 말을 귀담아들으려 하는 것 같지가 않 아요.

4 I try to be a good listener for my friends, but it seems like no one is willing to listen to me when I have problems.

DAY 094

We're planning on going to Busan this weekend for Christmas.

크리스마스를 맞아 이번 주말에 부산에 가려고 해요.

1 이번 주말에 등산 갈 생각이에요.

1 I'm planning on going hiking this weekend.

2 연휴 때 경주 갈까 해.

2 I'm planning on going to Gyeongju for the holiday.

3 너 내일 여자 친구 만날 거야?

3 Are you planning on seeing your girlfriend tomorrow?

4 오늘 수영장에서 배영을 연습할 생각이야.

4 Today, at the pool, I'm planning on working on my backstroke.

5 삼성이 텍사스 타일러에 공장을 세울 계획 입니다.

5 Samsung is planning on building a factory in Tyler, Texas.

I'm afraid the item you're looking for is out of stock.

죄송한데 찾으시는 제품이 재고가 없습니다.

1 미안한데 나 20분 늦어.

2 이 가격이 제 예산 범위를 조금 초과하네요.

3 죄송한데 오늘 밤에는 선약이 있어요.

4 죄송한데 그 점은 동의하기 힘듭니다.

5 (회의에서) 죄송한데 조금 일찍 일어나 볼게요. 법무팀에서 급한 전화가 오기로 되어 있어서요.

1 I am afraid I am running 20 minutes late.

2 I'm afraid this price is a bit beyond my budget.

3 I'm afraid I already have plans tonight.

4 I'm afraid I have to disagree with you on that.

5 I'm afraid I may have to leave the meeting early. I'm expecting an urgent call from our legal team.

I don't drive nowadays unless I really have to.

요즘은 꼭 필요한 경우가 아니면 차 안 가지고 다녀요.

1 저는 데이트가 없으면 세차를 안 해요.

2 저는 마감 기한이 없으면 빈둥거리게 됩니다.

3 저는 술기운이 좀 알딸딸하게 올라와야 모르는 사람에게 말을 걸 수 있어요.

4 마스크 안 쓰면 가게에 못 들어갑니다.

5 전념하지 않으면, 가시적인 성과를 낼 수 없어요.

1 I don't wash my car unless I have a date coming up.

2 I tend to mess around unless I have a deadline.

3 I can't talk to strangers unless I'm a little tipsy.

4 You can't go into stores unless you wear a mask.

5 Unless you're committed, you won't make real progress.

DAY 097

That is a great price. I'm afraid I already have a decent massage chair, though.

가격은 너무 좋네요. 근데 제가 이미 괜찮은 마사지 의자가 있거든요.

1 근데 오늘 너무 피곤하네.

2 그런데 오늘 밤엔 헬스장 갈 수 있을지 모르겠네요.

3 근데 나 그렇게 배고프지는 않아.

4 그런데 몸이 좀 안 좋아요.

5 근데 나가고 싶은 마음이 안 생겨.

1 I'm really tired today, though.

2 I'm not sure if I can make it to the gym tonight, though.

3 I'm not particularly hungry, though.

4 I'm not feeling well, though.

5 I'm not in the mood to go out, though.

DAY 098

Minsu said he spends 33,000 won on his haircuts. That doesn't make sense to me.

민수는 머리를 삼만 삼천 원 주고 자른대. 난 도저히 이해가 안 가.

1 역기 들기가 어떻게 취미가 되니? 도저히 이해가 안 돼.

2 이제야 스토리가 이해되네. 주인공이 처음부터 암살자였던 거네.

3 그 친구는 여기 6개월 계약으로 있는 거니까, 차를 빌리는 게 더 낫겠다.

4 네가 아무리 나한테 인플레이션의 개념을 설명하려고 해도, 전혀 이해가 안 돼.

1 How can weight lifting be a hobby? That's never made sense to me.

2 Now it makes sense. The main character has actually been an assassin the whole time.

3 It makes better sense for him to rent a car, since he's just here on a six-month contract.

4 No matter how many times you try to explain inflation to me, it never makes sense.

DAY 099

I don't think things are gonna work out between them.

그 둘은 결국 잘 안 될 거야.

1 백화점 들를 시간은 안 될 것 같아. 콘서트가 45분 후에 시작하잖아.

1 I don't think we have time to swing by the department store. The concert starts in 45 minutes.

2 그 둘은 썩 잘 어울리지는 않을 듯해.

2 I don't think they would be quite right for each other.

3 택시를 타도 제시간에 도착하는 건 힘들 것 같아요.

3 I don't think there's any way we can make it on time, even if we take a taxi.

4 그 테이블이 우리 집 거실에는 안 맞지 싶은데.

4 I don't think that table would fit in our living room.

5 그렇게 빠듯한 예산으로 프로젝트를 완료하기는 어려울 듯해요.

5 I don't think we can complete the project on such a tight budget.

DAY 100

I'm not quite sure if I am doing it right.

내가 제대로 하고 있는 건지 잘 모르겠어.

1 그 사람이 나한테 관심이 있는 건지 잘 모르겠어.

1 I'm not quite sure if he is interested in me.

2 오늘 너희들이랑 저녁 식사 같이 할 수 있을지 잘 모르겠어.

2 I'm not quite sure if I can join you for dinner.

3 그걸 영어로 어떻게 표현하는지 잘 모르겠어요.

3 I'm not quite sure how to say that in English.

4 그녀가 왜 나한테 화가 난 건지 잘 모르겠어.

4 I'm not quite sure why she is mad at me.

5 몇 시에 퇴근할 수 있을지 잘 모르겠어.

5 I'm not quite sure when I can get off work.

MEMO

MEMO

MEMO